Kunst- und Kulturmanagement

Herausgegeben von
A. Hausmann, Frankfurt (Oder), Deutschland

Ziel der Reihe „Kunst- und Kulturmanagement" – ist es, Studierende, Wissenschaftler, Kunst- und Kulturmanager sowie sonstige Interessierte in komprimierter Weise in das Fachgebiet einzuführen und mit den wesentlichen Teilgebieten vertraut zu machen. Durch eine abwechslungsreiche didaktische Aufbereitung und die Konzentration auf die wesentlichen Methoden und Zusammenhänge, soll dem Leser ein fundierter Überblick gegeben sowie eine rasche Informationsaufnahme und -verarbeitung ermöglicht werden. Die Themen der einzelnen Bände sind dabei so gewählt, dass sie den gesamten Wissensbereich des modernen Kunst- und Kulturmanagement abbilden. Für die Studierenden muss eine solche Reihe abgestimmt sein auf die Anforderungen der neuen Bachelor- und Masterstudiengänge. Die (auch prüfungs-) relevanten Teilgebiete des Fachs „Kunst- und Kulturmanagement" sollen daher abgedeckt und in einer komprimierten, systematisch aufbereiteten und leicht nachvollziehbaren Form dargeboten werden. Für bereits im Berufsleben stehende Kunst- und Kulturmanager sowie sonstige Interessierte muss die Reihe den Anforderungen gerecht werden, die eine arbeits- und zeitintensive Berufstätigkeit mit sich bringt: Kurze und prägnante Darstellung der wichtigsten Themen bei Sicherstellung aktueller Bezüge und eines qualitativ hochwertigen Standards. Es ist unbedingter Anspruch der jeweiligen Autorenbücher, diesen Interessenslagen gerecht zu werden. Dabei soll neben einer sorgfältigen theoretischen Fundierung immer auch ein hoher Praxisbezug gewährleistet werden.

Herausgegeben von
Andrea Hausmann
Europa-Universität Viadrina
Frankfurt (Oder),
Deutschland

Thomas Schmidt

Theatermanagement

Eine Einführung

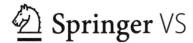

Thomas Schmidt
Weimar, Deutschland

ISBN 978-3-531-18369-5   ISBN 978-3-531-94333-6 (eBook)
DOI 10.1007/978-3-531-94333-6

Die Deutsche Nationalbibliothek verzeichnet diese Publikation in der Deutschen National-
bibliografie; detaillierte bibliografische Daten sind im Internet über http://dnb.d-nb.de
abrufbar.

Springer VS
© VS Verlag für Sozialwissenschaften | Springer Fachmedien Wiesbaden 2012
Das Werk einschließlich aller seiner Teile ist urheberrechtlich geschützt. Jede Verwertung,
die nicht ausdrücklich vom Urheberrechtsgesetz zugelassen ist, bedarf der vorherigen Zustimmung des Verlags. Das gilt insbesondere für Vervielfältigungen, Bearbeitungen, Über-
setzungen, Mikroverfilmungen und die Einspeicherung und Verarbeitung in elektronischen
Systemen.

Die Wiedergabe von Gebrauchsnamen, Handelsnamen, Warenbezeichnungen usw. in diesem
Werk berechtigt auch ohne besondere Kennzeichnung nicht zu der Annahme, dass solche
Namen im Sinne der Warenzeichen- und Markenschutz-Gesetzgebung als frei zu
betrachten wären und daher von jedermann benutzt werden dürften.

Einbandentwurf: KünkelLopka GmbH, Heidelberg

Gedruckt auf säurefreiem und chlorfrei gebleichtem Papier

Springer VS ist eine Marke von Springer DE.
Springer DE ist Teil der Fachverlagsgruppe Springer Science+Business Media
www.springer-vs.de

Für Laura A. Frahm, Caden Cotard,
meine Studentinnen und Studenten
und meinen Großvater C.B.S. zum 100.!

Unsere Institutionen sind höchst ätherisch, rein deklarativ und spirituell, sie sind Produkte „mächtiger" Phantasie, und nur solange jeder diese Phantasie teilt und ihr „vertraut", funktionieren diese Produkte; wird die Phantasie unglaubwürdig, dann beginnt das System sich aufzulösen.
  Richard Searle, Die Konstruktion der gesellschaftlichen Wirklichkeit

Das Theater der Zukunft ist wie die Brücke zwischen Europa und Amerika, sie verbindet die eine mit der anderen Welt, und zugleich das Unerklärliche mit einem Bild, das die eine Welt von der anderen bereits in sich trägt. Von welcher Seite man kommt, wo man lebt oder arbeitet, oder aus welcher Perspektive man die andere Seite betrachtet, man ist immer zugleich Spieler und Zuschauer, vor und hinter den Kulissen. Die Brücke ist wie die Bühne. Sie ist der Raum des Transfers und der Verwandlung. Sie ist der luzide Traum, den wir ahnen, die Passage unserer Sehnsüchte, nach der wir andere sein wollen und sein werden.
  Caden Cotard, Long Island, New York, Juli 2011

Inhalt

Einleitung – Zum aktuellen Diskussions- und Forschungsstand 11

1. Grundlagen des Theaterbetriebs 17
  1.1 Die Spitze des Eisbergs – zur Sichtbarkeit und Unsichtbarkeit von Strukturen und Prozessen am Theater 17
  1.2 Das deutsche Theatersystem 18
    1.2.1 Die öffentlichen Theater in Deutschland 19
      1.2.1.1 Differenzierungen 21
      1.2.1.2 Die wesentlichen Merkmale 26
      1.2.1.3 Entwicklungstendenzen 32
    1.2.2 Das nichtöffentliche Theatersystem in Deutschland 33
      1.2.2.1 Die Freie Theaterszene 33
      1.2.2.2 Festivals 39
      1.2.2.3 Privattheater 42

Exkurs: Das Theatersystem in den USA 43

  1.3 Die kulturelle und politische Verortung des deutschen Theatersystems 46
    1.3.1 Historische Wurzeln 46
    1.3.2 Die aktuelle Kulturpolitik und die Legitimationskrise des Theaters 48
  1.4 Das Theater und seine Rahmenbedingungen 52
    1.4.1 Standort und Demografischer Faktor 53
    1.4.2 Die Situation der Kommunen und Länder 55
    1.4.3 Besucher, Nichtbesucher und erweiterter Auftrag 57
    1.4.4 Markt und Konkurrenz 58

1.5 Krisen und Krisenmanagement am Theater 61
    1.5.1 Die Fragilität öffentlich geförderter Theater –
          Ein Fallbeispiel 61
    1.5.2 Krisenmanagement 64

2. **Das System Theater: Prozesse, Strukturen, Management** 69
    2.1 Das Theater und seine Prozesse 70
    2.2 Zielsysteme, Zielkonflikte und ihre Lösungsansätze 75
        2.2.1 Zukunftsfähigkeit 76
        2.2.2 Ästhetik und künstlerischer Erfolg 77
        2.2.3 Komplementarität 79
        2.2.4 Besucherbindung 79
        2.2.5 Wirtschaftlichkeit 80
    2.3 Wesentliche Bereiche der Betriebswirtschaft im Theater 81
        2.3.1 Finanzwirtschaft und Rechnungswesen 82
            2.3.1.1 Finanzwirtschaft und Mittelbeschaffung 82
            2.3.1.2 Rechnungswesen 86
        2.3.2 Strategisches Controlling 88
        2.3.3 Externe und Interne Prüfungen 94
        2.3.4 Personalmanagement 100
    2.4 Organisation und Management im Theater 103
        2.4.1 Historische Grundlagen der Organisations- und
            Managementtheorie 103
        2.4.2 Die klassische Organisations- und Managementlehre 106
            2.4.2.1 Aktuelle Grundlagen 106
            2.4.2.2 Der moderne Managementbegriff 107
            2.4.2.3 Managementfunktionen 107
            2.4.2.4 Managementinstrumente 109
        2.4.3 Leitungs- und Kommunikationsmodelle 112
            2.4.3.1 Leitungsmodelle 115
            2.4.3.2 Kommunikationsmodelle 120
        2.4.4 Planungsmodelle 121
            2.4.4.1 Spielplanung und Disposition 122
            2.4.4.2 Personalplanung 123

Inhalt

    2.4.4.3 Technische und Werkstattplanung 124
    2.4.4.4 Finanz- und Wirtschaftsplanung 125
    2.4.4.5 Vertriebsplanung 127
2.5 Ressourcen und Management 128
2.6 Infrastruktur und Management 130
2.7 Managementinstrumente, ihre Implementierung und Umsetzung 131

3. Zukunftsfragen – Die Transformation der Theatersysteme 133

Exkurs: Das flämische und niederländische Theatersystem 134
3.1 Phase 1a – Die äußere Transformation 137
    3.1.1 Rechts- und Betriebsformänderungen 137
    3.1.2 Außenbeziehungen 138
3.2 Phase 1b – Die Transformation der internen Prozesse 140
    3.2.1 Neue künstlerische Formate 141
    3.2.2 Neue Betriebsmodelle 143
    3.2.3 Neue Leitungsmodelle 143
    3.2.4 Neue Produktionsmodelle 145
    3.2.5 Personal- und Ensemblemanagement 146
    3.2.6 Organisationsreformen 147
3.3 Phase 2 – Die Transformation der Theater- und
    Orchesterlandschaft 148
    3.3.1 Das Modell der Theater- und Orchester-Exzellenz 148
    3.3.2 Modelle für neue Theaterstrukturen auf Landesebene 151
3.4 Ausblick 152

Anhang

Glossar – Die 100 wichtigsten Begriffe im Theatermanagement 157
Verzeichnis der Tabellen und Übersichten 176

Literaturverzeichnis 180

Danksagung 185

Konzerte anbieten, dann spielt die Qualität der angebotenen Aufführungen eine besondere Rolle. Nun ist Qualität in der Kunst keine messbare Größe. Dennoch können Hilfsindikatoren hinzugezogen werden: die Resonanz des Publikums, das als wichtigster Multiplikator dafür sorgt, ob eine Aufführung oder ein Programm angenommen werden, und die Resonanz der Medien, die mit ihren Vorberichterstattungen und Rezensionen wesentlich dazu beitragen, ein Publikum anzuziehen, das eher zu den nichtregelmäßigen Theaterbesuchern zählt. Den entscheidenden Schritt können Theater unternehmen, indem sie sich durch in sich geschlossene Programmlinien für eine Spielzeit und herausragende künstlerische Handschriften, beispielsweise der engagierten Regisseure, Qualitätsvorteile verschaffen. Diese besondere Qualität muss entsprechend beworben werden. Aufgrund der inzwischen sehr hohen Mobilität der Besucher beobachten wir in den letzten Jahren gerade in den Gebieten mit hoher Theaterdichte, dass Besucher aus Programm- und Qualitätsgründen zunehmend die Angebote in benachbarten Städten annehmen, obwohl ihr Wohnort ebenfalls über ein Theater verfügt. Es heißt zwar, Konkurrenz belebt das Geschäft, aber das Geschäft funktioniert nur, wenn das Angebot, also Qualität und Preis, stimmen.

3. In mittelbarer Konkurrenz steht das Theater zu anderen Freizeitangeboten, d.h. Kino, Konzerte, aber auch Fernsehen und Bücher. Dabei ist zu berücksichtigen, dass die Wahlmöglichkeiten für Freizeitbeschäftigungen immer mehr steigen, während die zur Verfügung stehende Freizeit vor allem der Menschen in den mittleren Jahren aufgrund beruflicher, gesellschaftlicher und familiärer Verpflichtungen immer geringer wird. So ist es nicht verwunderlich, dass die Theater strategisch um den Anteil Jugendlicher, aber insbesondere auch der Gruppe der 40 bis 60jährigen, ringt.

Eine jüngere Umfrage nach den liebsten Freizeitbeschäftigungen der Deutschen ergab, dass Theaterbesuche in den letzten Jahren in der Beliebtheitsskala immer weiter ins Hintertreffen geraten sind. Demnach schauen 87,10% der Bevölkerung mindestens einmal in der Woche Fernsehen, nur 0,30% gehen in diesem Zeitraum jedoch ins Theater. Zwischen 1995 und 2010 hat das Theater etwa 2,2 Mio. Zuschauer verloren, das sind durchschnittlich 150.000 Zuschauer jährlich.

1.4 Das Theater und seine Rahmenbedingungen

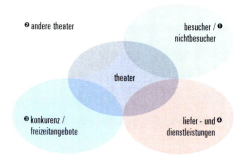

Übersicht 1:   Das Theater als Marktteilnehmer

Wenn man sich den Markt, auf dem Theater agieren, genauer anschaut, so stellen wir mehrere Marktteilnehmer und vier wesentliche Beziehungsgeflechte fest:

1. Das Verhältnis zwischen Theatern und Besuchern bzw. Nichtbesuchern: Wichtigste Instrumente sind hier das Programm bzw. der Spielplan, als das potentielle Angebot, und die Theaterkarte. Der Besucher kauft eine Eintrittskarte oder ein Abonnement und erhält damit Zutritt zu einer Aufführung des Theaters. Hier spielt Preispolitik eine besondere Rolle. Auch wenn Theater ihre Karten zu subventionierten Preisen anbieten, besteht für jedes Theater ein gewisser Spielraum, die Preise an die Kaufkraft und die Nachfrage des Publikums anzupassen. Ein besondere Rolle spielt dabei die Preiselastizität, sie ist ein Maß dafür, welche relative Änderung sich bei der Angebots- bzw. Nachfragemenge ergibt, wenn eine Preisänderung eintritt.[83] Die Theaterleitung muss also in enger Zusammenarbeit mit der Vertriebs- und Marketingabteilung Möglichkeiten der Preiserhöhung, aber auch die Notwendigkeit von Preissenkungen oder Rabatten (Theatertage, Wahlabonnements) erwägen. Letzteres ist beispielsweise dann der Fall, wenn Besucher aufgrund von zu hohen Preisen ausbleiben, die Auslastung und die Einspielquote zurückgehen. Die Ermittlung optimaler Kartenpreise ist dabei eine Königsdisziplin, die zwar betriebswirtschaftliche Grundkenntnisse, vielmehr aber noch die Kenntnis der eigenen Besucher voraussetzt.

2. Das Theater steht als Marktteilnehmer in unmittelbarer Konkurrenz zu anderen Theatern oder Produzenten und Anbietern ähnlicher Programme in der Region. Wenn in Thüringen, im Rhein-Main-Gebiet oder in Nordrhein-Westfalen mehrere Theater in unmittelbarer Nähe Schauspiel, Oper und

---
83   WÖHE, Günther, Einführung in die Allgemeine Betriebswirtschaftslehre, München, 2008.

Zum einen, die lebhafte Diskussion innerhalb wichtiger Netzwerke, wie der Kulturpolitischen Gesellschaft mit ihrer Zeitschrift *Kulturpolitische Mitteilungen* und dem elektronischen Internetportal *kulturmanagement.net*, zum anderen die Reformbeiträge einzelner Theater, aus denen verschiedene Modelle und Szenarien zur Überbrückung struktureller Krisen, aber auch zum Management großer moderner Theaterbetriebe, entstanden sind. Hier seien stellvertretend das Weimarer[18] und das Stuttgarter Modell[19], wie auch die Berliner Opernstiftung genannt.

Diese Strömungen gleichermaßen erfassend wie bündelnd haben sich verschiedene Colloquien, Jahrbücher[20] und Bühnenzeitschriften mit Essays und Vorträgen zu diesen Themen befasst.[21/22]

Ein grundlagenorientiertes Einführungsbuch, das einen Überblick über die derzeitige Theatermanagementpraxis und ihre Zukunftsaspekte gibt, liegt derzeit jedoch nicht vor. So soll diese Publikation eine Lücke schließen zwischen der vorhandenen Literatur und dem aktuellen Forschungsstand, den jüngeren Entwicklungen in der Theatermanagement-Praxis, der aktuellen Debatte und den unmittelbar anstehenden Zukunftsfragen.

Da das Theater einen wesentlichen Teil der deutschen Kulturlandschaft darstellt und damit auch einen Schwerpunkt des wachsenden Ausbildungs- und Berufsbereiches Kulturmanagement, soll dieses Buch die Arbeit der Dozenten und Studenten wesentlich erleichtern, die vorhandene Kulturmanagementliteratur ergänzen und als Nachschlagewerk dienen. Dabei sollen Erfahrungen aus dem Staats- und Stadttheatersystem, der freien Szene, aus mehrjähriger Lehrtätigkeit sowie bei der Neukonzipierung eines Masterstudiengangs Theater- und Orchestermanagement in Frankfurt am Main, und schließlich bei der Arbeit am Forschungsgegenstand „Zukunft des Theaters"[23/24] einfließen.

---

18 www.nationaltheater-weimar.de.
19 STAATSTHEATER STUTTGART, Spielzeitheft 2011/2012.
20 INSTITUT FÜR KULTURPOLITIK der Kulturpolitischen Gesellschaft, 2004, Jahrbuch für Kulturpolitik: Die Theaterdebatte.
21 EVANGELISCHE AKADEMIE, Die Zukunft des deutschen Theaters, 48. Loccumer Kulturpolitisches Kolloquium, 2004, sowie THEATER HEUTE: Die Zukunft des Theaters, Ausgabe 7/2011.
22 THEATER DER ZEIT, Heart of the City, Recherchen zum Stadttheater der Zukunft, Arbeitsbuch 2011.
23 SCHMIDT, Thomas, Theaterfinanzierung und Reformen, Das Modell der Theater- und Orchester-Exzellenz und die Doppelte Transformation, in Kulturpolitische Mitteilungen, II/2011, S. 52 ff.
24 SCHMIDT, Thomas, Theater im Wandel, Vom Krisenmanagement zur Zukunftsfähigkeit, in: Jahrbuch Kulturmanagement, 2011b.

Zu den Kapiteln

Das Lehrbuch soll in den drei großen Kapiteln – Grundlagen des Theaterbetriebs (1), Das System Theater: Prozesse, Strukturen, Management (2) sowie Zukunftsfragen (3) – durch das Themengebiet führen:

Kapitel 1

Die deutsche Theater- und Orchesterlandschaft ist durch eine Reihe besonderer Merkmale geprägt: Ihr erstes zentrales Charakteristikum ist das Nebeneinander öffentlich geförderter und privater Theater, zudem, vor allem im öffentlichen Bereich der *Repertoirebetrieb*, der anders als im angelsächsischen Raum dem Publikum eine Fülle verschiedener Stücke – das Repertoire – anbietet, und damit höchste Anforderungen an die Künstler und den Betrieb stellt. Weitere Elemente sind das *Ensemble* aus fest angestellten Künstlern, die das Gesicht des Theaters und seiner Inszenierungen prägen, der Stadttheatergedanke, also die Art und Weise der Verankerung eines Theaters in seiner Stadt und Region, und schließlich die Finanzierung durch öffentliche *Subventionen*. In Deutschland spielen die Theater je nach Größe des Hauses und regionaler Lage zwischen 8 und 20 % ihrer Gesamtbudgets aus eigenen Einnahmen ein. Im Durchschnitt werden die deutschen Theater mit 80 % aus kommunalen und Landeshaushalten gefördert.

Mit ihren derzeit 140 öffentlich geförderten Theatern, dem wachsenden Festivalbetrieb, der Freien Szene, den privaten Theatern und ihren insgesamt ca. 40.000 Beschäftigten ist sie die dichteste, komplexeste und differenzierteste Theater- und Orchesterlandschaft der Welt. Gleichzeitig ist sie aufgrund ihrer Subventionsbedürftigkeit durch ein hohes Maß an politischer Abhängigkeit und Legitimation geprägt. Dies und die sich verändernden Rahmenbedingungen (Standort, Demografie, veränderte finanzielle Schwerpunkte der Kommunen bei den freiwilligen Ausgaben, Legitimationsproblematik, erweiterter Auftrag) führen jedoch zu einer hohen Fragilität des Theater- und Orchestersystems, wie die ständigen Krisenmeldungen deutlich zeigen. Sie stellen bei näherer Betrachtung jedoch auch eine große Chance für einen Wandlungs- und Transformationsprozess dar, der im 3. Kapitel eingehend beleuchtet werden soll.

Kapitel 2

Theater sind offene Systeme, die sich in einem Wandlungsprozess befinden. Diese Wandlung kann mit den richtigen Instrumenten und *Managementprozessen* gesteuert werden. Sie begleiten den Umbau des Gesamtsystems und dienen damit letztlich dem Überleben des Theaters als einzelner Institution, wie auch des Theater- und Orchestersystems des ganzen Landes. Ziel jeder Managementtätigkeit wie auch aller Reformen in ihrer Gesamtheit ist die Sicherung der *Zukunftsfähigkeit* der Theater. Diese schließt starke Veränderungen bei Strukturen und Prozessen aufgrund einer veränderten Reflexion bzw. Einflussnahme auf die Rahmenbedingungen ein.

In Kapitel 2 werden die wichtigsten *Managementinstrumente*, die am Theater Verwendung finden und dort weiterentwicklt werden, vorgestellt.

Das Instrumentarium und die Methoden des Theatermanagements müssen dabei ganzheitlich betrachtet werden. Auch wenn jedes Instrument, jede Methode, vor dem Hintergrund der einzelnen Aufgabe (Personalmanagement, Finanzmanagement, Controlling, Planung und Organisation) ihre Berechtigung haben, entsteht ihre Wirksamkeit erst im Zusammenspiel. Die wesentliche Aufgabe im Theatermanagement entsteht folglich nicht nur in der Entwicklung einzelner Instrumente, sondern in der Koordination, Weiterentwicklung und Durchsetzung eines perfekt abgestimmten Ensembles an Instrumenten und Methoden.

Theater und Orchester sind zudem durch ein hohes Maß an Individualität geprägt. Künstlerische Handschriften von Intendanten und Leitungsteams, aber auch die Organisationskulturen der einzelnen Theater, die ihren Ursprung in der individuellen Geschichte der Theater wie auch in der unterschiedlichen Struktur der Theatersysteme in den verschiedenen Bundesländern haben, sind bci der Entwicklung des Themas zu berücksichtigen. So unterscheiden wir zwischen allgemein anwendbaren Instrumenten und Methoden, und denen, die individuell auf die Bedingungen des einzelnen Theaters abgestimmt werden müssen, um zum Erfolg zu führen. Der hierfür zu verwendende Begriff ist das *individuelle Management- und Transformationsmuster*.

Kapitel 3

Vor dem Hintergrund der finanziellen und strukturellen Krisenprozesse in der deutschen Theaterlandschaft haben sich einzelne *Reformmodelle* herausgebildet. Ihr Erfolg ist im Wesentlichen davon abhängig, inwieweit die Theater in der Lage sind, reale *Transformationsprozesse* einzuleiten und durchzusetzen. Auf einer weiteren Ebene, die die Theater- und Orchesterstruktur des jeweiligen Bundeslandes betrifft, muss dieser Transformationsprozess reflektiert und begleitet werden. Wir sprechen deshalb von einer *doppelten Transformation*, die den einzelnen Theaterbetrieb und auch das Theatersystem des Bundeslandes umfasst. Ihr Erfolg bedingt sich wechselseitig, wie sich aufzeigen lässt.

Der Prozess der Transformation umfasst:

1.a Das einzelne Theater vollzieht eine strukturelle Wandlung (*Structural Turn*) in seiner äußeren Form; dies ist bei Rechts- und Betriebsformänderungen in einigen Fällen bereits geschehen, führt aber weiter in der Veränderung aller Außenbeziehungen (Besuchermanagement, Lobbyarbeit, Pressearbeit, Kooperationen, Nichtbesucherintegration).

1.b Das Theater als Organisation vollzieht zudem interne Wandlungsprozesse, die sich im Wesentlichen auf strukturelle und produktionsbezogene Aspekte konzentrieren: einen Schwerpunkt bilden die Veränderungen der internen Produktionsprozesse und Organisationsstrukturen.

2. Die Theater- und Orchesterlandschaft Deutschlands wird sich verändern, dabei werden nicht nur die wesentlichen Aspekte des deutschen Theatersystems (Repertoire, Ensemble, Stadttheater), sondern auch die öffentliche Finanzierung und Förderung auf sehr unterschiedliche Weise in Frage gestellt, verändert und weiterentwickelt (*Systemic Turn*).

Der Reformprozess läuft in verschiedenen Phasen ab, er wird keineswegs synchron vollzogen. Die momentane Schwäche der Kulturpolitik besteht darin, keine zentrale Steuerung dieser Prozesse zum Beispiel auf Länderebene vorzunehmen. Dort werden zwar Kulturentwicklungspläne und Strukturanpassungsprogramme für die einzelnen Theaterlandschaften entwickelt, doch finden die maßgeblichen Reformen in den Theatern weitgehend eigenständig und zumeist als Reaktion auf einschränkende Rahmenbedingungen statt.

1. Grundlagen des Theaterbetriebs

1.1 Die Spitze des Eisbergs – zur Sichtbarkeit und Unsichtbarkeit von Strukturen und Prozessen am Theater

Wenn man die Gelegenheit hat, mit einem Forschungsschiff in die Antarktis aufzubrechen, begegnen dem frierenden Beobachter auf der zugigen Brücke wunderschöne, riesige, weiß- oder grünblaue gefärbte Eisberge, deren Zahl zunimmt, je mehr man sich dem Südpol nähert. Der erfahrene Steuermann, der neben dem Neuling an Bord steht, weiß, dass der Eisberg nur einen kleinen Teil seines riesigen Eiskörpers zeigt, und dass sich sechs Siebtel seiner Masse unter Wasser befinden und klug umschifft werden müssen, damit sie nicht den stählernen Leib des Schiffes ramponieren. Inzwischen sind die Polarschiffe mit extrasensiblen Sonargeräten ausgerüstet, mit denen nicht nur die Entfernung, sondern auch die Konturen der schwimmenden Riesen gemessen werden können.

Wenn der Zuschauer das Theater betritt, wenn er seine Garderobe abgegeben, ein Programmheft erstanden hat, um sich dann voller Erwartungen nach dem dritten Läuten in den Zuschauerraum zu setzen, wenn er auf den Moment wartet, bis sich der Vorhang hebt, um den Blick freizugeben, auf eine bis dahin ungekannte Szenerie, die eher einer Traumlandschaft, als einem Abbild der Wirklichkeit ähnelt, wenn die ersten Sänger, Schauspieler und Musiker die Bühne betreten, dann sieht er die Spitze des Eisberges: Die Bühne, die Szene, die Vorstellung.

Das Theater ist ein riesiger Eisberg, das, wenn es Abend für Abend seinen Vorhang hebt, nur einen kleinen Teil seines Körpers zeigt. Bis zu diesem Punkt, an dem die Vorstellung über die Bühne läuft, haben 200, 300 vielleicht sogar 400 Menschen an der Vorbereitung dieses Abends mitgewirkt. Sie haben gemeinsam gedacht, geplant, Ideen entwickelt und wieder verworfen, sie haben skizziert, gezeichnet, gemalt, geschweißt, gebohrt, genäht, sie haben gerechnet, verhandelt, geschrieben, geworben und immer wieder Rechenschaft abgelegt, sie haben probiert, geleuchtet, auf- und immer wieder abgebaut, sie haben bis an den Rand der Erschöpfung gearbeitet und alle ihre Zweifel über Bord geworfen, sie haben Lob geerntet und noch mehr Kritik, Beifall und Schmährufe, sie haben gefeiert, vor allem aber haben sie unentwegt gearbeitet.

Der Eisberg Theater, von dem man nur einen Bruchteil am Abend der Vorstellung wahrnimmt, ist ein 24 Stunden-Betrieb. Die Kollegen der ersten Schicht aus der Technik und den Werkstätten beginnen in aller Frühe, wenn es draußen noch dunkel ist, lange bevor die ersten Schauspieler, Sänger und Musiker zu den Morgenproben kommen, und der letzte Kollege geht weit nach Mitternacht, wenn die Abendproben zu Ende, die letzten Konzeptionsgespräche vertagt, die Kostüme verstaut und die Dekorationen auf der Bühne umgebaut worden sind. 300 bis 400 Menschen arbeiten in einem mittelgroßen deutschen Stadttheater, 100 verschiedene Berufe können wir dort zählen. Jedes Stück ist handgemacht, das Theater eine *Manufaktur*, in der neueste Technologien mit altem Handwerk kombiniert werden. Das Theater bildet in Berufen aus, die längst ausgestorben wären, würde es das Theater nicht geben, und ohne die die Welt ärmer wäre, weil diese Menschen mit ihren so besonderen Berufen unmittelbar vermitteln, wie einem Gedanken, einer Idee, einem Text, einem Stück Musik Leben eingehaucht werden. Maskenbildner, Kascheure, Theatermaler, Inspizienten, Souffleure, Repetitoren, Kapellmeister, Disponenten, Requisiteure, Dramaturgen sind nur einige von ihnen, die daran mitwirken.

Wie auch die Eisberge, sind die Theater akut bedroht, abzuschmelzen.

Wenn man dem Theater die Substanz entzieht, die Masse, dann wird auch der Teil kleiner und unscheinbarer, der sich über der Meeresoberfläche zeigt, und der auf der Bühne spielt. Deshalb ist jeder Euro, den ein Theater an Zuschüssen verliert, ein Verlust, der sich auf Jahre hin multipliziert und dazu führt, dass die Theater immer mehr an Gewicht, Substanz und Qualität verlieren. Und deshalb ist jeder Zuschauer, den das Theater neugierig machen kann, ein Gewicht, das dazu beiträgt, dass die Theater ihre Balance halten können.

1.2 Das deutsche Theatersystem

Was ist eigentlich Theater?

Folgt man einschlägigen Lexika, bieten diese verschiedene Definitionen für den Begriff des *Theaters* an:

- so bezeichnen wir das, was wir als Theaterhaus oder -gebäude sehen, als Theater,
- er definiert das Theater im Sinne künstlerischer Praxis, also die künstlerische Konzeption, die Inszenierung, die Darstellung der Figuren durch die Künstler, und

1.2 Das deutsche Theatersystem

- Theater bezeichnet den Theaterbetrieb und das gesamte Theatersystem, mit all seinen Facetten, Formen und Teilsystemen, und ist damit der Kerninhalt dieses Lehrbuches.[25]

Eigentlich kann man keinen dieser Begriffe getrennt voneinander betrachten, erst im Zusammenspiel entsteht der Begriff Theater: eine komplexe, lokalisierbare künstlerische Institution, die Aspekte des Betriebes und des künstlerischen Schaffens miteinander verbindet. In den ersten Abschnitten werde ich mich in vielen wesentlichen Aspekten auf das öffentliche Theater beziehen, in meinen weiteren Ausführungen und späteren Überlegungen zur Zukunft des Theaters verstärkt Aspekte der freien Szene und ausländischer Theatersysteme einbeziehen.

Heute sind Theater mittelständische Kulturunternehmen, deren zumeist in einer Satzung oder einem Gesellschaftsvertrag festgeschriebene Aufgabe die Aufführung von Schauspiel, Opern und Operetten, Musicals, Konzerten, Tanz und/ oder Ballet umfasst. Dabei unterscheiden wir zwischen Theatern, die Aufführungen in nur einer Kunstform (Schauspiel-, Opern- oder Konzerthäuser) oder mehreren Kunstformen (Mehrspartentheater) zeigen. Ein weiteres Unterscheidungsmerkmal bezieht sich darauf, ob die Theater die Aufführungen mit eigenen Ensembles selbst proben (produzieren) und dann zur Aufführung bringen, oder als Bespieltheater lediglich eine kleine technische Infrastruktur vorhalten und Gastspiele anderer Theater zeigen. Im Folgenden beziehe ich mich, wenn ich Ausführungen zum öffentlichen Theatersystem mache, auf Theater, die selbst produzieren und dabei in der Regel über ein eigenes Ensemble verfügen.

1.2.1 Die öffentlichen Theater in Deutschland

Mit ihren 140 öffentlich geförderten Theatern und ihren insgesamt etwa 40.000 Beschäftigten ist die öffentliche deutsche Theaterlandschaft die dichteste, komplexeste und differenzierteste der Welt. Hinzu kommen ein wachsender Festivalbetrieb, eine professionelle freie Szene und über 200 Privattheater, die im kommenden Abschnitt untersucht werden.

Aufgrund ihrer Subventionsbedürftigkeit und ihrer Gesellschafterstruktur sind die öffentlichen Theater durch ein hohes Maß an politischer Abhängigkeit geprägt, die wiederum eine große Schwerfälligkeit und Reformresistenz mit sich bringt. Dies und die sich gleichzeitig rapide verändernden Rahmenbedingungen (Standorte, Demografie, veränderte finanzielle Schwerpunkte der Kommunen bei den freiwilligen Ausgaben, Legitimationsproblematik, erweiterter Auftrag) führen

---

25 BRAUNECK, Manfred/ SCHNEILIN, Gerard, Theaterlexikon – Begriffe und Epochen, Bühnen und Ensembles, Hamburg, 1992, S. 950.

zu einer hohen Fragilität des Theater- und Orchestersystems und zu einer Orientierungslosigkeit bei Theaterleitern und Kulturpolitikern, wie die ständigen Krisenmeldungen deutlich zeigen. Mehrheitlich reagieren die Theater auf diese Szenarien mit Mehr- und Überproduktion, das heißt, sie produzieren mehr Dramen, Opern, Konzerte und Ballette als noch vor Jahren, vor allem aber als von den Zuschauern rezipiert werden, mehr aber auch, als die Theater und Orchester langfristig aufgrund ihrer begrenzten Ressourcen zur Verfügung stellen können.

Auch wenn diese Szenarien sich ähneln, lassen sie sich aus strukturellen Gründen kaum vereinheitlichen: In den 16 deutschen Bundesländern finden wir 16 verschiedene Theatersysteme mit unterschiedlichen Schwerpunkten und divergierenden Zukunftsaussichten. Dennoch stehen sie alle vor ähnlichen strukturellen Problemlagen: wachsende Personalkosten, steigender Bauunterhalt, immer geringere Spielräume für die eigentlichen künstlerischen Produktionen, sinkende Legitimation bei Politik und Zuschauern. Die folgende Übersicht soll die wesentlichen Veränderungen der öffentlichen deutschen Theaterlandschaft in den letzten 15 Jahren deutlich machen.

Kennzahlen	1995/96	2008/09	Veränderung	2009/10	Veränderung
Öffentliche Theater	154	144	-10	140	-4
Eigene Veranstaltungen	56.872	65.508	8.636	64.908	-600
Auswärtige Gastspiele	7.245	7.996	751	8146	150
Gesamtbesucher einschl. Gastspiele	23.022.233	21.354.646	-1.667.587	20.780.551	-574.095
Gesamtdurchschnitt Auslastung (in %)	74,1	73,25	-0,85	77,6	4,35
Fest angestelltes Personal	41.722	38.788	-2.934	38.831	43
Anteil der Personalkosten an den Gesamtkosten (in %)	76,6	73,8	-2,8	74,6	0,8
Betriebseinnahmen (in EUR)	315.131.172	481.662.000	166.530.828	484.235.000	2.573.000
Öffentliche Zuschüsse (in EUR)	1.988.544.510	2.134.594.000	146.049.490	2.168.472.000	33.878.000
Betriebszuschuss pro Besucher (in EUR)	85,88	99,31	13,43	109,47	10,16
Einspielquote (in %)	14,6	18,5	3,9	18,2	-0,3

Tabelle 1: Kennzahlen der deutschen Theaterlandschaft[26/27]

---

26 siehe auch FÖHL, Patrick S., Kooperationen und Fusionen von öffentlichen Theatern, Wiesbaden, 2011, S. 34.
27 DEUTSCHER BÜHNENVEREIN, Statistiken 1995/96, 2008/09 und 2009/10.

1.2 Das deutsche Theatersystem

Erläuterungen zu *Tabelle 1*: Während die Zahl der Theater und der fest angestellten Mitarbeiter tendenziell sinkt, steigt die Zahl der Vorstellungen. Die Einspielquote hat 2008/09 mit 18,5 % ihren – unter den Voraussetzungen der jetzigen Theaterstruktur – höchsten durchschnittlichen Punkt erreicht, während die Subvention pro Karte in den letzten Jahren um 25 Euro, allein in der letzten Spielzeit um 10 Euro auf 110 Euro pro Karte gestiegen ist.

1.2.1.1 Differenzierungen

Die deutsche Theater- und Orchesterlandschaft ist nicht nur durch ihre historisch bedingte Dichte, sondern darüber hinaus durch eine Vielfalt verschiedener Theaterformen und das Nebeneinander öffentlich geförderter und privater Theater geprägt:

Merkmal			
Typ	Öffentliche Theater	(Freie Szene)	(Private Theater)
	Produktionstheater	Bespieltheater	Produktionshäuser
Öffentliche Theater			
Regionale Differenzierung	Staatstheater	Stadttheater	Landesbühnen
Trägerschaft	Bundesland/Stadt	Stadt	Zweckverband von Gemeinden
Rechtsformen	Stiftung, GmbH, Eigenbetrieb	GmbH, Eigenbetrieb, Regiebetrieb	Zweckverband
Ausrichtung			
Künstlerische Ausrichtung	Mehrsparten-Theater	Einspartentheater	Einzelproduktionen
Leitungsmodelle			
Leitungsmodell	Generalintendanz	Doppelspitze	Direktorium

Tabelle 2: Differenzierungsmerkmale des deutschen Theatersystems

Regionale Differenzierung

Die deutsche Theaterlandschaft ist durch ein Ost-West- sowie ein Nord-Süd-Gefälle geprägt. Analysiert man die Theatersysteme der 16 Bundesländer, wird deutlich, dass sich die Länder südlich der Rhein-Main-Linie, also insbesondere in Bayern und Baden-Württemberg, mit Abstrichen auch in Hessen, und im Osten Deutschlands in Sachsen und in Thüringen kulturpolitisch stark für ihre Theater engagieren. Während die Theater im Norden Deutschlands, allen voran in Hamburg, Bremen, Schleswig-Holstein, Mecklenburg-Vorpommern und Brandenburg in einer kulturpolitischen Krise gefangen sind, die sich durch sinkende Subventionen, Spartenabbau und Fusionen äußern, sind die Theater in Süddeutschland im Vergleich finanziell solide ausgestattet und arbeiten in einem kulturpolitisch stark geschützten Raum.

Die Situation der Theater im Osten Deutschlands lässt sich historisch erklären. Während alle ostdeutschen Theater und Orchester bis 1990 noch zentral verwaltet wurden, sind sie im Rahmen der Wiedervereinigung in die Hoheit der Kommunen und, bis auf wenige in Gründung befindliche Staatstheater, in die der Bundesländer übergegangen. Der Prozess dieses Übergangs war durch eine starke Reduzierung des Personals, durch Spartenabbau und durch Schließung vor allem kleinerer Orchester und Theater geprägt. Im Zeitraum von 1991 bis 2011 sind in diesem Zuge in den Neuen Bundesländern mehr als zehn Theater und 30 Orchester geschlossen worden.[28] Die Theater im Westen und im Osten Deutschlands lassen sich aufgrund ihrer unterschiedlichen Ressourcenausstattung und ihrer differenziert gewachsenen Legitimation kaum miteinander vergleichen. Vor allem letzter Punkt hat sich schmerzlich für die Theater im Osten Deutschlands bemerkbar gemacht: Während die Auslastung der Theater bis 1989 durch Pflichtabonnements der Betriebe und Schulen im Bereich zwischen 80 und 90 % lag, sind die Auslastungszahlen in den ersten Jahren nach der Wende stark eingebrochen.

Sie liegen im Osten Deutschlands im Durchschnitt unter 70 %, während die Theater im Westen des Landes im Schnitt eine 7 bis 8 % höhere Auslastung aufweisen können. Aufgrund der im Vergleich hohen Arbeitslosigkeit im Osten und der damit verbundenen gesunkenen Kaufkraft, gibt es zudem erhebliche Unterschiede in der Kartenpreisstruktur, die bis zu 50 % von denen westdeutscher Theater abweichen kann.

Im Zusammenhang mit den im Vergleich geringeren Zuschauerzahlen liegt auch die *Einspielquote* – d. h. der Anteil der Eigeneinnahmen am Gesamtbudget – der ostdeutschen Theater zumeist unter 10 %, während der Bundesdurchschnitt aller Theater 18 % beträgt. Hinzu kommt die noch immer sehr hohe Personaldichte an den ostdeutschen Theatern, die bis zu 85 % der Gesamtbudgets eines Theaters absorbiert, während die Theater im Westen Deutschlands durchschnittlich 75 % hierfür verbrauchen.[29]

Inzwischen hat sich, wie weiter oben beschrieben, auch im Osten Deutschlands ein Nord-Süd-Gefälle in der Kultur- und insbesondere Theaterförderung eingestellt. Während in Sachsen und Thüringen die Theater und Orchester trotz knapper Finanzen und kommunaler Sparzwänge noch immer so gefördert werden, dass eine

---
28 DEUTSCHER BÜHNENVEREIN, Statistiken 1992/93 und folgende.
29 DEUTSCHER BÜHNENVEREIN, Statistiken 2006/07 und folgende.

1.2 Das deutsche Theatersystem

flächendeckende Versorgung der Regionen mit Theater erfolgen kann, erodieren die Theatersysteme in Mecklenburg-Vorpommern, Brandenburg und Sachsen-Anhalt zunehmend, eine Tendenz, die sich möglicherweise kaum noch aufhalten lässt.

Metropolen – kleine Städte: Landesbühnen, Stadttheater, Staatstheater
Die deutsche Theaterlandschaft ist durch eine zweite regionale Differenz geprägt: Theater in Metropolen, in kleinen Städten und ländlichen Regionen.

Um die Grundversorgung vor allem in den ländlichen Regionen und den Kleinstädten zu sichern, wurden in vielen Bundesländern sogenannte Landesbühnen in Trägerschaft mehrerer Städte, zumeist im Rahmen eines Zweckverbandes, gegründet. Ziel ist es, mehrere Städte mit Theaterproduktionen zu versorgen. Demgegenüber steht das klassische Stadttheater, das in vielen mittleren und größeren Städten bis hin zu den Metropolen Berlin, München, Hamburg und Stuttgart zu finden ist und sich im Wesentlichen an die städtische Bevölkerung richtet. Eine dritte Gruppe sind die Staatstheater, Mehrheitsgesellschafter sind die Bundesländer.

	Schauspiel	Oper/Operette	Ballett/Tanz	Konzert	Mehrsparten
Staatstheater	X	X	X	X	X
Stadttheater	X				X
Landesbühnen	X	(X)			

Tabelle 3: Öffentliche Theater und ihre Angebote (nach Gattungen)

Staatstheater: Die meisten Staatstheater (Stuttgart, Hannover, Darmstadt, Kassel, Mainz, Oldenburg, Braunschweig, Wiesbaden, Saarbrücken, Weimar, u. a.) sind Mehrspartentheater, München, Berlin und Hamburg verfügen über separate Staatsopern und -schauspiele, das einzige Staatsballett existiert in Berlin. *Stadttheater* sind in der Regel Mehrspartentheater, oder in kleineren Theatern (Rudolstadt, Senftenberg, Aalen) reine Schauspielhäuser. *Landesbühnen,* die mehrere Städte im Rahmen eines Zweckverbandes bespielen, sind in der Regel Schauspielbühnen, halten vereinzelt aber auch ein Musiktheaterangebot bereit.

Rechtsformen und Trägerschaft
Das deutsche Theatersystem lässt sich nach weiteren Kriterien differenzieren. So unterscheiden wir Theater auch nach ihrer jeweiligen Rechtsform. Sie wird durch den Gesellschaftsvertrag oder die Satzung bestimmt, definiert die wesentlichen gesetzlichen Rahmenbedingungen und regelt das Verhältnis zwischen Eigentümern

(Gesellschaftern), also dem Land und/oder der Kommune, und dem Theater. Mit der Rechtsform werden Aufsichts-, Leitungs-, Haftungs- und Betriebspflichten wie auch die Verantwortung der Theaterleitung festgelegt.

Rechtsform	Spielzeit 1995/96	Spielzeit 2005/06	Spielzeit 2009/10
Regiebetrieb	82	42	31
Eigenbetrieb	18	27	32
Zweckverband	8	8	8
Anstalt öff. Rechts	2	8	8
Stiftung öff. Rechts	0	7	7
GmbH	34	44	48
Eingetragener Verein	8	6	5
GbR	2	1	1
Insgesamt	154	143	140

Tabelle 4: Rechtsformen öffentlicher Theater[30]

Theater können in acht verschiedenen Rechtsformen geführt werden, wobei sich in den letzten Jahren eine deutliche Verschiebung hin zu drei Rechtsformen herauskristallisiert hat. Waren bis 1995/96 noch über die Hälfte aller öffentlichen Theater *Regiebetriebe*, sind es 2009 nur noch 20 %. Vor allem die Anforderungen an ein verbessertes wirtschaftliches Management, aber auch eine stärkere Eigenverantwortung der Theaterleitungen hat zu einem Systemwechsel geführt. Dabei werden drei Tendenzen deutlich:

- die Zahl der privatrechtlich organisierten Gesellschaften mit beschränkter Haftung (*GmbH*) sowie der Eigenbetriebe ist weiter angestiegen
- die Zahl der *Stiftungen* hat sich stabilisiert,
- die Zahl der *Regiebetriebe* sinkt, die der *Vereine* und *GbR* wird zukünftig vernachlässigbar gering sein.

Diese Entwicklung ist vor allem auch kulturpolitisch zu interpretieren. Die bisher überwiegenden, kommunalen Regiebetriebe unterliegen einer starken Aufsicht durch die Städte. Zumeist sind damit alle nicht-künstlerischen Mitarbeiter des Theaters gleichzeitig städtische Angestellte. Auch wirtschaftlich unterliegt der Regiebetrieb den Vorgaben der jeweiligen städtischen Kämmerei. Um den Einfluss der Träger zurückzufahren und die Autonomie vor allem in personalpolitischer und

---

30 DEUTSCHER BÜHNENVEREIN, Theaterstatistiken der Spielzeit 1995/96, 2005/06 und 2009/10.

1.2 Das deutsche Theatersystem

wirtschaftlicher Hinsicht zu stärken, haben Umwandlungsprozesse stattgefunden. Röper beschreibt diese Prozesse der Umwandlung in einen Eigenbetrieb als „Verselbständigung des Theaters innerhalb der öffentlichen Verwaltung", während er bei der GmbH von einer „Ausgliederung des Theaters aus der öffentlichen Verwaltung" spricht.[31]

Der Definition kann gefolgt werden, auch wenn der Grad der *Verselbständigung* bzw. der *Ausgliederung* aufgrund unterschiedlicher personeller und kulturpolitischer Konstellationen stark variieren und voneinander abweichen kann. Hier bedarf es der genauen Analyse der jeweiligen Situation. So gibt es Theater, die rechtlich als selbständige GmbH firmieren, aber von den jeweiligen Kommunen als städtische Beteiligungen einer Stadt-Holding auch in der operativen Arbeit stärker kontrolliert werden als beispielsweise Eigenbetriebe, während andernorts Eigenbetriebe aufgrund einer vertrauensvollen Zusammenarbeit mit den zuständigen Gremien in Stadt und Land einen großen operativen Freiheitsgrad erreichen können.

Es muss auch sehr deutlich gesagt werden, dass mit der Umwandlung eines Regie- oder Eigenbetriebes in eine gemeinnützige Theater-GmbH keine wesentliche Privatisierung einhergeht, wie dies oftmals fälschlicherweise dargestellt wird. Der Einfluss der Gesellschafter Stadt und Land bleibt erhalten, das Theater bleibt also eine öffentliche Einrichtung. Hingegen unterliegen die Geschäftsführer (und Aufsichtsräte) einer GmbH einer deutlich höheren Verantwortung und Haftung als die Verantwortlichen eines Eigenbetriebes. Erst wenn an Stelle der öffentlichen private Gesellschafter treten, kommt es zu einer teilweisen oder völligen Privatisierung. Dies ist in Deutschland bei zwei Theatern der Fall, dem Berliner Ensemble und der Schaubühne, die beide private Gesellschafter haben, dennoch mehrheitlich öffentlich finanziert werden – Sonderfälle, die mit der besonderen Rolle beider Bühnen in Berlin um 1970 bzw. nach der Wende zu tun haben.

Eine Ausnahme stellen nach wie vor die Stiftungen dar. Als Rechtsform mit der größten Stabilität sind sie auf Dauer und Nachhaltigkeit angelegt und werden zu einer alternativen Betriebsform für alle Theater. Während viele größere Museums- und Kulturbetriebe fest in der Stiftungsform verankert sind, gibt es nur sieben Theaterstiftungen (z. B. Cottbus, Meiningen), von denen die Berliner Opernstiftung aufgrund ihres modellhaften Charakters, aber auch wegen der Schwierigkeit, drei Opernhäuser, ein Staatsballett und zentrale Werkstätten unter einer Generaldirektion zu vereinigen, überregional die größte Ausstrahlung hat.

---

31 RÖPER, Henning, Handbuch Theatermanagement, Wien/Weimar, 2001, S. 217 ff.

	Regiebetrieb	Eigenbetrieb	GmbH	Stiftung
Anbindung an den Träger	Uneingeschränkter Teil der öffentlichen Verwaltung	Organisatorisch selbständig, aber keine eigene Rechtspersönlichkeit	Gesellschafter = Kommune und/oder Bundesland	Stiftungsrat
Vor/Nachteile	Hohe Unselbständigkeit des Theaters	Verwaltung außerhalb der Hoheitsplanung von Stadt und Land	Selbständigkeit in Verwaltung, Insolvenzfähig	Unabhängig wie GmbH, hohe Stabilität, keine Insolvenz
Entscheidungsbefugnis	Verwaltung erfolgt über Stellen der Kommune bzw. des Landes	Theater- oder Werkausschuss, Stadtrat oder Kultusministerium, Theaterleitung	Gesellschafterversammlung, Aufsichtsrat, Geschäftsführung	Stiftungsrat, Vorstand
Haftung	Stadt/Land	Stadt/Land	Geschäftsführung/Aufsichtsrat	Vorstand
Buchführung	Kameralistisch	Zunehmend Kaufmännisch	Kaufmännisch	Kameralistisch oder Kaufmännisch

Tabelle 5: Die Merkmale der vier wichtigsten Rechtsformen auf einen Blick

Bleibt die immer wieder gestellte Frage, welche Rechtsform die richtige ist?[32]

Diese Frage lässt sich nur vor dem Hintergrund der jeweiligen Bedingungen, der aktuellen kultur- und finanzpolitischen Situation und vor allem der Zukunftsaussichten eines Theaters beantworten. Während für einige Theater eine schnelle Umwandlung in eine GmbH „lebensrettend" sein kann, wie dies für Weimar 2003 der Fall war, um vorübergehend aus dem Tarifsystem und der damit einhergehenden Lohnspirale auszusteigen und damit alle Sparten am Theater retten zu können, ist für andere Theater die Form des Eigenbetriebes, wie weiter oben gezeigt wurde, ausreichend. Jede dieser Rechtsformen sollte in regelmäßigen Abständen auf ihre Angemessenheit und Nützlichkeit überprüft werden. So sind Rechtsformwechsel oftmals auch wichtige Impulse für Veränderungen und den Erhalt eines Theaters.

1.2.1.2 Die wesentlichen Merkmale

Das deutsche Theatersystem ist durch den Repertoirebetrieb, das Ensemble aus fest angestellten Künstlern, den Stadttheatergedanken, also die Art und Weise der Verankerung eines Theaters in seiner Stadt und Region, und schließlich das hohe Maß an Subventionen geprägt. Dies bringt die Theater immer wieder in die Kritik,

---

32 Siehe auch KURZ, Hans, Praxishandbuch Theaterrecht, München, 1999, S. 43 ff.

1.2 Das deutsche Theatersystem

vor allem aus den Kreisen, die das Wesen des Theaters und seine Prozesse nur von ihrer Kostenseite erfassen. Sich mit dieser Kritik auseinander zu setzen, ist erforderlich, um die *Zukunftsfähigkeit* der Theaterlandschaft zu erhalten.

Merkmal	Inhalte
Repertoire	Gesamtheit aller gezeigten Stücke eines Theaters in einer Spielzeit
Spielplan	Zeitliche Abfolge der aufzuführenden Stücke
Ensemble	Künstlerische Mitarbeiter eines Theaters
Mehrspartigkeit	Theater mit mehreren künstlerischen Sparten unter einem Dach
Subvention	Zuschüsse der Gemeinden und Bundesländer zum Theaterbetrieb im Umfang von durchschnittlich 85 Prozent der Gesamtetats der Theater
Manufaktur	Herstellung aller Leistungen eines Theaters von der Idee bis zur Aufführung in der Regel unter einem Dach (aus einer Hand)
Personalintensität	Theater sind personalintensive Betriebe, die sich aus Mitarbeitern verschiedener Gewerke, künstlerischer, technischer u. administrativer Ausrichtungen zusammensetzen
Mehrdimensionalität	Verschiedene Phasen der Entwicklung und Inszenierung mehrerer zeitversetzt zur Aufführung kommender Stücke

Tabelle 6: Merkmale des öffentlichen deutschen Theatersystems

Das Repertoire

Das *Repertoire* ist Ursprung und Kernbegriff des deutschen Theatersystems und des Theaterbetriebes. Betrachtet man die Entwicklung des deutschen Theaters aus seinem Ursprung, einem literarischen und – anders als beispielsweise in den angelsächsischen Ländern – stark dramaturgisch geprägten Gedanken[33], versteht man, warum der künstlerische Inhalt, der Stoff, das Stück, das Werk, und sich daran anschließend und darauf aufbauend die Inszenierung im Mittelpunkt jeder Betrachtung über den Betrieb und das Theatersystem steht. Eine betriebswirtschaftliche und organisatorische Auseinandersetzung mit dem Theater, die Einführung von Managementmethoden und -instrumenten und die Umsetzung von Reformen muss immer die Verknüpfung über die künstlerischen Inhalte finden. Derart müssen auch die Organisationsstrukturen und die Prozessabläufe gegliedert werden,

---

33 LESSING, G.E., Hamburgische Dramaturgie, Leipzig, 1767-69; Der Dramaturg ist in all den Jahren eine typische und klassisch deutsche Funktion am Theater geblieben, die sich in Europa nicht durchsetzen konnte.

um den Theaterbetrieb in ein *optimales Gleichgewicht* zwischen künstlerischen und wirtschaftlichen Ansprüchen (Komplementarität) zu bringen.

Das *Repertoire* ist dabei die – immer weiter wachsende – Summe aller spielbaren und gespielten Stücke in den Sparten Drama (Schauspiel), Musiktheater (Oper, Operette), Musical, Konzert, Ballett, Tanz und schließlich der in den letzten Jahren in den Mittelpunkt gerückten Performance, die Elemente der verschiedenen Gattungen in sich vereint und verschmilzt. Das Repertoire ist dabei mit dem Ursprung des Theaters im antiken Drama und im Musiktheater der Renaissance immer weiter angewachsen. So hat jede Epoche im Schauspiel, in der Oper, im Konzert und im Ballett, später Tanz, ihre herausragenden Autoren und Werke, die das Repertoire der vorangegangenen Epochen ergänzen und damit weiterentwickeln – und im besten Falle in den Kanon der zeitlosen Werke übergehen. Für die Theater heißt dies, auf einen immer größeren Fundus an Stücken, Opern und Konzerten zurückgreifen zu können und daraus Spielpläne zu gestalten. Dennoch konzentriert sich das Repertoire auf etwa 50 Dramen und Opern, die immer wieder in den Spielplänen zu finden sind.[34/35]

Hier kommen drei wichtige Aspekte hinzu: der Gedanke des *Kanons*, also eines „unsterblichen", immer weiter überlieferten und sich überliefernden Repertoires, von dem davon ausgegangen wird, dass es unabhängig von seiner Entstehungszeit zeitlos ist und bleiben wird. Hier können Autoren wie Euripides, Sophokles, Shakespeare, Molière, Racine, Ibsen, Strindberg oder Tschechow, Komponisten wie Monteverdi, Mozart, Verdi, Strauss und Wagner u. v. a. m. angeführt werden.[36]

Der zweite Aspekt betrifft die Anverwandlung der überlieferten Stoffe, ihre Bezugnahme durch neue Inszenierungskonzepte in der Gegenwart, und der dritte Gedanke berührt das Zeitgenössische. Das Repertoire – und damit der Spielplan – wird um die Arbeiten zeitgenössischer Künstler ergänzt, junge oder auch schon etablierte Autoren, Komponisten und Choreographen. Damit wird das deutsche Theatersystem gleichzeitig zu einem wichtigen Förderinstrument junger Künstler, während es sich selbst inhaltlich, künstlerisch und ästhetisch mit der Inszenierung, dem Spielen überlieferter und zeitgenössischer Werke immer weiter entwickelt.

---

34 ABELS, Norbert, Theater, die wichtigsten Schauspiele von der Antike bis zur Gegenwart, Hildesheim, 2008.
35 WILLASCHEK, Wolfgang, 50 Klassiker: Oper, Hildesheim, 2008.
36 KLOIBER/KONOLD/MASCHKA, Handbuch Oper, München, 1995, sowie HENSEL, Georg, Spielplan, München, 1999.

1.2 Das deutsche Theatersystem

Spielplan

„Der Spielplan eines Theaters besteht aus der Folge der aufzuführenden oder bereits aufgeführten Stücke. Er ist damit die zentrale Grundlage für alle weiteren zu treffenden Entscheidungen (Personalplanung, Budgetplanung, Werbung)."[37]

Der *Spielplan*, der sich noch einmal in Wochen-, Monats- und Spielzeitplan unterteilt, ist nicht nur ein wichtiges Instrument für die interne Disposition und Kommunikation und den darauf basierenden Entscheidungen, sondern das wichtigste Instrument der Außendarstellung eines Theaters. Der Spielplan ist das konzeptionelle und ästhetische Gerüst eines Theaters. Er beinhaltet alle Neuinszenierungen und Wiederaufnahmen einer Spielzeit, die dazugehörigen Besetzungen und logistischen Parameter (Probenzeiten und -orte, Premieren- und Aufführungsdaten der einzelnen Stücke). Die Zuschauer erhalten mit dem Spielzeitheft eine ausschnittsweise Fassung des Spielplanes, die zumeist durch Monatsspielpläne ergänzt werden.

Der Spielplan (s. a. Abschnitt 2.4), der im Team unter Leitung des Intendanten und der Chefdramaturgie gemeinsam mit den Spartendirektoren erstellt wird, wird in der Feinabstimmung vom Künstlerischen Betriebsbüro und den dort für die Disposition zuständigen Disponenten verwaltet und weiterentwickelt.

Ein wesentliches Merkmal sind die großen Zeitvorläufe im Theaterbetrieb. So werden Konzert und Oper mindestens mit einem Vorlauf von zwei Jahren geplant, da sich die Märkte, auf denen Agenturen Sänger und Dirigenten anbieten, in den letzten Jahren wesentlich verändert haben. Angefangen mit den Dirigenten und den Sängern hat sich der Konzert- und Musiktheaterbetrieb in der Planung weit in die Zukunft vorverlagert. Die Konzertveranstalter und die Theater mussten sich diesem Modus anpassen. So müssen große Gastpartien bereits mehrere Spielzeiten im Voraus verpflichtet werden, was wiederum eine Planung über mehrere Spielzeiten notwendig macht. Dies wiederum bringt mit sich, dass bereits sehr frühzeitig vertragliche Verpflichtungen eingegangen werden, die im Falle finanzieller Einschnitte oder personeller Wechsel (Intendant, Operndirektor) nicht oder nur mit erheblichen Kosten auflösbar sind. Das Schauspiel ist weit weniger davon betroffen, da die Planungszyklen und Engagements kurzfristiger verlaufen. Allerdings muss sich das Schauspiel in Mehrspartenhäusern weitgehend der Planung der Oper anpassen.

Ensemble

Das *Ensemble* ist der Kern und das Gesicht des Theaters. Anders als viele andere europäische Theatersysteme verfügt nahezu jedes deutsche Stadttheater über ein

---

37 HEINRICHS, Werner/KLEIN, Armin, Kulturmanagement von A-Z, S. 352, München, 2001.

Ensemble fest angestellter Künstler. Während beispielsweise in Großbritannien bis auf einige wenige Ausnahmen an den Nationaltheatern Schauspieler für jede Produktion neu gecastet werden, die dann so lange spielt und anschließend auf Tournee geht, bis die Zahl der Zuschauer – also die Nachfrage – eine nicht mehr akzeptable Größenordnung erreicht hat und sich das „Ensemble auf Zeit" dann wieder zerstreut, bleibt das Ensemble eines deutschen Stadttheaters im Kern mindestens einige Spielzeiten zusammen. Die Ensemblebildung und die Verweildauer der Schauspieler und Sänger an einem Theater hängen dabei maßgeblich von den künstlerischen Vorstellungen des Intendanten, seinen Ansprüchen an Sänger und Schauspieler und seiner eigenen Präsenz am Haus ab. Ein Intendantenvertrag, der in der Regel eine Periode von fünf Jahren umfasst und bei Erfolg um weitere fünf Jahre verlängert werden kann, beeinflusst also auf diesem Weg nicht nur die unmittelbare Karriere der Bühnenkünstler, sondern insbesondere das Gesicht des Theaters. Die Zusammensetzung des Ensembles wiederum prägt wesentlich die Möglichkeiten, die ein Spielplan eröffnet und vice versa.

Mehrspartigkeit

Die Struktur der deutschen Theaterlandschaft ist durch ein Nebeneinander von sogenannten Einsparten- und einer Vielzahl von Mehrspartentheatern geprägt. Während Einspartentheater in der Regel nur Inszenierungen aus dem Schauspiel oder der Oper anbieten, vereinen Mehrspartenhäuser je nach Größe zwischen zwei und fünf Sparten (in der Regel Schauspiel, Oper und Konzert sowie Tanz/Ballett und in wenigen Fällen Puppenspiel) unter einem Dach.

Zu den bedeutenden deutschen Schauspielhäusern zählen zum Beispiel das Deutsche Theater in Berlin, das Berliner Ensemble, die Berliner Schaubühne, die Schauspielhäuser in Bochum und in Hamburg, während herausragende Opernhäuser in Berlin (Staatsoper), München, Hamburg, Düsseldorf und Köln zu finden sind. Die größten deutschen Mehrspartenhäuser sind die Städtischen Bühnen in Frankfurt am Main, die Staatstheater in Stuttgart und das Theater Mannheim, die jeweils etwa 1000 Mitarbeiter zählen.

Subventionen, Personalkosten, Baumol's Disease

Das deutsche Theatersystem ist weltweit betrachtet das Theatersystem mit der höchsten durchschnittlichen Subventionsrate. Die *Subvention*, also die jährliche finanzielle Förderung der Theater und Orchester in Deutschland, ist ein wesentliches Merkmal, welches deren Entwicklung in den letzten Jahren und ihren derzeitigen Status Quo maßgeblich beeinflusst hat. Die Theaterhaushalte werden durchschnittlich mit 82 % öffentlicher Mittel gefördert (Spielzeit 2009/10), während nur 18 % aus Eigen-

1.2 Das deutsche Theatersystem

einnahmen erwirtschaftet werden. Zwar gibt es vielseitige Bestrebungen der Theater und auch der Orchester, die eigenen Einnahmen zu erhöhen, doch ist die Produktivität der Theater nur begrenzt, und die Personalkosten wachsen nicht zuletzt aufgrund der steigenden Tariflöhne überproportional stark an. Die amerikanischen Wirtschaftswissenschaftler Baumol und Bowen haben dieses Phänomen bereits 1966 in ihrer Analyse der amerikanischen Theater festgestellt. Das Produktivitätsdilemma wird seitdem auch „Baumol's Disease" oder „Baumolsche Kostenkrankheit" genannt.[38]

Vor dem Hintergrund dieser seit Jahrzehnten relativ stabilen Subventionierung kam es nie zu grundsätzlichen Überlegungen, ob die derzeitige Theaterstruktur zukunftsfähig ist und gegebenenfalls optimiert werden müsste. Erst wenn die Kulturpolitik finanzielle Kürzungen ankündigt, reagieren die Theaterbetriebe mit temporären Einsparmaßnahmen. Weitergehende Reformen finden im Bereich der öffentlichen Theater und Orchester jedoch kaum statt (siehe hierzu auch Kapitel 3).

Manufakturcharakter

Ein prägender Gedanke des deutschen Theatersystems ist die *Manufaktur*: die Entwicklung einer Inszenierung von der Idee bis zur Aufführung in einem Haus. Dies schließt neben den inszenierungsnahen Probenprozessen die Herstellung der Dekorationen und Kostüme in den theatereigenen Werkstätten ebenso ein wie alle organisatorischen Prozesse. Damit wird das Theater zu einem großen Betrieb, der die verschiedenen handwerklichen, technischen, künstlerischen und administrativen Berufsgruppen miteinander verbindet.

Während es in den 90er Jahren, ausgelöst durch finanzielle Engpässe in den Theatern, Überlegungen gab, Werkstätten aus den Häusern auszulagern, oder gemeinsam mit anderen Theatern zu betreiben (wie die Opernstiftung in Berlin), hat sich in den letzten Jahren auch unter wirtschaftlichen Gesichtspunkten der Aspekt durchgesetzt, wieder auf alle für die Produktionen wichtigen Arbeitsprozesse im eigenen Haus zurückgreifen zu können. Vor allem die notwendige Präsenz der Handwerker zu den aufwendigen technischen Einrichtungen und zu den Endproben sowie häufig notwendige Änderungen und Anpassungsarbeiten, die im Rahmen des Probenprozesses entstehen, würden bei Außenaufträgen zu erheblichen zusätzlichen Kosten führen, den Produktionsprozess aufhalten und einer stärkeren Qualitätskontrolle bedürfen. Damit wird schließlich auch ein wichtiger Beitrag zur Ausbildung geleistet, in Berufen, die einerseits vom Aussterben bedroht wären, aber auch in Bereichen, in denen sich durch technologische Entwicklungen neue Berufsbilder, wie zum Beispiel in der Veranstaltungstechnik, entwickeln.

---

38 BAUMOL/BOWEN, Performing Arts: The Economic Dilemma, New York, 1966.

Komplexität und Mehrdimensionalität der Abläufe

Ein wesentliches Merkmal der deutschen Theater besteht in der *Komplexität* ihrer Abläufe und Prozesse. Ein mittleres Stadttheater mit den Sparten Schauspiel und Oper produziert in der Regel bis zu 20 Neuproduktionen pro Spielzeit. Hinzu kommen bis zu 20 Wiederaufnahmen erfolgreicher Stücke aus den Vorjahren. In der Planung der Neuproduktionen und der Wiederaufnahmen, die in der Regel in Zusammenarbeit zwischen Theaterleitung und Künstlerischem Betriebsbüro erfolgt, muss deshalb auf die *Mehrdimensionalität* der Abläufe und die Verfügbarkeit der Ressourcen größte Aufmerksamkeit gerichtet werden. Proben und Wiederaufnahmen verlaufen oft zeitlich überlappend, so dass sowohl Personen, Proben- und Aufführungsorte präzise aufeinander abgestimmt werden müssen – nicht selten eine logistische Meisterleistung. Hinzu kommen technische, finanzielle und administrative Planungsprozesse sowie die Vermarktung und der Vertrieb.

Ursache hierfür ist das bereits oben erwähnte Repertoireprinzip. Im Gegensatz zu Musicalhäusern oder den Theatern am New Yorker Broadway oder im Londoner West-End, in denen jeweils nur ein Stück *En Suite* gespielt wird, hält ein mittleres Stadttheater weit über 20 Stücke im Repertoire. Dies macht die für die Zuschauer privilegierte Situation deutlich, die für die Theater jedoch mit immensen logistischen Kosten verbunden ist und Reformpotentiale in sich birgt.

1.2.1.3 Entwicklungstendenzen

Das deutsche Theatersystem hat sich in den letzten Jahren deutlich gewandelt. Dabei waren weder qualitative noch strukturelle Aspekte ausschlaggebend. Die wesentliche Ursache lag in den tendenziell sinkenden Subventionen (nach Abzug der Tarifsteigerungsraten). Zwar sind die öffentlichen Zuschüsse seit der Spielzeit 1995/96 um ca. 170 Mio. Euro gestiegen, was einer Steigerung von 9 % in 15 Jahren ausmacht, in der gleichen Zeit sind jedoch die Lohn- und Gehaltskosten tarifbedingt um über 20 % angewachsen.[39] Dem öffentlichen Theatersystem wurden also inflationsbedingt für die künstlerischen Prozesse ca. 300 Mio. Euro entzogen. Diese wären die Voraussetzung dafür gewesen, den Status Quo der Theater zu halten und wichtige bautechnische, technologische und künstlerische Entwicklungen umzusetzen.

In den letzten 15 Jahren sind 14 öffentliche Theater geschlossen oder zusammen gelegt worden. Aus Gründen der Existenzerhaltung haben die Theater ver-

---

39 DEUTSCHER BÜHNENVEREIN, Theaterstatistiken, Köln.

sucht, diesen Kürzungen und dem sinkenden Produktivitätsverlust mit immer mehr Produktionen entgegen zu wirken:

In deutlich weniger Theatern und Orchestern – insgesamt 140 – als noch vor 20 Jahren finden wir heute doppelt so viele Spielstätten vor, 1991 waren es etwa 450, heute sind es beinahe 900. Die Zahl der Vorstellungen ist von 57.000 auf 65.000 gewachsen, mit ihr auch die Zahl der einzelnen Produktionen, die sich fast verdoppelt hat, von einst 3.400 auf nun knapp 6.000 pro Saison.

In dieser Zeit ist die Zahl der Zuschauer kontinuierlich um über 5 % gesunken, derzeit sind es ca. 20 Mio. Besucher, gleichzeitig haben die Theater 3.000 fest angestellte Mitarbeiter verloren, im Rahmen von Spartenschließungen, Fusionen, Zwangskooperationen oder einfach nur Kürzungen und Streichungen, die unter das Spardiktat der Zuwendungsgeber fielen.

Gleichzeitig sind doppelt so viele Mitarbeiter als freie Künstler mit Gast-, Honorar- oder Werkverträgen an den Theatern beschäftigt, 6.900 in 1991 und nun über 12.000. Dennoch ist die Summe der Personalkosten aller Theater um 25 % gewachsen, von 1,45 Mrd. Euro auf 1,9 Mrd. Euro, was nach wie vor ca. 75 % der Budgets der Theater ausmacht.

Ein Zauberwort ist die sogenannte *Einspielquote*, die besagt, wie viel Geld die Theater aus eigenen Einnahmen für ihren Etat erwirtschaften. 1991 waren es 13,2 %, 1995 14,6 % und in der Spielzeit 2008/09 der Spitzenwert von 18,5 %. Dass die Spielräume hierfür ausgereizt sind, zeigt, dass die Einspielquote allmählich wieder zu sinken beginnt und für die Spielzeit 2009/10 nur noch einen Wert von 18,2 % erreicht.[40] Die *Überproduktion* bringt die Theater an die Grenze ihrer Möglichkeiten.

Die öffentlichen Theater mögen noch so klug wirtschaften, noch so viele neue Spielstätten erschließen, noch so viele Zusatzeinnahmen generieren, noch so viel Sparten schließen und festes Personal durch Honorarkräfte ersetzen, sie werden, wenn sie sich nicht systemisch und strukturell ändern, auf lange Sicht weiterhin an Substanz verlieren.

1.2.2 Das nichtöffentliche Theatersystem in Deutschland

1.2.2.1 Die Freie Theaterszene

Die *Freie Szene* ist inzwischen ein stehender Begriff, sie umfasst hochprofessionell arbeitende und subventionierte Produktionsorte – Off-Theater –, in denen freie Gruppen ihre Stücke produzieren und zeigen können (HAU 1, 2, 3), kuratierte Festivals als Leistungsschauen der herausragendsten Gruppen der Szene (Impulse),

---

40 DEUTSCHER BÜHNENVEREIN, Pressemitteilung zur Jahresstatistik der Theater 2009/10, Köln, 2011.

international agierende Gruppen mit großer überregionaler Ausstrahlung (Rimini Protokoll und ensemble modern) und freie Gruppen in kleineren und mittleren Städten, die zumeist nur mit kleiner Projektförderung oder durch bürgerschaftliches Engagement überleben können.

Ergänzt wird das öffentliche Theatersystem also durch eine sich differenzierende und beschleunigt weiter entwickelnde Freie Szene, die sich vor allem auf die Metropolen Berlin, München, Hamburg, Köln und Frankfurt konzentriert und von dort europa- und weltweit vernetzt. Hierbei fallen mehrere Faktoren ins Gewicht: aufgrund der sehr guten und dichten Ausbildung in den künstlerischen Berufen drängen ständig neue, junge, gut ausgebildete Schauspieler, Sänger, Regisseure und Dramaturgen auf den künstlerischen Markt; nur die wenigsten von ihnen können oder wollen von den öffentlichen Theaterinstitutionen aufgenommen werden. Viele junge Schauspieler suchen auch deshalb ihre Zukunft beim Film, andere wiederum gründen freie Gruppen, die ihre Produktionen inzwischen mit großem Erfolg an den eigens für die Freie Szene eingerichteten Produktions- und Spielorten zeigen. Zu diesen Spielorten zählen das HAU 1, 2 und 3, das Radialsystem, die sophiensäle und das Ballhaus Naunynstraße in Berlin, der Mousonturm in Frankfurt am Main und Kampnagel in Hamburg. Hier haben sich Gruppen wie She She Pop, Ligna, Lubricat, Rimini Protokoll in einem konzeptionellen und ästhetischen Kontext angesiedelt, der Drama, Musik, Tanz, Dokumentation und Performance miteinander verknüpft, und damit weit über die derzeit aktuelle Stadttheaterästhetik hinausgeht und mit neuen wegweisenden Produktionsformen einhergeht (siehe Kapitel 3). Dies gilt auch für neue Formen in der Musik und im Musiktheater. Einige Beispiele sollen das deutlich machen:

Freie Szene 1: HAU 1, 2, 3 (Hebbel am Ufer)

Das Hebbel am Ufer (HAU) ist eine freie Produktionsstätte, die internationalen Gruppen und Regisseuren Produktionsmöglichkeiten einräumt. Sie umfasst seit der Spielzeit 2003/2004 die drei bis dahin selbständigen Berliner Bühnen, das Hebbel-Theater, jetzt „HAU 1", das Theater am Halleschen Ufer, jetzt „HAU 2", und das Theater am Ufer, jetzt „HAU 3". Intendant ist Matthias Lilienthal. Er wird 2012 von der niederländischen Theatermacherin Annemie Vannackere abgelöst. 2004 wurde nach der Fusion der drei freien Theaterhäuser das *Hebbel am Ufer* als erstes Gastspielhaus und als erstes Off-Theater von der Zeitschrift *Theater heute* zum „Theater des Jahres" gewählt. Es wird mit ca. 4 Mio. Euro vom Land Berlin subventioniert und bezieht zahlreiche weitere Projektförderungen aus dem Hauptstadtkulturfonds, vom Berliner Senat, der Bundeskulturstiftung u. a. Zu den herausragenden Regisseuren und Gruppen, die regelmäßig mit dem HAU zusammenarbeiten,

1.2 Das deutsche Theatersystem

gehören Gob Squad, Alvis Hermanis, Constanza Macras, Xavier Le Roy, Norton. Commander.Productions, Rimini Protokoll, She She Pop und The Wooster Group.[41] Der Theaterkritiker und Kenner der freien Szene Franz Wille schreibt hierzu:

„Das Theater dieser Jahre war das Berliner HAU, dessen Intendant Matthias Lilienthal mit viel Spürsinn für die Stadt einen Konfliktkern gar nicht erst suchte, sondern klug aus den Verhältnissen Vorteil zog. Dabei machte er aus seiner Strategie kein Geheimnis. Er sei immer davon ausgegangen, die Stadt Berlin bestehe aus 50 Ghettos, deren Milieus sich hermetisch gegeneinander abschließen. Wir haben versucht, beschreibt Lilienthal, zu 15 bis 20 dieser Ghettos Kontakt zu halten und sie in das Theater reinzuziehen, von der Latino-community bis zu den „Spex-Lesern" und den Mitte-Hipstern, von den türkischen Migranten bis zur Club Culture und einer älteren Politszene. Auch im Theater vermischen sich diese Szenen eher selten. Dabei handelt es sich um kein besonderes Hauptstadt-Phänomen. Die Fragmentierung der Stadtgesellschaft findet in anderen deutschen Großstädten vielleicht nicht so deutlich wie in Berlin statt, aber das Muster ist überall ähnlich.

Auch die Stadttheater lernten, sich den Verhältnissen anzupassen. Eine Folge war die Zunahme der Dramaturgen-Intendanten, die ästhetisch per se weitherziger sind als künstlerische Regie-Überzeugungstäter und entsprechend willig pluralistische Spielpläne anboten. Der feste Hausregisseur wurde unwichtiger, man holte sich stattdessen verstärkt prägnante Regiemarken, die sich deutlich voneinander absetzen müssen, aber bitte nicht mehr als höchstens zwei vom Selben in der Saison. Die Schlagzahl der Inszenierungen wurde außerdem deutlich erhöht, was einerseits das Spektrum der Angebote zusätzlich erweiterte (wenn auch nicht deren Qualität.)"[42]

Freie Szene 2: Impulse 2011 – Festival der Freien Szene
Eines der wichtigsten Festivals der Freien Szene, das *Impulse-Festival*,[43] fand in diesem Jahr in Köln, Düsseldorf und Mühlheim an der Ruhr statt, ein Treffen, zu dem die jeweils interessantesten und wichtigsten nationalen und internationalen Produktionen der freien Szene eingeladen werden. Das Treffen, das mit knapp einer Mio. Euro öffentlicher Mittel finanziell gefördert wird, besteht inzwischen seit 20 Jahren. Neben neuen künstlerischen und ästhetischen Handschriften, ist es wichtig, die sich neu herauskristallisierenden Aspekte genau zu analysieren. Aufgrund der immer engeren Verflechtung von öffentlichen Theatern und freier Szene, zum Beispiel über zunehmende Koproduktionen und Ring-Aufführungen, bei denen mehrere öffentlich geförderte Theater gemeinsam eine freie Produktion finanzieren, koproduzieren und an den verschiedenen Spielorten zeigen, wird auch der Einfluss deutlich, den die freie Szene zukünftig auf die Entwicklung des Stadttheaters und des gesamten deutschen Theatersystems haben wird.

---

41 http://www.hebbel-am-ufer.de/
42 WILLE, Franz, So wie jetzt und mehr? In Theater heute, Jahrbuch 2011, S. 58.
43 THEATER HEUTE, Party, Pakora und Papadam, Eindrücke vom Theaterfestival Impulse 2011, Heft 8/9, August/September 2011, S. 33f.

Folgende Tendenzen sind aktuell zu verzeichnen:
- eine immer stärkere Interdisziplinarität der Künste, die sich in der Darstellungsform der Performance äußert;
- der starke Einfluss der Bildenden Kunst;
- eine zunehmende Internationalität der Produktionen;
- die sukzessive Veränderung des klassischen Bildes des Spielers/Performers;
- die Arbeit in Netzwerken;
- freie Produktions- und Finanzierungsformen.

Bedauerlich ist es, dass trotz zahlreicher Kooperationen und Koproduktionen sowie enger personeller Verflechtungen die Distanz der freien Szene gegenüber den öffentlichen Theatern in den letzten Jahren nicht abgebaut werden konnte. So formulierte Impulse-Kurator Mathias von Hartz einen Essay mit dem Titel *Das deutsche Stadttheater ist noch zu retten*, in dem er vor allem auf die aus seiner Sicht ungerechte Verteilung finanzieller Mittel zwischen den beiden Säulen des deutschen Theatersystems verweist.[44]

Freie Szene 3: Rimini Protokoll

Rimini Protokoll ist der Name, unter dem Helgard Haug (*1969), Stefan Kaegi (*1972) und Daniel Wetzel (*1969) ihre Theater-, Performance- und Hörspiel-Projekte produzieren. Unterschiedlichen Formen von Protokoll werden dem Drama als klassischer Textform des Theaters und des Hörspiels gegenübergestellt. Wesentlicher Aspekt der Arbeiten von Rimini Protokoll ist die Arbeit mit sogenannten *Experten* des Alltags: Die Darsteller, zumeist Laien, spielen keinen Dramen-Text, sondern sich selbst in Theateraufführungen, Radiostücken und Filmprojekten. Dabei werden der Text sowie der Verlauf auf der Basis ihrer jeweiligen Biografien und Berufe erarbeitet.[45]

Seit 2005 werden auch dramatische Stoffe bearbeitet, wie bei der *dokumentarischen Inszenierung* von Schillers Wallenstein (in Koproduktion mit den Nationaltheatern Mannheim und Weimar). Hier treten Menschen auf, deren Leben Parallelen zu Personen und Motiven der dramatischen Vorlage aufweisen. In dem 2007 aufgeführten Werk *Uraufführung: Der Besuch der alten Dame* nach Friedrich Dürrenmatt – einem Exkurs über das Erinnern – spielen Menschen mehr als fünfzig Jahre später im Schauspielhaus Zürich, dem Ort der damaligen Uraufführung. Die jetzigen Darsteller erinnern sich an das Stück, an den Welterfolg Dür-

---
44 VON HARTZ, Matthias, Das deutsche Stadttheater ist noch zu retten, 2011.
45 DREYSSE, Miriam/ MALZACHER, Florian (Hg.), Experten des Alltags. Das Theater von Rimini Protokoll, Berlin, 2007.

1.2 Das deutsche Theatersystem

renmatts und spielen dabei über weite Strecken das Theaterstück – dabei waren sie 50 Jahre zuvor Zuschauer, Bühnentechniker, Kinderstatisten.
Neben diesen dokumentarischen Spielarten des Sprechtheaters realisieren *Rimini Protokoll* Projekte, bei denen das Theater in den öffentlichen Raum verlagert wird: International bekannt wurde *Rimini Protokoll* mit der „Raubkopie" einer Sitzung des Deutschen Bundestags. Bonner Bürger übernahmen einen Tag lang verteilte Rollen analog zur Plenarsitzung des Originals (*Deutschland 2*).

Freie Szene 4: Bundesland Thüringen

Die Freie Szene setzt sich aber auch – jenseits erstklassiger Festivals, renommierter Gruppen und Spielstätten – aus den in den jeweiligen Landesverbänden aktiven freien Gruppen, Amateur- und Jugendtheatern zusammen. Man versteht die deutsche freie Theaterszene dann, wenn man die Struktur eines Bundeslandes analysiert. Thüringen kann hierfür beispielhaft herangezogen werden, weil seine Dichte an öffentlich geförderten Theatern und Orchestern im Vergleich zu anderen Bundesländern noch im überdurchschnittlichen Bereich liegt. Vor diesem Hintergrund wäre davon auszugehen, dass die Freie Szene hiervon profitiert.
Der Thüringer Journalist Michael Helbing konstatiert hierzu:

„Die organisierte freie Theaterszene dieses Landes ist anders: Sie stellt sich im Wesentlichen in Amateurensembles und theaterpädagogischen Einrichtungen dar. ... Freies Theater ist in Thüringen vielmehr, was es so nirgends sonst ist: Soziokultur. Das macht die Lage kompliziert. Die Szene sitzt förderpolitisch zwischen allen Stühlen."[46]

Die freie Thüringer Theaterszene auf einen Blick:

- In 22 erfassten Ensembles sind im Jahre 2011 1.140 Mitglieder organisiert, ein Anstieg um 26% gegenüber 2008.
- Die Ensembles zeigten 2010 1.275 Aufführungen vor 90.000 Zuschauern.
- Für die Ensembles sind 760 Ehrenamtler mit einer Jahresleistung von 300.000 freiwilligen und unbezahlten Arbeitsstunden tätig.
- Die Ensembles finanzieren sich im Durchschnitt zu 26 % aus Einnahmen, zu 33% aus Projektmitteln des Landes Thüringen, zu 28% aus Projektmitteln der Gemeinden und zu 13% aus Spenden.[47]

Das *neue schauspiel erfurt* ist ein Beispiel für ein freies Theater in einer mittleren Stadt, das weder über ausreichende Subventionen noch über eine eigene Spielstätte verfügt. Gegründet im Jahr 2002 nach der Abwicklung der Schauspielsparte

---

46 HELBING, Michael, Viel Theater und wenig Geld, in Thüringer Allgemeine, 25.8.2011, S.6.
47 www.thueringer-theaterportal.de; Postitionspapier Freie Theater Thüringen, Mai 2011.

am Theater Erfurt, hat es versucht, in den vergangenen 10 Jahren vor allem durch eine Mischung aus Sommertheaterbespielungen (ein Shakespeare-Sommertheater-Festival mit bis zu 15.000 Zuschauern pro Sommer), kleineren Eigenproduktionen und Stückentwicklungen das fehlende Schauspielangebot auszugleichen. Bemerkenswert waren zwei Aspekte: der Gründungsakt, der von drei Gruppen – Schauspielern des Theaters, einem Produzententeam und Bürgern der Stadt – vollzogen wurde, welche die freie Gruppe auch heute noch tragen. Der zweite Aspekt betrifft – analog zu den Stadttheatern – die abnehmende Aufmerksamkeit der Zuschauer. Da dem *neuen schauspiel* Ressourcen und Projektmittel für einen ganzjährigen Theaterbetrieb und einen festen Spielort fehlen, Schauspieler nur temporär angestellt werden können und sich darüber keine ausreichende Identifikation entwickelt, und der Werbeetat gering ist, schwindet die Wahrnehmung. Zwar hat das *neue schauspiel* mit Guerilla-Werbeaktionen immer wieder auf sich aufmerksam gemacht und einen festen Besucherstamm an sich gebunden, aber gegen den Werbeetat eines finanziell gut ausgestatteten Stadttheaters ist es machtlos. Das Angebot schafft die Nachfrage. Fällt das Angebot aus, weichen die potentiellen Zuschauer aus.

Ausblick

Die Freie Szene wird dem deutschen Stadt- und Staatstheatersystem immer stärkere Impulse geben. Um diesen Prozess zu beschleunigen, wurde von der Kulturstiftung des Bundes ein Fonds für Kooperationen mit dem Titel „Doppelpass" aufgelegt. Die Stiftung beschreibt ihr Vorhaben so:

> „Mit dem Fonds Doppelpass unterstützt die Kulturstiftung des Bundes die Kooperation von freien Gruppen und festen Tanz- und Theaterhäusern und regt Künstlerinnen und Künstler beider Seiten dazu an, neue Formen der Zusammenarbeit zu erproben. Im Rahmen eines zweijährigen Residenzprogramms sollen bis zu zwanzig neue, künstlerisch gleichberechtigte Partnerschaften zwischen einem festen Haus und einer freien Gruppe entstehen. Die Kulturstiftung des Bundes vergibt pro Residenz bis zu 150.000 Euro. Um die Aufführungszahl der erarbeiteten Produktionen zu erhöhen, fördert der Fonds Doppelpass auch die Durchführung anschließender Gastspiele ausgewählter Produktionen – hier mit einer Summe von bis zu 90.000 Euro pro Gastspiel."[48]

1.2.2.2 Festivals

Theater- und Musikfestivals haben sich in den letzten Jahren zu einem wichtigen Segment der deutschen Theaterlandschaft entwickelt. Während die Zahl der Theater und Orchester aufgrund von Schließungen, Kürzungen und Fusionen stetig

---

48 www.kulturstiftung-bund.de; KULTURSTIFTUNG DES BUNDES, Schreiben an die Theater vom 23.8.2011.

1.2 Das deutsche Theatersystem

gesunken ist, ist die Zahl der Festivals auf inzwischen ca. 56 gewachsen, wobei mit dieser Zahl nur die überregional werbenden und agierenden erfasst sind. Sie ergänzen – vor allem in den Sommermonaten, in denen die meisten Theater in den Spielzeitferien sind, das Programm der öffentlichen Theater. Inzwischen gibt es in über 50 deutschen Städten oder Regionen Festivals, die sich der Musik oder dem Schauspiel widmen. Die wichtigsten Festivals spezialisieren sich auf eine Sparte, einen Künstler (Wagner in Bayreuth, Shakespeare in Neuss und Bremen, Beethoven in Bonn, Liszt in Weimar) oder bieten ein gemischtes Programm aller Theatergenres. Sie machen aber vor allem einen Trend deutlich, der sich auch in der Quote privater Förderung durch Sponsoren und Spender widerspiegelt: während das feste institutionelle Theatersystem in Deutschland gegen eine ständige Krise und fortdauernde Kürzungen ankämpft, boomt die Festivallandschaft.

a) Opern- und Musikfestivals

Bayreuth

Zu den herausragenden Musikfestivals zählen die von Richard Wagner begründeten *Wagner-Festspiele in Bayreuth*. Die ersten Festspiele fanden am 13. August 1876 in Bayreuth mit der kompletten Aufführung des Rings des Nibelungen statt. Seitdem kommen jährlich zwischen dem 25. Juli und 28. August in dem von Wagner und Brückwald konzipierten und entworfenen, akustisch noch immer wegweisenden Festspielhaus neue und ältere Wagner-Inszenierungen zur Aufführung. Nach dem Tod Wieland Wagners haben dessen Töchter Katharina Wagner und Eva Wagner-Pasquier im Jahr 2010 die Leitung übernommen.[49] Bayreuth hat sich in den letzten Jahren durch einen stark reglementierten Zugang – die Karten mussten über Jahre vorbestellt werden – gegenüber einem jungen Publikum stark verschlossen. Dies soll unter der neuen Leitung verändert werden.

Donaueschingen

Donaueschingen ist das Eldorado der Neuen Musik. Im Oktober 2011 sind die *90. Donaueschinger Musiktage* – ein dreitägiges Festival, während dem 20 zeitgenössische Werke von Künstlern aus 16 Nationen uraufgeführt wurden, erfolgreich zu Ende gegangen. Wie kein anderes Festival macht Donaueschingen auf die Bedeutung der zeitgenössischen Musik, aber auch deren prekäre Situation aufmerksam. Jährlich werden allein in Deutschland 1000 Werke neuer Musik uraufgeführt, nur wenige dieser Werke werden nachgespielt oder gelangen ins Repertoire. Um so wichtiger ist es, der Neuen Musik im Rahmen eines Festivals Raum zu geben und gleichzeitig die Türen

---

49 Wagner-Festspiele Bayreuth, Programm 2011.

zu öffnen, damit Theater, Orchester und Ensembles diese Musik und ihre neuen, innovativen Präsentationsformen kennen lernen und in das eigene Programm aufnehmen. Die Donaueschinger Musiktage werden jährlich vom Südwestrundfunk veranstaltet und vom Land Baden-Württemberg, der Kulturstiftung des Bundes und der Ernst von Siemens Musikstiftung gefördert. Begründet wurden sie 1921 als „Donaueschinger Kammermusikaufführungen zur Förderung zeitgenössischer Tonkunst" durch Heinrich Burkard unter der Schirmherrschaft von Max Egon II. zu Fürstenberg – dessen Nachkommen noch heute das Festival protegieren. Damit ist es das älteste und bedeutendste Festival für Neue Musik weltweit. Im ersten Konzert am 31. Juli 1921 wurde das *Quartett für 2 Violinen, Viola und Violoncello, op. 16* von Paul Hindemith aufgeführt. In den folgenden Jahren fanden u. a. Uraufführungen von Werken Alban Bergs, Arnold Schönbergs und Anton Weberns statt. So waren die Donaueschinger Musiktage für viele heute durchgesetzte Pioniere der Neuen Musik oftmals die erste wichtige Plattform.[50]

Baden-Baden

Das *Festspielhaus Baden-Baden*[51] ist mit 2.500 Plätzen Deutschlands größtes Opern- und Konzerthaus ohne eigenes Ensemble. Der Neubau wurde am 18. April 1998 eröffnet. Von Anfang an als privater Kulturbetrieb geplant, gelang nach einer öffentlichen Anschubfinanzierung die Umstellung zum ersten privat finanzierten europäischen Opern- und Konzertbetrieb. Die private Kulturstiftung Festspielhaus Baden-Baden ist seit März 2000 Trägerin der Betreiber-GmbH. Das Programm ist durch vier Festspielperioden ganzjährig gegliedert. Die Pfingst-, Sommer-, Herbst- und Winterfestspiele bringen jeweils eine Opernproduktion und zahlreiche klassische Konzerte.

b) Gemischte Festivals

Berliner Festspiele

Unter dem organisatorischen Dach der *Berliner Festspiele*[52] sind verschiedene eigenständige, gedanklich eng verbundene Festivals versammelt. Sie stehen in der Stadt Berlin für den internationalen Dialog in Musik, Theater, Tanz, Literatur und Bildender Kunst. Die Veranstaltungen finden hauptsächlich im Haus der Berliner Festspiele statt, aber auch an vielen anderen Orten der Stadt. Das vielfältige Pro-

---

50 DONAUESCHINGER MUSIKTAGE, Programm, 2011.
51 FESTSPIELHAUS BADEN-BADEN, Programm 2011.
52 BERLINER FESTSPIELE, diverse Programme sowie wikipedia.org/wiki/Beliner-Festspiele.

grammspektrum wird ergänzt durch Vorträge, Diskussionen sowie Wettbewerbe zur Förderung des künstlerischen Nachwuchses.

MaerzMusik – Festival für aktuelle Musik (jährlich im März)
Versteht sich als Plattform für die Vielfalt zeitgenössischer Musik. Das Spektrum reicht von Orchester- und Kammermusik über innovatives Musiktheater bis zu medienkünstlerischen Arbeiten und stößt in Bereiche der Klang- und Bildproduktion mit neuesten Technologien vor. *MaerzMusik* ist das Nachfolgefestival der Musik-Biennale Berlin. Das 1967 in Ost-Berlin gegründete Internationale Fest für zeitgenössische Musik wurde von 1991 bis 2001 durch die Berliner Festspiele fortgeführt.

Theatertreffen Berlin (jährlich im Mai)
Das *Theatertreffen* präsentiert die zehn bemerkenswertesten Schauspiel-Aufführungen einer Theater-Spielzeit des deutschsprachigen Raums. Die Inszenierungen werden von einer unabhängigen Jury aus sieben wechselnden Theaterkritikern ausgewählt. Zum Programm des *Theatertreffens* gehören auch der *Stückemarkt* mit Lesungen neuer Werke junger deutscher und internationaler Dramatiker und das *Internationale Forum junger Bühnenangehöriger* mit Workshops und Diskussionen.

Musikfest Berlin (jährlich Anfang September)
Das in Kooperation mit der Stiftung Berliner Philharmoniker 2005 erstmals veranstaltete *Musikfest Berlin* widmet sich der Aufgabe, neben bedeutenden traditionellen Werken des symphonischen Repertoires auch das Unbekannte und Neue zu präsentieren. Der Schwerpunkt liegt dabei auf Gastspielen großer internationaler Orchester mit bedeutenden Dirigenten und Solisten sowie auf Konzerten der Orchester Berlins. Das *Musikfest Berlin* ist Nachfolgefestival der traditionsreichen *Berliner Festwochen*, die 1951 gegründet wurden.

Spielzeiteuropa (jährliche Theater-Saison von November bis Januar)
Dieses 2004 gegründete Festival stellt aktuelle Produktionen der internationalen Theater- und Tanzszene mit zahlreichen Ur- und Erstaufführungen und Koproduktionen vor. Bedeutende Regisseure und Choreografen wie Peter Brook, Patrice Chéreau, Robert Lepage und Robert Wilson sind zu Gast. *Spielzeiteuropa* hat sich aus immer wiederkehrenden großen Theater-Gastspielen und Vorgänger-Festivals wie *Theaterwelten* entwickelt.

Ruhrfestspiele

Die *Ruhrfestspiele* werden jährlich von der Ruhrfestspiele Recklinghausen GmbH veranstaltet. Die Gesellschaft wird zu je 50 % von der Stadt Recklinghausen und dem Deutschen Gewerkschaftsbund getragen, die jährlich jeweils etwa 1,1 Mio. Euro beitragen. Die Ruhrfestspiele verfügen über kein festes Ensemble. Inszenierungen der Festspiele sind Koproduktionen mit bekannten europäischen Künstlern und Vorführungen von Gastgruppen. Erklärtes Ziel ist es, dadurch eine Zusammenführung verschiedener Kunstformen, Sprachen und Kulturen zu erreichen. Hauptspielort ist das Ruhrfestspielhaus.

Ruhrtriennale

Die *Ruhrtriennale*[53] ist das internationale Fest der Künste im Ruhrgebiet. Schauplätze der Ruhrtriennale sind die Industriedenkmäler der Region. Im Zentrum stehen Produktionen, die den Dialog mit den Spielstätten suchen: Schauspiel und Oper verbinden sich in ehemaligen Maschinenhallen und Kokereien mit innovativen Entwicklungen der Bildenden Kunst, der Pop- und Konzertmusik.

Künstler wie Ariane Mnouchkine, Peter Brook, Bill Viola, Patrice Chéreau, Peter Sellars, Ilya Kabakov, Andrea Breth, Christian Boltanski, Johan Simons, Bill Frisell, Patti Smith, Thomas Hampson, Cecilia Bartoli, Alain Platel, Christoph Marthaler, Jan Fabre und Peter Zadek haben bislang das Profil der Ruhrtriennale mit ihren genreübergreifenden Projekten geprägt. Der nächste Intendant der Ruhrtriennale wird der Komponist und Regisseur Heiner Goebbels, der vor allem durch seine Kompositionen und Inszenierungen im Musiktheater bekannt geworden ist.

1.2.2.3 Privattheater

Deutschland verfügt neben dem öffentlichen Theatersystem, den Bespieltheatern, der freien Szene und den Festivals über ca. 270 private Theater. Das wesentliche Merkmal dieser Theater ist, dass sie privaten Gesellschaftern gehören. Es wird oft angenommen, dass private Theater grundsätzlich keine öffentliche Förderung erhalten. Das ist zwar mehrheitlich der Fall, aber sowohl das *Berliner Ensemble* als auch die Berliner *Schaubühne* machen deutlich, dass private Theater in besonderen Fällen von der öffentlichen Hand – in diesem Fall vom Land Berlin – gefördert werden können.

---

53 RUHRTRIENNALE, Programme 2010 und 2011.

1.2 Das deutsche Theatersystem

Sonderfälle: Berliner Ensemble und Berliner Schaubühne

Die Gründung des *Berliner Ensembles* (November 1949) ist im direkten Zusammenhang mit der Suche Brechts nach einer neuen Tätigkeit in Deutschland und dem Bemühen kommunistischer Politiker in der späteren DDR nach dem Aufbau einer prestigeträchtigen Kulturszene in Ost-Berlin zu sehen. Die Gründung des Ensembles war mit Schwierigkeiten verbunden. So war das „Gastspiel" des BE im Deutschen Theater von 1949 bis 1954 nur geduldet, der damalige DT-Intendant Wolfgang Langhoff drängte zum baldigen Auszug. Das Ensemble bestand im Wesentlichen aus den Schauspielern und Mitarbeitern, die 1949 an der Erstaufführung der *Mutter Courage* beteiligt waren. Ab 19. März 1954 spielte das Ensemble bis zum Tode Brechts im Theater am Schiffbauerdamm.

Die *Schaubühne* am Lehniner Platz wurde im Jahr 1962 als freie Gruppe in einem Mehrzwecksaal der Arbeiterwohlfahrt in Kreuzberg, der *Schaubühne am Halleschen Ufer*, gegründet. 1970 stieß der Regisseur Peter Stein mit einer Gruppe von Schauspielern und dem bedeutenden Gegenwartsdramatiker Botho Strauß als Dramaturg (bis 1975) dazu. 1981 siedelte das Ensemble in das renovierte Theatergebäude am Lehniner Platz über, wo es noch heute spielt. Mit der Schaubühne entstand ein multifunktionales Haus, dessen technischer Standard bis heute in der deutschen Theaterszene kaum übertroffen ist. 1985 legte Stein die künstlerische Leitung des Hauses nieder. 1999/2000 übernahmen der Regisseur Thomas Ostermeier und die Choreographin Sasha Waltz gemeinsam die Leitung, 2004 wurde Ostermeier alleiniger Künstlerischer Leiter.

Exkurs – Das Theatersystem in den USA

Um die Bedeutung und Besonderheit des deutschen Theatersystems zu verstehen, lohnt sich ein Blick auf das angelsächsische Theatersystem, insbesondere in den USA. Drei wesentliche Unterschiede fallen sofort ins Auge: Gesellschaftsstruktur und Finanzierung, kulturpolitische Förderung, Dichte und Angebot.

Es ist falsch, davon zu sprechen, dass Theater in den USA kulturpolitisch nicht unterstützt werden. Wer dies in seine Argumentation einfließen lässt, verkennt, dass der amerikanische Staat über verschiedene Wege und Finanzierungsformen fördert. So verfügen die USA über ein ausgeklügeltes, dreistufiges Kulturfördersystem auf nationaler, Landes- und kommunaler Ebene. Das Nationale Kulturfördersystem – die National Endowment of the Arts (NEA) – wurde 1965 im Zuge eines Kongressbeschlusses ins Leben gerufen und dient seither als unabhängige staatliche Förderinstitution für Kulturprojekte und -institutionen.[54] Auf Ebene der Bundesstaaten gibt es die State Arts Agencies (SAA), die im Gegensatz zur NEA vor allem kleinere und lokale Kulturträger unterstützt. Während die NEA eher Film, Literatur, Design und Architekturprojekte fördert, unterstützen die 50 SAA in erster Linie Musik- und Theatervorhaben und bildende Künstler wie auch enstprechende Ausstellungen. Hinzu kommt als dritte öffentliche Säule die lokale Förderung durch die Kommunen. Die 60 größten Städte der USA haben sich aus diesem Grunde zur United States Urban Arts Federation (USUAF) zusammengeschlossen. Der größte Einzelförderer ist die Stadt New York mit ihrem New York City Department of Cultural Affairs (NYCDCA) und einem Jahresbudget von ca. 140 Mio. US-Dollar. Allerdings muss hinzugefügt werden, dass die Förderinstitutionen meist nur kleine Teilbeträge zu den einzelnen Projekten und Institutionen beisteuern und dass ihre Budgetierung in den vergangenen Jahren deutlich abgenommen hat.[55]

Der wesentliche Unterschied zwischen dem amerikanischen und dem deutschen Kultur- und Theatersystem besteht in der Struktur und Zusammensetzung der Finanzierung. Während in Deutschland von der öffentlichen Hand etwa 100 Euro pro Kopf der Bevölkerung ausgegeben werden, beträgt diese in den USA weniger als 5$. Während Theater in Deutschland bis zu 85 % ihrer Budgets aus Mitteln der öffentlichen Hand bestreiten, liegt dieser Anteil bei den Theatern in den USA unter 5 %. Das Selbstverständnis der amerikanischen Bürger, aus eigenen Mitteln und eigener Kraft eine Oper oder ein Theater am Standort zu erhalten und weiter zu entwickeln ist deutlich stärker ausgeprägt, als in den meisten europäischen Ländern. Natürlich ist die Dichte des Theaterangebotes nicht mit der in Deutschland zu vergleichen. Die Theater, vor allem die elf großen Opernhäuser und die Orchester in den USA konzentrieren sich auf einige wenige Standorte an der Ost- und Westküste (New York, Washington, Philadelphia, Boston, Los Angeles, San Francisco) sowie in Chicago und Houston. Vor dem Hintergrund der deutschen Theater- und Orchesterdichte würde man von einer großen kulturellen Unterversorgung weiter Teile des Landes sprechen. Ergänzend muss hinzugefügt werden, dass an vielen Universitäten renommierte Collegegruppen spielen. Auch hat sich – ähnlich wie in Europa – in den Metropolen eine vitale freie Theaterszene im Sprechtheater, insbesondere in New York herausgebildet, die als Off- oder Off-Off-Theater firmieren. Eine Besonderheit stellen in New York zudem die Broadway-Theater dar, die sich im Wesentlichen auf die Produktion eines Stückes in der Saison konzentrieren und auf kommerziellen Erfolg setzen.

---

54 DONOHUE, Keith, A Brief Chronology of Federal Suport for the Arts 1965-2000, Washington, 2000.
55 TYLER, Cowen, How the United States Funds the Arts, Washington, 2005.

Ein weiterer wesentlicher Unterschied besteht in der Gesellschaftsstruktur der großen Theater: während die deutschen Theater in öffentlicher Trägerschaft arbeiten, sind die großen Häuser in den USA in privater Hand und arbeiten im privaten Risiko. Damit ändern sich die Voraussetzungen für die Entwicklung der Spielpläne und Programme. Während die Subvention in Deutschland oft als Risikoprämie für – zuweilen – avantgardistisches oder zeitgenössisches Theater verstanden wird, in dem auch weniger etablierte Regisseure ihre Handschriften ausprobieren und durchsetzen können, müssen die US-amerikanischen Theater auf risikoärmere Produktionen setzen, da ein wesentlicher Teil ihres Budgets (35 %) durch eigene Einnahmen bestritten werden muss.[56]

Auch wenn die Entwicklung der amerikanischen Oper ihre Wurzeln in Europa hat[57], hat sich den USA ein anderes Theater- und Orchestersystem herausgebildet, das – während in Deutschland die verschiedenen Sparten oftmals unter einem Dach probieren und agieren – eine viel größere Differenzierung vorgenommen hat. Oper, Konzert, Musical, Ballett und Drama existieren in den USA unabhängig voneinander.

Interessant ist, wie das amerikanische Theater- und Orchestersystem mit Krisen, Erfolgen und Misserfolgen umgeht. So vermeldete das renommierte Philadelphia Orchestra Insolvenzgefahr und war mit insgesamt ca. 160 Mio. Dollar verschuldet.[58] Inzwischen hat das vom Konkurs bedrohte Orchester bei Spendern und Gönnern Zusagen über zusätzliche Spenden eingeholt, deren Auszahlungen allerdings an Bedingungen geknüpft sind. Laut dem *Philadelphia Inquirer* wurden insgesamt 45 Mio. Dollar eingeworben, die dann ausgezahlt werden, wenn das Orchester eigenständig weitere 18 Mio. Dollar einspielt.[59]

Die Los Angeles Opera hat im letzten Jahr mit der Gesamtaufführung von Wagners Ring ein Sechs-Millionen-Defizit eingespielt, das von den privaten Freunden und Förderern der Oper finanziell ausgeglichen wurde. Die San Francisco Opera wiederum meldet, dass ihr Ring zu 99,96 % ausgelastet gewesen und im Juni und Juli von über 44.000 Zuschauern besucht wurde, die einen Umsatz von 7,2 Mio. Dollar generierten.[60] Deutlich wird an diesen Beispielen, dass private Fördergelder in den USA insbesondere für renommierte Institutionen vorhanden sind bzw. erfolgreich eingeworben werden, auch dort, wo Theater mit wirtschaftlichen Problemen zu kämpfen haben.

---

56 TOWSE, Ruth, A Textbook of Cultural Economics, Cambridge/New York, 2010.
57 WEILL, Kurt, The Future of Opera in America, in Modern Music, vol. 14, no. 4, 1937, pp. 183-188.
58 SPAHN, Claus, Streichkonzert auf amerikanisch. In: Die Zeit, 28.04.2011, S. 58.
59 OPERNWELT, Philadelphia Orchestra, Heft 9/2011, S. 82.
60 OPERNWELT, Los Angeles Opera, Heft 9/2011, S. 82.

1.3 Die kulturelle und politische Verortung des deutschen Theatersystems

1.3.1 Historische Wurzeln

Theater ist über 2500 Jahre alt, es lässt sich auf religiöse Kulthandlungen und Zeremonien zurückführen, die in den Blütezeiten der griechischen Antike und Ägyptens ihren Ursprung nahmen und von dort in das Europa der Neuzeit übertragen wurden. Ein Aspekt ist dabei besonders bemerkenswert: das Wechselspiel zwischen Außen und Innen, zwischen dem Theaterspiel im Freien und dem Einzug der Theatergruppen in feste Theaterhäuser. Verfolgt man die Theatergeschichte, so nimmt Theater im Rahmen religiöser Handlungen seinen Anfang im Freien, während es mit dem antiken Theater erstmals behaust wird, also einen Raum erhält, der sich unterteilt in eine Bühne und eine Zuschauerarena. Nach dieser ersten Blütezeit des Theaters gehen die Spieler wieder ins Freie und versammeln sich erst wieder im Mittelalter zu religiösen Mysterienspielen in den Kirchen. Von dort wandern sie sukzessive auf die Kirchenvorplätze und schließlich auf die Marktplätze, bis weitsichtige Theatermacher und ihre Mäzene den Theatergruppen in der Renaissance wiederum eigene Theatergebäude eröffnen (England, Italien). In Deutschland setzt nicht nur dieser Prozess zeitverzögert ein, eine Behausung erhalten die fahrenden Theatertruppen erst mit der Einladung an die Höfe und später in die von Bürgern errichteten Stadttheater. Es ist also auch nicht verwunderlich, dass heute – noch vereinzelt – einige Gruppen und Theater in Europa wieder den Weg ins Freie suchen, dass Stadttheater in die Städte vordringen, um dort Räume zu erobern, und dass Gruppen unentwegt durch Europa touren. Die Geschichte des Theaters kann also auch als eine Geschichte der ständigen Suche der Theatermacher nach dem idealen Ort erzählt werden, in der sich feste Spielorte, die Schutz gewähren, mit freien Räumen und Plätzen abwechseln.

Das deutsche Theater- und Orchestersystem hat sich später entwickelt als die bereits in der Renaissance zur Blüte gekommenen Theater in England, Italien und auch Spanien, und nur deshalb verfügen wir heute über eine so dichte und reiche Theaterstruktur in Deutschland. Historisch bedingte Verzögerungen bei der Entwicklung können sich später also in komparative Vorteile verwandeln. Die Wurzeln des deutschen Theatersystems, wie wir es heute kennen, liegen in der Zeit des höfischen Absolutismus, seine Vielfältigkeit und Dichte, aber auch sein Anspruch und Potential sind aus der Kleinstaaterei des Feudalismus hervorgegangen. Viele der Theater entstanden aus Spielgruppen bei Hofe und dienten vor allem der Repräsentation der Fürsten, wo bald erste Residenztheater entstanden.

Lange Zeit dominierte die Oper als Kunstform das höfische Theater, während Schauspiel oftmals nur von fahrenden Gruppen angeboten wurde. Erste ernsthaf-

1.3 Die kulturelle und politische Verortung des deutschen Theatersystems 47

te Wandertheater, wie das der Neuberin, setzten sich mit geschriebenen Theatertexten auseinander, wie wir sie heute kennen. Hamburg, Mannheim und Weimar, letztere beide später in den Status des Nationaltheaters erhoben, übernahmen als erste feste Theater eine Vorreiterrolle. Lessing, der sich in Hamburg für ein festes Theater mit Ensemble einsetzte, publizierte die für das deutsche Theater und seine dramaturgische Ausrichtung wegweisende *Hamburgische Dramaturgie*[61], eine als Aufsatzreihe verschiedener Kritiken veröffentlichte Schrift, die sich mit der Neuerung der Dramatik auseinandersetzt und damit die Grundlagen für die moderne Dramaturgie – und das deutsche Nationaltheater – entwickelt. Mannheim war vor allem durch das Wirken Schillers geprägt. Die Uraufführung seiner *Räuber* (1781) führte zu einer Entwicklung des Autorentheaters, wie es zuvor in England im elisabethanischen Zeitalter nur mit dem Wirken William Shakespeares (1564-1616) vergleichbar war. Auf dieser Basis, und durch die baldige Zusammenarbeit von Goethe und Schiller in Weimar, entwickelte sich der „klassische Stil", der lange Zeit maßgeblich für die deutschen Theater war.

Das Schauspiel übernahm in diesem Zusammenhang, nicht zuletzt ausgelöst durch die Werke Lessings und Schillers, eine aufklärerische und mithin avantgardistische Rolle unter den Bühnenkünsten im ausgehenden 18. Jahrhundert, während Oper und Ballett als repräsentative Kunstformen gepflegt wurden. Das Schauspiel wurde so zur bürgerlichen Kunstform des Theaters[62], und die Städte übernahmen die Aufgaben von den Höfen. Trotz starker Gleichschaltungsbemühungen im Nationalsozialismus und der DDR, sind die höfischen und bürgerlichen Wurzeln noch heute wesentliche Grundlagen der aktuellen Theaterstruktur. Die Stadttheater blieben erhalten, die Hofresidenzen sind heute zum Teil Staatstheater.[63/64]

Das Theater der Nachkriegszeit in Deutschland ist vor allem durch drei Aspekte geprägt:

- den Wiederaufbau und die Eingliederung der Theater und Orchester im Westteil des Landes in das föderale System der Bundesrepublik Deutschland,
- den Wiederaufbau, die Zentralisierung und die politische Gleichschaltung der Theater in der ehemaligen DDR[65] sowie

---

61 LESSING, G.E., Hamburgische Dramaturgie, Leipzig, 1767-69.
62 VON DÜFFEL, John, Kleine Theatergeschichte, Deutscher Bühnenverein, Köln, 2003
63 RÜHLE, Günther, Theater in Deutschland zwischen 1887–1945, Frankfurt, 2007.
64 LENNARTZ, Knut, Die Wurzeln der deutschen Theaterlandschaft, in: Theater und Orchester in Deutschland, Deutscher Bühnenverein, Köln, 2005.
65 IRMER, Thomas/SCHMIDT, Matthias, Die Bühnenrepublik, Theater in der DDR, Berlin, 2003.

- die Diskussionen und das Ringen um eine vereinigte Theaterlandschaft nach der Wende in den Jahren 1989 bis 1991[66/67].

Während die Theaterstruktur im Westen Deutschlands bis etwa 2000 – mit einigen Abstrichen, misslungenen Fusionen und der Aufgabe des Schillertheaters in Berlin – erhalten geblieben ist und erst in den darauf folgenden Jahren durch Haushaltsengpässe stärkere Einschnitte erfuhr, wurde die bis 1989 sehr dichte, flächendeckende ostdeutsche Theaterlandschaft stark ausgedünnt. Dennoch ist die Anfang der 90er Jahre in den Neuen Bundesländern verbliebene Theater- und Orchesterstruktur vorerst noch dichter als die der westdeutschen Länder. Da die Kommunen und Neuen Bundesländer aufgrund der rapiden Deindustrialisierung auf immer geringere Steuereinnahmen setzen konnten, gleichzeitig die Kaufkraft der Bevölkerung nicht mehr anstieg, während Abwanderungs- und demografische Schrumpfungstendenzen zu verzeichnen waren, wurden immer mehr Theater und Orchester in Frage gestellt. So hat sich ein Schließungs- und Fusionsprozess deutscher Theater zwischen 1990 und 2010 vor allem in der östlichen Hälfte des Landes in einer kaum vergleichbaren Größenordnung abgespielt.

1.3.2 Die aktuelle Kulturpolitik und die Legitimationskrise des Theaters

Die Kulturpolitik ist – unabhängig vom Grad der Förderung oder des Rückzugs aus der Theaterfinanzierung – grundsätzlich der wesentliche Partner der Theater auf der politischen Ebene. Sie wird zum einen durch die in den zuständigen Ministerien oder städtischen Referaten angesiedelten Kulturbeamten verkörpert, sie stellt aber auch ein Segment der Politik dar, das auf den Erhalt und die Entwicklung der kulturellen Vielfalt ausgerichtet ist. In Deutschland beruht die Kulturpolitik auf dem nach dem 2. Weltkrieg eingerichteten *Föderalismus*, der besagt, dass die Bundesländer die Hoheit über kultur- und bildungspolitische Aufgaben inne haben, und diese im Bereich der Kultur auch mit den Städten und Gemeinden teilen können bzw. diese an kulturpolitischen Aufgaben partizipieren lassen. Nur so ist zu verstehen, dass die Städte und Gemeinden Gesellschafter und Finanziers der Stadttheater, die Bundesländer wiederum der Staatstheater sind (s. Abschnitt 1.4.2).

Die Kulturpolitik ist dabei nur ein singuläres und in der Hierarchie einzelner Politikfelder nebengeordnetes Gebiet. Von weitaus größerem Einfluss ist die Haushalts- und Finanzpolitik der Länder und Städte, die vertreten durch die Landesfinanzministerien bzw. die Finanzdezernenten und Stadtkämmerer deutliche

---

66 KOBERG, Roland/STEGEMANN, Bernd/THOMSEN, Henrike (Hg), OST/WEST – Ein deutscher Stoff, Berlin, 2005.
67 Theater in Berlin nach der Wende, Berlin, 2003.

1.3 Die kulturelle und politische Verortung des deutschen Theatersystems

Hebelwirkung auf die Erstellung der Haushaltsansätze in den Bereichen der Kultur, und damit letztlich auch der Theaterfinanzierung, ausüben können. Gebündelt und im Konfliktfall auch geschlichtet werden die kultur- und haushaltspolitischen Stränge in den Staatskanzleien der Länder bzw. in den Stabsreferaten der Oberbürgermeister. Wichtige kultur- und haushaltspolitische „stakeholder" sind auch die Fachausschüsse der Landtage und der Stadträte. So beraten der Haushalts- und der Kulturausschuss des Landtages bzw. der Finanz- und Kulturausschuss der Gemeinde über die Höhe der zukünftigen Zuwendungen und die strategische Förderung der Theater.

Theaterleiter müssen die für das Theater relevanten politischen Strukturen kennen und die entsprechenden Kontakte und Netzwerke in die Politik auf- und ausbauen. Dieser Teil der Zukunftsarbeit, umgangssprachlich oft als *Lobbyarbeit* bezeichnet, wird in den Stellenbeschreibungen der Intendanten und Geschäftsführenden Direktoren oftmals völlig vernachlässigt. Finden die Theaterleiter hierfür nicht genügend Zeit, entwickeln sie kein ausreichendes Gespür, kann dies die Zukunftsaussichten des Theaters negativ beeinflussen.

Ebene/ Agenda	Landesebene Exekutive	Landesebene Legislative	Stadt/Gemeinde Exekutive	Stadt/Gemeinde Legislative
Kulturpolitische Agenda	Kulturministerium, Fachabteilungen im Ministerium	Kulturausschuss, Kulturpolitische Sprecher der Landtagsparteien	Kulturdezernent, Leiter des Kulturamtes	Kulturausschuss, Kulturpolitische Sprecher der Fraktionen
Finanzpolitische Agenda	Finanzministerium, Fachabteilungen	Haushaltsausschuss, Haushaltspolitische Sprecher der Landtagsparteien	Finanzdezernent, Kämmerei, Beteiligungsmanagement	Finanzausschuss, Finanzpolitische Sprecher der Fraktionen
Strategische Agenda	Staatskanzlei, Büro des/r Ministerpräsidenten	Fraktionschefs der Landtagsparteien	Oberbürgermeister, Stabsreferate der Stadt	Stadtrat, Fraktionschefs der Stadtratsfraktionen
Theater	Staatstheater	Staatstheater	Stadttheater	Stadttheater

Tabelle 7: Ebenen kulturpolitischer Lobbyarbeit

Die Kulturpolitik in Deutschland hat in den letzten 50 Jahren verschiedene Wendungen erfahren[68]. Während unmittelbar nach dem Krieg eine „affirmative Kulturpolitik" vorherrschte, in der es darum ging, die Kulturgüter zu bewahren und zu pflegen, ist vor allem mit den kulturellen Veränderungen im Umfeld der Jahre

---

68 KLEIN, Armin, Kulturpolitik, Eine Einführung, Wiesbaden, 2009, S. 171ff.

1968/69 eine deutliche Veränderung im Sinne einer Hinwendung zur Soziokultur und zu einer Demokratisierung des Kulturbereiches einhergegangen (Neue Kulturpolitik). Ausschlaggebend war neben den studentischen Protestbewegungen vor allem die Lektüre der 1944 erstmals publizierten und 1969 wieder aufgelegten *Dialektik der Aufklärung*[69] der Autoren Horkheimer und Adorno, die einen großen Einfluss auf den Wissenschafts- und Kulturbetrieb ausübte.

Im Anschluss hielten sich verschiedene Richtungen in der deutschen Kulturpolitik die Waage, zum einen die mit dem französischen Strukturalismus einziehende *Postmoderne*, mit ihrer Vielfalt heterogener Konzeptionen und ihrer radikalen Pluralität, der Gegenrationalisierung, der Wachstumsbegrenzung, der absoluten Wahlfreiheit. Jürgen Habermas beschreibt diese Phase in Deutschland, die mit einer Abkehr der bisher dominierenden Modernisierungsgläubigkeit einhergeht, auch als Phase der „Neuen Unübersichtlichkeit"[70]. Der Soziologe Ulrich Beck entwickelt den Begriff der „Risikogesellschaft" und definiert einen Weg in eine andere Moderne (1986)[71], während er einige Jahre später den Begriff der „reflexiven Modernisierung" (1993)[72] einführt.

Die Phase postmoderner Kulturpolitik wurde in den 90er Jahren durch neue Leitmotive abgelöst. Vor dem Hintergrund der sich verstärkenden Globalisierung wurden später die Themen „Kultur als Staatsziel" und „kulturelle Daseinsvorsorge" diskutiert. Den Anstoß zu dieser Diskussion hatte der damalige Bundespräsident Johannes Rau 2003 anlässlich der Eröffnung des Kongresses „Bündnis für Theater" in Berlin gegeben:

> „Wenn ich mir etwas wünschen könnte, dann wäre es die Verankerung von Kultur als Pflichtaufgabe auf allen staatlichen Ebenen."[73]

Die später folgende Kulturstaatsministerin Christina Weiss und Bundestagspräsident Norbert Lammert schlossen sich diesen Ausführungen in den folgenden Jahren mit ähnlicher Diktion an.[74]

---

69 HORKHEIMER, Max/ADORNO, Theodor W., Dialektik der Aufklärung. Philosophische Fragmente. Frankfurt/Main, 1969.
70 HABERMAS, Jürgen, Die Neue Unübersichtlichkeit, Kleine Politische Schriften, Frankfurt/Main, 1995, S. 143.
71 BECK, Ulrich, Risikogesellschaft. Auf dem Weg in eine andere Moderne, Frankfurt/Main, 1986, S. 13ff.
72 DERS., Die Erfindung des Politischen. Zu einer Theorie reflexiver Modernisierung, Frankfurt/Main, 1993, S. 100.
73 RAU, Johannes, Kultur als Staatsziel, Rede zur Eröffnung des Kongresses Bündnis für Theater, Berlin, 2003.
74 KLEIN, Armin, Kulturpolitik, Wiesbaden, 2009, S. 204.

1.3 Die kulturelle und politische Verortung des deutschen Theatersystems 51

Zur Formulierung und Präzisierung der Aufgaben der Kulturpolitik hat der Deutsche Bundestag 2003 schließlich eine Enquete-Kommission „Kultur in Deutschland" eingesetzt, die folgende wesentliche Aufgaben definiert hat:
1. Sicherung der kulturellen Infrastruktur durch Errichtung und Erhalt von Institutionen,
2. Förderung von Kunst, Kultur und kultureller Bildung,
3. Initiierung und Finanzierung kultureller Veranstaltungen, sowie
4. Schaffung angemessener Rahmenbedingungen für Künstler, Kulturberufe, bürgerschaftliches Engagement, freie Kultur und Kulturwirtschaft.[75]

Für die Theater ausschlaggebend war jedoch ein anderer Aspekt: die öffentliche Steuerung des Kultursektors. Aufgrund ihrer rechtlichen Stellung werden Theater von der Politik oftmals wie wirtschaftliche Stadt- oder Landesbetriebe angesehen. Der Zugriff über die Fachabteilungen der Finanzministerien und der Stadtverwaltungen ist dabei weniger von kulturpolitischen Inhalten, als von Kontrollaspekten geprägt. Hinzu kommt der starke Wunsch der Kulturadministrationen, auf die sich vorzugsweise unabhängig entwickelnden Theater politischen Druck, schlechthin Macht durch Aufsicht, Kontrolle, Prüfung und Budgetierung auszuüben.

Während wir früher verschiedene Interventionsfelder von Kulturpolitik, zum einen mit einer inhaltlichen (Kulturfreiheit, Kulturbegriff, Förderung), zum anderen mit einer ordnenden Dimension unterschieden, hat heute die ordnende Dimension in ihrer kontrollierenden Ausformung ein Alleinstellungsmerkmal. Sie wird in erster Linie ausgeübt durch die politische Gestaltung einengender ökonomischer, rechtlicher und administrativer Rahmenbedingungen.

Der zweite Aspekt betrifft so genannte Kulturentwicklungspläne, die seit der Ära der Neuen Kulturpolitik immer wieder ihre Renaissance erfahren und vor allem dann zur Anwendung kommen, wenn knapper werdende Mittel neu verteilt werden und Kürzungen oder Schließungen gerechtfertigt werden müssen. Deshalb ist es für jeden angehenden Mitarbeiter eines Theaters in Leitungsfunktion wichtig, die – soweit vorhanden – aktuellen Kulturpolitischen Leitlinien und Entwicklungspläne seiner Kommune und seines Bundeslandes zu kennen, und soweit möglich, an deren Fortschreibung oder Entwicklung, die oftmals in Arbeitsgruppen unter Beteiligung der Kulturinstitutionen erfolgt, gestaltend mitzuwirken.

Problematisch ist heute vor allem das fehlende Leitmotiv und die allgemeine Ratlosigkeit der gegenwärtigen Kulturpolitik. Aufgrund finanzieller Engpässe und sinkender Legitimation der Kultur fehlen den heutigen Kulturpolitikern zum

---

75 DEUTSCHER BUNDESTAG, Schlussbericht der Enquete-Kommission „Kultur in Deutschland" (Drucksache 16/7000) vom 11.12.2007.

einen der entsprechende Einfluss, sich gegen die Fachpolitiker anderer Ressorts durchzusetzen, zum anderen aber auch ein Gestaltungswille, der die Zukunftsfähigkeit der Kulturinstitutionen sichert. Deshalb muss ein Großteil konzeptioneller Arbeit aus den Kulturinstitutionen heraus, aus den Theatern und Orchestern, entwickelt und verbreitet werden. Hierfür gibt es eine Reihe guter Beispiele und viel Potential, wie der Blick auf die Freie Szene und ihre neuen Produktionsmodelle sowie die Herausbildung bestimmter Reformmodelle im öffentlichen Theater (Stuttgart, Weimar) gezeigt haben.

1.4 Das Theater und seine Rahmenbedingungen

Theater sind, wie bereits eingangs erwähnt, personalintensive mittelständische Kulturunternehmen, deren Aufgabe darin besteht, Theateraufführungen vor Publikum zu zeigen. Wie jedes andere Unternehmen auch, wird die Arbeit der Theater wesentlich durch ihre Rahmenbedingungen geprägt. Als *Rahmenbedingungen* bezeichnen wir die wichtigsten Umfeldbedingungen – oder kurz: die Umwelt. Diese haben sich in den letzten Jahren maßgeblich verändert, ohne dass die Theater hierauf adäquat reagiert haben. Der Organisationstheoretiker Mintzberg hat den entscheidenden Schluss aus dem Verhältnis der Institution zu ihren Rahmenbedingungen gezogen:

> „Es ist nicht die Umwelt als solche, die zählt, sondern die Fähigkeit der Organisation, mit dieser Umwelt umzugehen – sie vorherzusagen, sie zu verstehen, ihrer Diversität Rechnung zu tragen und sich ihren Veränderungen rasch anzupassen."[76]

Im Folgenden sollen einige der für die Arbeit der Theater und auch Orchester wichtigsten Rahmenbedingungen und ihre Auswirkungen vorgestellt werden.

---

76 MINTZBERG, Henry, Die Mintzberg-Struktur, Organisationen effektiver gestalten, Landsberg, 1991, S.187.

1.4 Das Theater und seine Rahmenbedingungen

Standort	Als Standort wird die Gesamtheit aller wirtschaftlichen, sozialen, kulturellen Gegebenheiten und Bedingungen bezeichnet.
Finanzsituation der Kommunen und Länder	Die Finanzsituation, die Entwicklung der Steuereinnahmen und eventuelle Sparprogramme sind ausschlaggebend für die zukünftige Finanzierung der Theater.
Politischer Wille	Unabhängig von der Finanzsituation ist die Förderung der Theater vom Willen der entscheidenden politischen Meinungsträger in den Stadträten und Landesparlamenten abhängig. Ausschlaggebend ist, welchen Stellenwert Kultur in der Stadt- und Landespolitik spielt.
Besucher/Nichtbesucher	Besucher sind Theatergänger, die mindestens einmal im Jahr eine Aufführung besuchen. Nichtbesucher lassen sich unterscheiden in potentielle, also zu gewinnende Besucher, und langfristige Nichtbesucher. Nichtbesucherumfragen bilden die Basis für entsprechende Maßnahmen.
Markt und Konkurrenz	Theater sind mit ihrem Angebot auf einem Markt positioniert, in dem um die knappe Freizeit von Jugendlichen und Erwachsenen gerungen wird. Unmittelbare Konkurrenz entsteht durch Kino, Konzerte und Angebote von Theatern der Region.
Demografische Entwicklung	Die demografische Entwicklung ist Bestandteil der Region. Sie kann gekennzeichnet sein durch Migration, Wegzug, Überalterung.

Tabelle 8: Rahmenbedingungen

1.4.1 Standort und Demografischer Faktor

Immer wichtiger wird der *Standort im weiteren Sinne*, also die gewerbliche und wirtschaftliche Infrastruktur, die Anbindung an den Fernverkehr, die Beschaffenheit und Dichte vorhandener Bildungseinrichtungen (Schulen, Ausbildungsbetriebe, Fachhochschulen, Universitäten) und der kulturellen Infrastruktur (Bibliotheken, Musikschulen, Museen, Freie Szene). Das Theater ist dabei selbst ein gewichtiger Standortfaktor für die Ansiedlung wichtiger Investitionen und die Erweiterung des Bildungsangebotes.

Die Analyse dieser Faktoren ist die Voraussetzung für den Erfolg und die Machbarkeit des geplanten künstlerischen Programms eines Theaters. Werden die Standortfaktoren durch Vernetzung und neue Angebote im Programm ausreichend reflektiert, werden auch Stadt und Region ihr Theater wahrnehmen und selbst dort tragen, wo es längst aus dem Zentrum der Stadt gerückt ist, wo demografisch gesehen die Einwohnerzahlen sinken und Theater unter erheblichem politischen Legitimationsdruck stehen.

In den am stärksten schrumpfenden Gebieten in Mecklenburg-Vorpommern, in Brandenburg und in Sachsen-Anhalt, aber auch in großen Teilen Thüringens und Sachsens und in ländlichen Gebieten der alten Bundesländer[77] stehen die Theater

---

77 BARTSCH, Mathias, u. a., Demografie, Tod auf Raten, in: Der Spiegel 17/2011, S. 40ff.

und ihre Träger vor dem Problem, ihr Angebot an eine sinkende Bevölkerung anpassen zu müssen, ohne dieses Angebot gänzlich aufgeben zu dürfen.[78] Denn die Theater, die in diesen Regionen zu den größten Arbeitgebern und Ausbildungsstätten zählen, sind zumeist einer der wenigen kulturellen Orte, die auch Bildungsaufgaben in der Früherziehung, in der Theaterpädagogik und in der soziokulturellen Betreuung von Kindern und Jugendlichen anbieten. Werden die Finanzen der Theater gekürzt, brechen diese Angebote meist zuerst weg.

Anders stellt sich die Situation in den westdeutschen Stadttheatern dar. Die aktuellen Diskussionen um die Theaterstruktur in Hamburg, in Schleswig-Holstein und in Nordrhein-Westfalen sind strukturell, finanziell und kommunalpolitisch, nicht demografisch geprägt. Wären sie letzteres, müssten die Theaterträger die Aspekte Migration, Sprache, Fragmentierung und Metropolisierung durch zusätzliche finanzielle Mittel und Programme fördern. Wenn Nordrhein-Westfalen, das Bundesland, in dem die Hauptlast der Subventionierung der öffentlichen Theater mit 82 % bei den Kommunen liegt, nun eine Erhöhung des Landesanteils von 4,5 Mio. Euro p. a. ankündigt, ist das kaum mehr als ein Tropfen auf dem heißen Stein.[79]

Der *Standort* ist also die wesentliche Rahmenbedingung für die Arbeit und die Perspektiven eines Theaters. Er definiert alle kulturellen, wirtschaftlichen, sozialen, logistischen und wissenschaftlichen Gegebenheiten der Region, in die das Theater eingebettet ist und wird dadurch zu einem wichtigen Ausgangspunkt für die Entwicklung des künstlerischen Programms und der strategischen Ausrichtung eines Theaters. Dabei spielt es eine große Rolle, ob sich das Theater in einem bevölkerungsreichen, dicht besiedelten, wirtschaftsstarken oder einem von sinkenden Bevölkerungszahlen und hoher Arbeitslosigkeit geprägten Raum befindet. In einigen Regionen ist das städtische Theater einer der größten Arbeitgeber und damit ein wichtiger kultureller, sozialer und wirtschaftlicher Faktor.

Unabhängig von den Gegebenheiten des Standortes, sollte eine wichtige Zielstellung des Theaters darin bestehen, sich als kulturelles Zentrum der Region zu entwickeln. Hierzu bedarf es neben einem künstlerischen Programm, das auf die Stadt bzw. die Region abstellt, der Vernetzung mit den wichtigen lokalen Institutionen. Kooperationen mit anderen kulturellen, aber auch wissenschaftlichen Einrichtungen eröffnen gute Möglichkeiten, die Reichweite des Theaters zu vergrößern, ein neues Publikum zu erschließen und die Lobbyarbeit für eine bessere und nachhaltigere Finanzausstattung zu bündeln.

---

78 Zur Situation der Theater im Osten Deutschlands vor, während und nach der Wende siehe auch: IRMER, Thomas/SCHMIDT, Matthias, Die Bühnenrepublik, Theater in der DDR, Berlin, 2003, sowie KOBERG, Roland/ STEGEMANN, Bernd/THOMSEN, Henrike (Hg.), OST/WEST – ein deutscher Stoff, Berlin, 2005.
79 ESCH, Christian, Theater unter Beschuss, in Kulturpolitische Mitteilungen, Nr. 132, 1/2011, S.4.

1.4.2 Die Situation der Kommunen und Länder

Die finanzielle Situation der Kommunen und Länder ist eine der wichtigsten Rahmenbedingungen für die Arbeit des Theaters. Die wirtschaftliche Lage der Region, die Dichte mittelständischer Industrie und des Handwerks und der Zuzug qualifizierter Menschen im berufstätigen Alter sind wichtige Hebel für die zukünftigen Steuereinnahmen und damit für die öffentlichen Haushalte. Entwickeln sich die Prognosen für die Region negativ, verschlechtert sich die finanzielle Situation der Städte und Länder, wird auch an den Kulturausgaben, den freiwilligen Leistungen, gespart.

In diesem Zusammenhang ist es wichtig, dass sich die Theater auch als Wirtschaftsfaktoren ins Spiel bringen. Ein mittleres Theater in einer mittelgroßen deutschen Stadt beschäftigt zwischen 250 und 400 Mitarbeitern, vergibt Aufträge im Umfang von 1,5 bis 3 Mio. Euro an Handwerks- und Zulieferbetriebe der Region, zieht zwischen 10.000 und 50.000 Touristen pro Jahr an. Diese positiven Nebeneffekte, die in der Betriebswirtschaft auch als *Umwegrentabilität* bezeichnet werden, sollten im Dialog mit der Politik herausgestellt werden.

Die Förderung der Theater ist – unabhängig von der tatsächlichen finanziellen Situation der Kommune oder des Bundeslandes – immer vom Willen der entscheidenden politischen Meinungsträger in den Stadträten und Landesparlamenten abhängig. Ausschlaggebend ist, welchen Stellenwert Kultur in der Stadt- und Landespolitik spielt. Dabei müssen wir die verschiedenen politischen Perspektiven im Auge behalten. Ein Oberbürgermeister und sein Kulturdezernent und der Kulturminister eines Bundeslandes werden in der Regel zur Förderung ihres Theaters stehen, allerdings sind sie in ihren politischen Entscheidungen nicht frei. Sie müssen sich zum einen mit den Finanzfachleuten auseinandersetzen, die auf Sparsamkeit und geringe Neuverschuldung drängen, aber auch gegenüber den gewählten Vertretern des Stadt- oder Gemeinderates bzw. des Landtages und ihren Fachausschüssen für Finanzen und Haushaltsfragen verantworten. Zunehmend geraten die Kulturpolitiker in Stadt und Land unter Druck, oder sie handeln vor dem Hintergrund unzureichender eigener Informationen zu wenig umsichtig, wie die Beispiele Hamburg, Mecklenburg-Vorpommern oder Bonn deutlich zeigen (s. 1.5).

Da die Förderung von Kunst und Kultur in den meisten Städten, Gemeinden und Bundesländern als freiwillige Aufgabe verankert ist, wird die Finanzierung der Theater und Orchester oftmals erst in den letzten Verhandlungstagen über die Haushalte gesichert. Die Theaterleitungen, die sich in der Regel sehr frühzeitig um die Aufnahme von Gesprächen über die zukünftige Finanzierung ihrer Institutionen bemühen, müssen in diesem Prozess Geduld, Geschick und Beharrungsvermögen aufbringen. Die *Lobbyarbeit* erfordert eine ständige Präsenz, denn schnell wird eine Haushaltsposition unwiderruflich gekürzt. Die Erfahrungen der letzten Jahre zeigen auch, dass einmal erfolgte Kürzungen in der Regel in den Folgejahren nicht wieder aufgefangen werden.

In diesem Zusammenhang spielt das unterschiedliche *Gewicht der Kulturpolitik* in den Städten eine große Rolle. Ist das Theater als zentraler Ort in Stadt und Region gut verankert, wird es von den Zuschauern angenommen, spielt es als Touristenmagnet eine wichtige Rolle, werden sich die Kulturpolitiker im Verbund mit Wirtschaftspolitikern und Touristikern stärker für ihr Theater einsetzen.

Eine besondere Bedeutung haben die Bundesländer als finanzielles Rückgrat ihrer *Landestheatersysteme* und ihr unterschiedliches Finanzierungsgewicht, das von der eigenen Wirtschaftskraft abhängig ist. Wir unterscheiden zwischen Geberländern, die im Rahmen des Bundesfinanzausgleichs zusätzliche Finanzmittel an die schwächeren Länder transferieren, und Nehmerländern (siehe Tabelle). So ist es auch nicht erstaunlich, dass die wirtschaftsstärksten Länder die stabilsten Theatersysteme unterhalten.

Der Tabelle des *Länderfinanzausgleichs* für das Jahr 2010 kann man entnehmen, dass lediglich 4 Bundesländer Transferleistungen in 12 Bundesländer über-

Bundesland	Transferbetrag
Bayern	3.491
Hessen	1.738
Baden-Württemberg	1.694
Hamburg	62
Saarland	- 88
Schleswig-Holstein	- 100
Niedersachsen	- 255
Rheinland-Pfalz	- 263
Nordrhein-Westfalen	- 357
Mecklenburg-Vorpommern	- 393
Bremen	- 397
Thüringen	- 466
Sachsen-Anhalt	- 491
Sachsen	- 843
Berlin	- 2.884

Tabelle 9: Länderfinanzausgleich 2010 – Geber- und Nehmerländer[80] (in Mio. Euro)

---

80 Bundesministerium der Finanzen, Der Finanzausgleich unter den Ländern, 2010.

1.4 Das Theater und seine Rahmenbedingungen

nehmen. Da der an den Länderfinanzausgleich gekoppelte Solidarpakt für den Aufbau Ost II im Jahre 2019 ausläuft, heißt das für die einkommensschwachen Neuen Bundesländer, dass erhebliche externe Kürzungen auf deren Landeshaushalte zukommen. Da nicht davon auszugehen ist, dass sich die Wirtschaftsstruktur in diesen Ländern deutlich verbessert, werden vor allem die freiwilligen Aufgaben beschnitten. Dies ist ein weiteres Argument dafür, dass die Kultursysteme in Deutschland bis spätestens 2019 einer dringenden Transformation bedürfen (siehe Kapitel 3).

1.4.3 Besucher, Nichtbesucher und erweiterter Auftrag

Im engeren Sinne betrifft dies die Stadt, in der sich das jeweilige Theater bzw. Orchester befindet und wo es im besten Sinne als Stadttheater agiert, mit einem Mix aus künstlerischem, kultur- und bildungspolitischem, und immer öfter auch sozialem Auftrag. Der Kernindikator, also die Messgröße für die *Stadttheaterfähigkeit*, der Annahme eines Theaters durch seine Stadt, ist die Nutzung des Angebotes, gemessen an der Auslastung der Vorstellungen und Konzerte und am Anteil der heimischen Bevölkerung an den Gesamtbesucherzahlen. Hier muss differenziert werden zwischen Städten, die als touristische Magneten viele zusätzliche Besucher anziehen (z. B. Dresden, Berlin, München), wodurch sich wiederum das Verhältnis der einheimischen Bevölkerung an den Besucherzahlen verschieben kann, ohne dass sich dadurch das Verhältnis der Stadt zu seinem Theater verändert.

Von Bedeutung sind aber auch die Ansprache und das Engagement der sogenannten „Nichtbesucher"[81], der momentan beliebtesten Zielgruppe der Besucherforschung wie auch des Besuchermanagements kultureller Institutionen. Nichtbesucher können sich aus kulturellen, politischen, standortbezogenen, ökonomischen oder sozialen Gründen für ein Theater oder Orchester engagieren, ohne in Betracht zu ziehen, dieses Theater oder Orchester als Zuschauer zu besuchen. So kann die Mobilisierungsrate der Bevölkerung in Städten, in denen das Theater zur Disposition oder vor einschneidenden Kürzungen steht, bei diesen Gruppen sehr hoch sein, und ebenso schnell wieder verebben, wenn der Statuserhalt gesichert ist. Damit diese Engagierten im nächsten Schritt ein Abonnement zeichnen und damit den Erhalt des Theaters langfristig sichern, bedarf es einer überzeugenden Marketingstrategie.[82]

In den letzten Jahren haben sich Auftrag und Aufgabenfeld des Theaters deutlich erweitert. Ausgangspunkt war eine über die engere Aufführungspraxis hinausgehende Öffnung der Theater für das städtische und regionale Publikum. Bezog sich

---

81 Zum Begriff des Nichtbesuchers siehe auch: Studie des Deutschen Bühnenvereins, 2002, Auswertung und Analyse der repräsentativen Befragung von Nichtbesuchern.
82 HAUSMANN, Andrea/GÜNTER, Bernd, Kulturmarketing, Wiesbaden, 2008.

dies anfangs auf theaterpädagogische Begleitprogramme für Kinder und Jugendliche und die Gründung von Theaterjugendclubs, die Einrichtung von Einführungsmatineen und Publikumsgesprächen für das erwachsene Publikum, hat die Öffnung mittlerweile ein neues Stadium erreicht. Drei Merkmale sind charakteristisch:

- die aktive Partizipation des Publikums in den Programmen durch Teilnahme und Teilhabe, wie zum Beispiel bei Programmen, an denen Kinder und Jugendliche, aber auch Senioren auf der Bühne mitwirken (Bürgerbühnen, s. Kapitel 3);
- die Vernetzung der Theater mit anderen Institutionen der Stadt und der Region und die gemeinsame Ausrichtung von Veranstaltungen und neuen Formaten jenseits klassischer Aufführungen;
- die Öffnung des Theaters als Plattform für andere Künstlergruppen, Ausstellungsmacher, Musiker, und vice versa, und das Hinausgehen der Ensembles in die Stadt, im Rahmen der Ergründung neuer Spielorte.

1.4.4 Markt und Konkurrenz

Bei Theatern und ihren Angeboten von einer Marktsituation zu sprechen, hat noch bis vor kurzem bei Kulturpolitkern wie auch Intendanten Abwehrverhalten ausgelöst.

Während Ökonomen von Verfälschung der Marktsituation durch Subventionen sprachen, befürchteten Kulturpolitiker eine zu starke Ökonomisierung des Kulturbereiches und eine Durchdringung der Theater mit betriebswirtschaftlichen Instrumenten. Tatsächlich sind Theater – unabhängig von der Höhe der öffentlichen Zuwendungen – in dem Moment, wenn sie mit ihrem Programm an die Öffentlichkeit treten und Karten verkaufen klassische Marktteilnehmer. Sicherlich ist der Preis einer angebotenen Karte mit durchschnittlich mehr als 100 Euro kräftig bezuschusst, aber diese Art Subventionierung betrifft bei weitem nicht nur die Kulturbetriebe. Die Kohleindustrie, der Nahverkehr, die Entwicklung alternativer Energien, die Landwirtschaft und die Ansiedlung von Klein- und Mittelindustrie in strukturschwachen Gebieten werden in Deutschland seit Jahrzehnten mit deutlich höheren Anteilen subventioniert als die Kultur.

Marketing, Personalwesen o. a.[9/10/11], und weist eine Spannbreite auf, die von der Verhandlungsebene mit der Kulturpolitik bis zur Deklination der einzelnen Institutionen (Museen, Agenturen, Veranstalter, Film, Fernsehen, Theater) reicht. Die Besonderheiten des Theaterbetriebes werden darin immer wieder aufgenommen. Von der Managementseite wiederum sind zuletzt wichtige Arbeiten erschienen, die Teilaspekte der Steuerung öffentlicher Kulturbetriebe mit neueren Managementmethoden und -techniken verknüpfen[12] oder betriebswirtschaftliche Aspekte untersuchen.[13]

Vermehrt finden sich inzwischen Ansätze, Zukunftsfragen der Kulturbetriebe in den Mittelpunkt der Forschung zu stellen, wie dies u. a. Thomas Heinze und Armin Klein in ihren jüngeren Arbeiten getan haben.[14]

Aufgrund größerer Struktur- und Systemunterschiede noch weitgehend ausgeblendet bleiben jüngere Forschungsergebnisse aus dem angelsächsischen Raum.[15] Zwar wird in der aktuellen Kulturmanagementliteratur inzwischen verstärkt auf die Begründung des Zusammenhangs zwischen Wirtschaft (Economics) und Kultur (Culture) Bezug genommen, wie dies Baumol und Bowen in ihrer Arbeit *Performing Arts, The economic Dilemma* von 1966 bahnbrechend gelungen ist.[16] Eine weitergehende Reflexion und Rezeption in der deutschen Fachliteratur findet jedoch erst vereinzelt statt.[17]

Parallel und weitgehend unabhängig von der Kulturmanagementforschung und der dazugehörigen Lehre hat sich im Bereich der Theater und Orchester und ihrer Praxis allerdings in den letzten Jahren eine breit angelegte, von verschiedenen Strömungen ausgehende Debatte entfaltet, die sich mit dem Themenkomplex Zukunft der Kultur und insbesondere Zukunft der Theater auseinandersetzt. Hier lassen sich im Wesentlichen zwei Strömungen ausmachen:

---

9   HAUSMANN, Andrea, et al., Kulturmarketing, Wiesbaden, 2008.
10 SCHNEIDEWIND, Petra, Entwicklung eines Theatermanagement-Informationssystems, Frankfurt/M., 2000.
11 SCHWARZMANN, Winfried, Entwurf eines Controllingkonzeptes für deutsche Musiktheater und Kulturorchester in öffentlicher Verantwortung, Aachen, 2000.
12 KNAPPE, Robert, Die Eignung von New Public Management zur Steuerung öffentlicher Kulturbetriebe, 2010.
13 SCHNEIDEWIND, Petra, Betriebswirtschaft für das Kulturmanagement, Wiesbaden, 2006
14 KLEIN, Armin, Der exzellente Kulturbetrieb, Wiesbaden, 2007, und HEINZE, Thomas, Neue Ansätze im Kulturmanagement, Wiesbaden, 2004; siehe auch LEWINSKY-REUTER, Verena/ LÜDDEMANN, Stefan, Kulturmanagement der Zukunft, Wiesbaden, 2008.
15 TOWSE, Ruth, A textbook of Cultural Economics, Cambridge, 2010 sowie THROSBY, David, Economics and Culture, Cambridge/New York, 2001.
16 BAUMOL, William/BOWEN, William: Performing Arts: The Economic Dilemma, New York, 1966.
17 BENDIXEN/WEIKL, Einführung in die Kunst- und Kulturökonomie, Wiesbaden, 2011 sowie ZEMBYALIS, Tasos, Kulturbetriebslehre, Wiesbaden, 2011.

Einleitung – Zum aktuellen Diskussions- und Forschungsstand

Zum gegenwärtigen Zeitpunkt gibt es in Deutschland kein aktuelles Lehrbuch und keine, die jüngeren Entwicklungen reflektierende und zusammenfassende Einführung in das Theatermanagement, die die Anforderungen an zukünftige und jüngere Theatermanager vor dem Hintergrund der sich rapide verändernden Rahmenbedingungen und Herausforderungen definiert. Die letzten umfassenden Arbeiten liegen etwa zehn Jahre zurück: Mathias Nowickis *Theatermanagement* aus dem Jahr 2000 und Henning Röpers *Handbuch Theatermanagement* aus dem Jahr 2001. Während Nowicki das Theater als Dienstleister aus organisatorischer und betriebswirtschaftlicher Sicht beschreibt[1], konzentriert sich Röper, wie der Untertitel ausweist, auf Betriebsführung, Finanzen, Legitimation und Alternativmodelle.[2] Andere Autoren, wie zum Beispiel Patrick S. Föhl und Andrea Hausmann[3], haben sich in jüngeren Publikationen auf wichtige Teilaspekte des Theatermanagements konzentriert. So behandelt Andrea Hausmann das Theater-Marketing, während sich Patrick Föhl explizit auf das wichtige und in der Theaterpraxis sehr umstrittene Thema der Kooperationen und Fusionen von öffentlichen Theatern konzentriert[4]. Gerald Martens, wiederum, hat mit dem kürzlich publizierten Buch *Orchestermanagement* einen wichtigen Teil des Theaterbetriebs beleuchtet, der hier jedoch nur am Rande gestreift werden soll.[5]

Die vorhandene, in den letzten Jahren gewachsene Kultur-Managementliteratur bezieht sich – insofern nicht explizit als Einführungen konzipiert[6/7/8] – zumeist auf den Kulturbetrieb im Allgemeinen und dessen Teilgebiete, wie Controlling,

---

1 NOWICKI, Mathias, Theatermanagement, Ein dienstleistungsbasierter Ansatz, Hamburg, 2000.
2 RÖPER, Henning, Handbuch Theatermanagement, Wien/Weimar, 2001.
3 HAUSMANN, Andrea, Theater-Marketing, Stuttgart, 2005.
4 FÖHL, Patrick S., Kooperationen und Fusionen von öffentlichen Theatern, Wiesbaden, 2011.
5 MARTENS, Gerald, Orchestermanagement, Wiesbaden, 2010.
6 HAUSMANN, Andrea, Kunst- und Kulturmanagement, Wiesbaden 2011.
7 HÖHNE, Steffen, Einführung in das Kulturmanagement, Bielefeld, 2010.
8 BENDIXEN, Peter, Einführung in das Kultur- und Kunstmanagement, Wiesbaden, 2010, sowie KLEIN, Armin, Kompendium Kulturmanagement, München, 2004.

Freizeitbeschäftigungen (2009)	Anteil der Befragten in % pro Woche
Fernsehen	87,10
Radio	78,00
Zeitungen	73,10
PC, Internet	54,50
Fitness, Sport	43,20
Musik, CD hören	41,70
Bücher	39,90
Zeitschriften	30,10
Video	10,20
Disco/Kneipe	8,40
Kino	0,30
Theater	0,30

Tabelle 10: Freizeitaktivitäten und Mediennutzung in Deutschland[84]

4. Ein vierter Aspekt der Marktteilnahme des Theaters betrifft seine Beziehung zu Zuliefer- und Dienstleistungsbetrieben. Dabei handelt es sich zum einen um Materiallieferanten für die Werkstätten der Theater, zum anderen um die klassischen Betriebsversorgungsleistungen, wie Wasser, Strom, Gas. Theater sind in diesem Fall selbst Nachfrager auf dem Markt. Theater sind also von den Preisentwicklungen abhängig, werden durch ihre großen Aufträge (Gas, Wasser, Material) aber selbst zu einem gewichtigen Wirtschaftsfaktor der Region. Ein weiterer wichtiger Aspekt ist das Personalangebot, das auf verschiedenen Teilmärkten angeboten wird (künstlerisches, technisches und administratives Personal).

1.5 Krisen und Krisenmanagement am Theater

1.5.1 Die Fragilität öffentlich geförderter Theater – Ein Fallbeispiel

Ende September 2010 stand der Aufsichtsrat der Theater und Philharmonie Thüringen (TPT), die den Theaterverbund der Städte Gera und Altenburg umfasst, kurz davor, für seine Theatergesellschaft Insolvenz anzumelden. Für ein Theater dieser Größenordnung, mit mehr als 300 Mitarbeitern und einem Jahresetat von 19 Mio. Euro – davon 16,3 Mio. Euro Zuschüsse, dem einzigen Theater im Osten Thüringens, einer ehemals dicht besiedelten und industrialisierten Region, wäre

---

84 MEDIA ANALYSE 2009.

dies ein Vorgang größter kulturpolitischer Tragweite gewesen. Dem vorausgegangen war die plötzliche und überraschende Aufdeckung eines Fehlbetrages, der bis zum Jahresende auf 1,8 Mio. Euro auflaufen sollte. Seit der Veröffentlichung dieser prekären Finanzsituation sind vor allem seitens der Gesellschafter – die Städte Gera, Altenburg, der Landkreis Altenburger Land sowie der Freistaat Thüringen – Schritte unternommen worden, das Theater und seine Mitarbeiter zu erhalten. Das Land hatte nach langen Verhandlungen im November 2010 erklärt, 1 Mio. Euro zusätzliche Mittel bereit zu stellen, wenn die Kommunen zur Deckung der Finanzierungslücke mit 0,8 Mio. Euro beitragen. Damit sollte das Theater seine Spielzeit zu Ende bringen. Über die zukünftige Finanzierung und offensichtlich notwendige Veränderungen in der Struktur und im Management wurde nicht öffentlich gesprochen. Kurze Zeit später publizierte das Theater in einer Pressemitteilung, dass es wieder konsolidiert sei und positive Bilanzen aufweisen könne. „Die Sparmaßnahmen haben gegriffen."[85] So habe eine Umstrukturierung der internen Abläufe nicht nur für mehr Transparenz gesorgt, sondern auch zu erheblichen Kostensenkungen geführt. Zudem erleben die Bühnen in Altenburg und Gera einen rapide anwachsenden Besucherzuspruch. Wie die Umstrukturierungen konkret aussahen und wie Sparmaßnahmen in einem Mehrspartentheater, das normalerweise seine Etats Jahre im Voraus fixieren muss, so schnell umgesetzt werden konnten, wurde nicht näher erläutert. Es bleibt zu vermuten, dass die Erfolgsmeldung auf zusätzliche Zuwendungen der Gesellschafter zurückzuführen ist.

Wie es zu diesem hohen Fehlbetrag kommen konnte, ist niemals in toto publiziert worden. Die einschlägigen, vom Aufsichtsrat der Theatergesellschaft herausgegebenen Pressemitteilungen und die begleitenden journalistischen Recherchen sprechen von Fehlern der Geschäftsführung bei der Berechnung der Tariferhöhungen, von zu hohen Gästekosten für die sehr ambitionierten Opernproduktionen sowie von hohen Kosten für den Unterhalt der alten baulichen und technischen Substanz, der eigentlich in der Verantwortung der Gesellschafter gelegen hätte. Erstaunlicherweise nicht diskutiert wurden die hohen Transaktionskosten, die im Ursprung dieses Theatermodells selbst liegen: der 1995 vollzogenen Fusion der bis dahin eigenständigen Theater Gera und Altenburg; also zusätzliche Kosten, die entstehen, um die Transporte von Stücken, die gleichberechtigt in Gera und in Altenburg spielen sollen, und die damit verbundenen Dienste der Solisten, der Musiker, Chöre und technischen Angestellten sicher zu stellen[86]. Es verwundert daher kaum, dass der *Deutsche Bühnenverein*, die Arbeitgebervertretung der deutschen Thea-

---

85 OLDAG, Mathias, Pressemitteilung der Theater und Philharmonie Thüringen, Gera, 12.4.2011.
86 HIRSCH, Wolfgang, Thüringische Landeszeitung, Altenburg-Gera offenbar gerettet, Weimar, 9.11.2010.

1.5 Krisen und Krisenmanagement am Theater

ter und Orchester, in einer Pressemitteilung vom 10.12.2010 die endlich erwartete Kehrtwende einleitet und sich von Fusionen als Allheilmittel zur Lösung finanzieller und struktureller Probleme in der deutschen Theaterlandschaft distanziert[87].

Die Dimensionen der aktuellen Krise: Strukturkrise und Überproduktion

Das auf den ersten Blick finanzielle Dilemma des fusionierten Theaterkonstruktes Gera-Altenburg ist jedoch vor allem ein strukturelles. Es macht die Aspekte deutlich, durch die die Situation der Mehrzahl der in Deutschland mit öffentlichen Mitteln finanzierten Theater geprägt ist: Die hohen, mit jeder Tarifsteigerung aufwachsenden Personalkosten der Theater haben dazu geführt, dass in der Spitze bis zu 80-85 % der Budgets für die Bezahlung von Ensembles, Orchestern, Technikern und Angestellten aufgebracht werden müssen, während kaum mehr als 15 % für den Betrieb der Häuser und die Finanzierung der Neuproduktionen zur Verfügung stehen, die das Kerngeschäft der Theater sind und deren Wahrnehmung und Zuschauerresonanz prägen.[88] Die damit verbundene chronische Unterfinanzierung wird durch den tendenziellen Rückzug der Kommunen aus der Finanzierung verschärft. Die Theater begegnen dieser Situation jedoch nicht mit Konzentration und Selektion, sondern mit Überproduktion.

Krisen- und Zukunftsmanagement

Gerade mit Blick auf die Bewältigung akuter Krisen und die Umsetzung anstehender Reformen erscheint besonders problematisch, dass das Managementverständnis in den deutschen Theatern und Orchestern sowohl auf Seiten der Theaterleitungen als auch der Aufsichtsgremien unterschiedlich und uneinheitlich ausgeprägt ist. Zwar ist inzwischen allen Beteiligten klar, dass Theater und Orchester andere Ziele verfolgen und andere Planungs- und Managementinstrumente nutzen als ein Wirtschaftsunternehmen, auch wenn einige der in Theatern verwendeten Instrumente und Methoden dort entliehen worden sind. Die Wirtschaftspläne eines Theaters und der Stadtwerke können jedoch nicht einmal im Ansatz miteinander verglichen werden, weder in der Zielstellung, noch in der Struktur oder der Umsetzung. Es fehlt der differenzierte und strategische Blick der Aufsichtsgremien für die Besonderheiten des Theaterbetriebs. Aber auch theaterintern fehlen fachliche Voraussetzungen in den Bereichen moderner Planung, Finanz- und Personalma-

---

87 DEUTSCHER BÜHNENVEREIN, Politik überschätzt Theater- und Orchesterfusionen, Köln, Pressmitteilung vom 10.12.2010.
88 So heißt es in einer Pressemitteilung zur Theaterstatistik 2009/10 des Deutschen Bühnenvereins: Von 2,7 Mrd. EUR in der Theaterfinanzierung fließen ca. 2,0 Mrd. EUR in Personalkosten (im Durchschnitt 75 %).

nagement. Zudem sind die meisten Theater unterausgestattet mit Personal an den immer wichtiger werdenden Schnittstellen zwischen Management und künstlerischer Produktion. Nach wie vor herrscht an vielen Häusern die klassische Dichotomie zwischen künstlerischen und administrativen Abteilungen, die zumeist noch durch Kommunikations- und Abstimmungsprobleme verstärkt wird.

Der Fall Gera-Altenburg macht beispielhaft deutlich: Mit der politisch – nicht konjunkturell – verschärften Finanzknappheit der Kommunen im Bereich ihrer freiwilligen Ausgaben[89], der zum Teil prekären Lage der Theater und Orchester außerhalb der Metropolen, des erhöhten Legitimationsdrucks der Kultureinrichtungen und der veränderten Wahrnehmung ihrer Aufträge und ihrer Aufgaben, sind die externen und internen Rahmenbedingungen immer mehr ins Blickfeld eines Krisen- und Zukunftsmanagements der Theater und Orchester gerückt (siehe Tabelle 11).

1.5.2 Krisenmanagement

Wie das Fallbeispiel und die Übersicht der Theaterkrisen der letzten Jahre gezeigt haben, gibt es zwei wesentliche Ursachen für die Mehrzahl der Krisen, zum einen selbst- oder fremdverschuldete finanzielle Fehlentwicklungen, zum anderen der Entzug der politischen Unterstützung und damit der langfristigen finanziellen Sicherung des Theaters. Während im letzten Fall nur eine intensive, auf die jeweilige politische Situation abgestimmte *Lobbyarbeit* zum Erfolg führt, im besten Falle unterstützt durch die lokale Presse, sollten bei selbst- oder fremdverschuldeten finanziellen Fehlentwicklungen sogenannte *Masterpläne* zur Eindämmung weiterer Risiken und zur Sicherung des Wirtschaftsplanes entwickelt und umgesetzt werden. Da die betriebs- und finanzwirtschaftlichen Instrumente am Theater im nächsten Kapitel behandelt werden, wird an dieser Stelle nur verkürzt auf das Instrumentarium eingegangen. Der Masterplan umfasst einen Plan mit Sofortmaßnahmen, die unverzüglich greifen müssen, sowie einen mittelfristigen Plan mit Maßnahmen, die aufgrund ihrer Auswirkungen auf den Spielplan und bereits eingegangener vertraglicher Bindungen erst in den kommenden Spielzeiten greifen können. Es ist wichtig, in Krisensituationen auf diese vertraglichen Bindungen hinzuweisen. Noch wichtiger ist es jedoch, finanziellen Fehlentwicklungen vorzubeugen, damit Masterpläne – wie sie hier (siehe Tabellen 12 und 13, Seite 66f.) beispielhaft abgebildet sind – nicht zur Umsetzung kommen müssen.

---

89 Auch 2011 werden höhere Steuereinnahmen erwartet, was Entlastungen der kommunalen Haushalte mit sich bringen wird und nicht automatisch und zwingend zu einer Kürzung der Kulturausgaben führen müsste. Zudem sind viele Kommunen in ihren Vermögenshaushalten und mit ihrer konservativen Rücklagenpolitik besser ausgestattet, als allgemein kommuniziert wird. S. a. Plickert (2011: 12).

1.5 Krisen und Krisenmanagement am Theater 65

Standort	Krisensituation	Lösungswege
Wuppertal, 2009	Zuschusskürzung	Drohende Schließung des Schauspiels
Halle, 2010	Zuschusskürzung	Zusammenschluss aller Theater und Orchester in einer GmbH, Zusammenlegung beider Orchester, Streichung von 50 Musikerstellen
Eisenach, 2010	Zuschusskürzung	Fusion auf die Stiftung des Südthüringischen Staatstheaters Meiningen, Spartenabbau
Hamburg, 2010	Drohende Zuschusskürzung des Schauspiels in Höhe von 500 TEUR	Rücktritt des Intendanten F. Schirmer
Gera, 2010	Insolvenz	Siehe Text (Fallbeispiel), Einsetzung eines neuen Intendanten und GF
Mecklenburg-Vorpommern, 2008-2011	Kürzung der Zuschüsse von Stadt und Land	Verschiedene Fusionsmodelle, Kürzungen, Finanzkrise des Schweriner Theaters
Rostock, 2011[90]	Kürzung der Zuschüsse durch die Stadt, Baufälligkeit	Schließung des großen Hauses des Volkstheaters, Ausweichspielstätten, Planung eines Neubaus
Leipzig, 2011[91]	Kürzungen der Zuwendungen aus dem Kulturraumgesetz	Kürzungen von Oper und Schauspiel um je ca. 500 TEUR
Bonn, 2011[92]	Kürzungen im Bereich Oper	Rücktritt des Intendanten K. Weise, Personalabbau
Saarbrücken, 2011[93]	Wirtschaftlichkeitsgutachten durch PWC	Feststellung von „Einsparpotentialen" in Höhe von 2,8 Mio. Euro
Dresden, 2011/2012[94]	Kürzungen	Umwandlung der Landesbühnen Sachsen in eine GmbH, 2012 Auflösung der Orchester
Trier, 2012[95]	Kürzungen der Zuschüsse um 1 Mio. EUR	Intendant kündigt an, nach diesen Kürzungen kein Mehrspartentheater mehr führen zu können
Cottbus, 2014[96]	Fehlende Zuschüsse in Höhe von 260 TEUR p. a.	Kürzungen, Abbau

Tabelle 11: Die jüngsten Theater- und Orchesterkrisen (2009-14)

---

90 BRIEGLEB, Till, In Rostock wird das Volkstheater seit 20 Jahren kaputtgespart, in: Süddeutsche Zeitung, 28.6.11.
91 Stadt Leipzig klagt gegen Kulturraumfinanzierung, in: Sächsische Zeitung vom 24.6.2011.
92 BOENISCH, Vera, Beethoven würde bitter lachen, in: Süddeutsche Zeitung vom 16.6.2011.
93 SCHREINER, Christoph, Vorboten einer neuen Theater-Spardiskussion, in: Süddeutsche Zeitung vom 8.6.2011.
94 KLEMPNOW, Bernd, Das Land löst ein gutes Orchester auf, ohne Not, in: Sächsische Zeitung vom 29.6.2011.
95 Theater der Zeit, Heft 9/2011, Kurzmeldungen.
96 Diskussion um Finanzierung der Kulturstiftung, in: Brandenburger Merkur vom 27.6.2011.

Maßnahme	Auswirkungen	Potential	Status
Einsparungen			
Investitionsstop	Betriebssicherheit	Mittel bis hoch	Erfolgt
Streichung Sonderprojekte	Tanzfestival, Sommertheater	Hoch	Erfolgt
Kürzung der Marketingausgaben	Imageverlust	Mittel	Laufend
Betriebskosten; neue Angebote	Keine	Mittel	Laufend
Temp. Nichtbesetzung von Stellen	Repertoireprobleme, Gästekosten	Mittel	Laufend
Deckelung der Kosten für Bühnenbilder/Kostüme	Ästhetische Kompromisse	Mittel	Erfolgt
Zusätzliche Einnahmen			
Vermietungen, Spenden	Logistische Probleme ./.	Mittel	Laufend

Tabelle 12: Masterplan Krisenmanagement: *I – Sofortmaßnahmen*

1.5 Krisen und Krisenmanagement am Theater

Maßnahme	Auswirkungen	Potential	Status
Einsparungen			
Streichungen von Neuproduktionen	Repertoire wird kleiner, Einnahmenverluste	Mittel bis Hoch	Aufgrund Planungsstand erst in 12 Mon.
Kürzungen der Spielwoche	Spielfreie Wochentage	Mittel bis Hoch	Keine Vorstellungen Mo – Do
Personaleinsparungen bis hin zu generellem Wiederbesetzungsstop	Einschränkung der Spiel- und Betriebsfähigkeit	Mittel bis Hoch	Nächste Spielzeit
Weitere Einsparungen bei den Dekorationen	Qualitätsverlust	Mittel	Nächste Spielzeit
Deckelung aller Gästekosten	Repertoire	Hoch	Nächste Spielzeit
Erweiterter oder vollständiger Investitionsstop	Betriebssicherheit	Hoch	Nächste Spielzeit
Schließung einer Spielstätte	Verringerung des Angebotes	Hoch	Nächste Spielzeit
Schließung einer Sparte	Verringerung des Angebotes, Personal	Sehr hoch	Keine kulturpol. Lösung
Zusätzliche Einnahmen			
Spielplan, Fundraising	Qualität	Mittel	Nächste Spielzeit

Tabelle 13: Masterplan Krisenmanagement: *II – Mittel- und langfristige Maßnahmen*

2. Das System Theater: Prozesse, Strukturen, Management

Im folgenden Kapitel soll das System Theater unter betrieblichen Aspekten genauer beleuchtet werden. Dabei soll auf den wesentlichen Erkenntnissen des 1. Kapitels, insbesondere den Merkmalen und Rahmenbedingungen des deutschen Theatersystems, aufgebaut werden, die der jeweiligen Situation eines Theaters mit ihrem individuellen Zuschnitt ein Grundgerüst geben. Vor diesem Hintergrund stellen sich Fragen, deren Antworten für das Verständnis des Theaterbetriebes wichtig sind: Welches sind die Hauptprozesse des Theaters, und welche Strukturen fordern sie ein? Auf welches Grundinstrumentarium an Managementinstrumenten kann ein Theater zurückgreifen? Welches sind die wichtigsten Zielsysteme, wo und weshalb konfligieren sie, und welche Ansätze zur Konfliktlösung gibt es?

Der Managementbegriff ist auf Theater grundsätzlich anwendbar. Wichtig ist hierbei, eine *Komplementarität* zwischen künstlerischen und betrieblichen Managementaspekten herzustellen. Die Herausforderungen, vor denen Theater in Deutschland stehen, lassen sich nur durch einen *komplementären Ansatz* lösen, der die *Zukunftsfähigkeit* der Theater und die Entwicklung der künstlerischen Formate und ihrer Ästhetik gleichermaßen im Auge hat. Ausgangspunkt hierfür sind die im 1. Kapitel diskutierten *Rahmenbedingungen*, deren Veränderungen zu Reformen in den bestehenden Theaterbetrieben und im Gesamtsystem Theater führen müssen. Zum Erfolg können diese Reformen nur führen, wenn sowohl das öffentliche als auch das freie Theater einbezogen werden.

Theater sind offene Systeme, die sich in einem Wandlungsprozess befinden. Diese Wandlung kann mit den richtigen Instrumenten und Managementprozessen gesteuert werden. Sie dienen damit letztlich dem Überleben des Theaters als einzelner Institution, wie auch des Theater- und Orchestersystems des ganzen Landes.

Theater sind dabei durch ein hohes Maß an Individualität geprägt. Künstlerische Handschriften, aber auch die über viele Jahre gewachsenen Organisationskulturen der einzelnen Theater sind zu berücksichtigen. So unterscheiden wir zwischen allgemein anwendbaren Instrumenten und Methoden und denen, die individuell auf die Bedingungen des Theaters abgestimmt werden müssen, um zum Erfolg zu führen. Der hierfür zu verwendende Begriff ist das *individuelle Management- und Transformationsmuster*.

2.1 Das Theater und seine Prozesse

Mit der Eingangsmetapher der Spitze des Eisberges konnte die Grundstruktur des Theaterbetriebes mit seinen beiden Teilen, dem für das Publikum sichtbaren und dem für die Öffentlichkeit unsichtbaren Teil, eingeführt werden. Im Folgenden soll es darum gehen, ausgehend von den Kernprozessen des Theaters die Grundstruktur des Theaterbetriebes weiter zu untersuchen. Vor allem die dezidierte Kritik prominenter Vertreter der Freien Szene[97], aber auch der Einfluss freier Gruppen und freier Produktionsstätten zwingt dazu, die Struktur der öffentlichen Theater genauer zu betrachten und letztlich auf ihre Reformpotentiale hin zu untersuchen, wie dies in Kapitel 3 geschehen soll.

Die vier Kernprozesse des Theaters

Die Kernprozesse des Theaters bestehen in der Konzeption, der Planung, der Produktion und der Präsentation.

Konzeption (von der Stückidee zur Spielplanposition)

Die *Konzeption* umfasst die Entwicklung einer Stückidee, die Zusammenstellung eines künstlerischen Teams, die Erstellung einer Position im Spielplan, mit Titel, Regisseur, künstlerischem Team, Premierendatum, und die künstlerisch-konzeptionelle Vorbereitung durch das Regieteam in Vorbereitung des Probenprozesses. Dabei kann es zu intensiven Recherche-, Schreib- und/oder Kompositionsarbeiten, auch unter Einschaltung eines Autors, Librettisten oder Komponisten mit Werkauftrag kommen.

Die Konzeption kann verschiedene Ausgangsmodelle haben, oftmals entstehen Stückideen und Spielplanpositionen im Austausch zwischen Dramaturgie und Regisseuren. Während die Dramaturgie als geistiges Zentrum eines Theaters bei der Stückauswahl auf verbindende Linien zwischen den verschiedenen Stücken einer Spielzeit, auf Leitmotive, auf die Entwicklung des Repertoires und die zu erwartende Nachfrage der Zuschauer achtet, gehen Regisseure oftmals von einer Grundidee, einem Thema, einem bestimmten Autor oder einem speziellen Stück aus, mit dem sie sich auseinandersetzen wollen. Während in dieser personellen Zusammensetzung die Spielplanpositionen diskutiert werden, kommt ein weiterer wesentlicher Aspekt hinzu: das Ensemble. Kann das Stück aus dem eigenen

---

[97] VON HARTZ, Mathias, Kunst oder Kerngeschäft?, Warum sich das System Stadttheater von innen heraus erneuern muss – und dafür dringend Impulse von außen braucht, Theater der Zeit, Arbeitsbuch 2011, sowie SCHLEWITT, Carena, Das Theater schwärmt aus. Ein Plädoyer für ein nomadisches Gegenwartstheater, in Theater der Zeit, Heft 7/8, 2011.

2.1 Das Theater und seine Prozesse

Ensemble besetzt werden, welche Rolle wird welchem Schauspieler anvertraut, muss ein Gast engagiert werden? Wenn diese erste Findungsphase abgeschlossen, eine erste Besetzungsidee entwickelt worden ist, wird meist der Intendant einbezogen, der aufgrund seiner repräsentativen Aufgaben weit weniger mit der Spielplanentwicklung als der Absegnung der entwickelten Ideen befasst ist. In einem nächsten Schritt werden der Geschäftsführer, der Künstlerische Betriebsdirektor, der Technische Direktor und die Marketingabteilung einbezogen. Der Geschäftsführer wird frühzeitig über die mögliche Position des Stückes im Spielplan informiert und diskutiert in diesem Zusammenhang die daraus erwachsenden finanziellen und vertraglichen Anforderungen, die sich zum Beispiel aus der Verpflichtung von Gästen, der Beauftragung eines Autors oder Komponisten, der Anforderung des Stückes bei den Verlagen ergeben. Befürwortet er Stück und Besetzung, können Betriebsdirektor, Technischer Direktor und Marketingabteilung mit der Planung beginnen, während der Konzeptionsprozess parallel weiter läuft.

Planung

Die *Planung* setzt unmittelbar mit oder nach der Konzeption ein. Sie umfasst wesentliche dispositionelle Aufgaben, wie die Planung des Einsatzes von Schauspielern, Sängern, Musikern sowie technischem und Assistenzpersonal im Proben- und Aufführungsprozess, und den Einsatz des Technischen Personals und der Werkstätten für den Bau der Dekorationen und die Herstellung der Kostüme. Gleichzeitig plant die Marketingabteilung alle notwendigen Werbemaßnahmen, um in den kommenden Wochen, in denen das Stück weiterentwickelt und inszeniert wird, das Publikum auf die anstehende Premiere vorzubereiten. Der Geschäftsführer hat zwischenzeitlich die Verwaltungsabteilung mit der Kalkulation des Stückbudgets und der Einholung der Stückverträge beauftragt. Meist verhandelt er selbst die Gagen für Gäste und die Honorare für Stückaufträge und Kompositionen, eine Aufgabe, die auch von den jeweiligen Spartendirektoren, oder an kleineren Häusern vom Intendanten selbst übernommen werden kann.

Produktion

Die *Produktion* ist der komplexeste Prozess des Theaterbetriebes, sie ist das Zentrum innerhalb der vier Kernprozesse und selbst wiederum in verschiedene Produktionsabläufe unterteilt. Von Produktion sprechen wir dann, wenn wir den Entwicklungsprozess einer Inszenierung, den eigentlichen Probenprozess, geleitet durch den Regisseur, über einen Zeitraum von sechs bis zehn Wochen betrachten. Ihm ist im Musiktheater die musikalische Einstudierung der Partien vorangegangen. Inzwischen haben sich vor allem aufgrund des Einflusses wichtiger Gruppen der freien Szene, aber auch einzelner, international agierender Regisseure, neue, von den ursprünglichen abweichende Probenprozesse entwickelt. Johan Simons, Niederländer, derzeit Intendant der Münchner Kammerspiele, Luc Perceval, Belgier, an der Schaubühne Berlin und renommierter Opern- und Schauspielregisseur an deutschen Bühnen, oder René Pollesch, Dramatiker, Regisseur und Produzent eigener Arbeiten sowohl im freien wie im öffentlichen deutschen Theatersystem (Prater der Volksbühne, Schauspielhaus Hamburg) sind nur einige Beispiele für Regisseure, die die klassischen Produktionsprozesse an den öffentlichen Theatern, in denen die Proben bis dahin grundsätzlich in eine Morgenprobe (10 bis 14h) und eine Abendprobe (18 bis 22h) unterteilt waren, stark beeinflussen.

So finden wir heute Probenprozesse, die über deutlich längere Zeiträume, in so genannten Stoff- und Werkentwicklungsphasen stattfinden, unter Beteiligung beispielsweise von Autoren und Künstlern aus anderen Bereichen, die den Theaterbetrieb nicht nur mit ihren ästhetischen und konzeptionellen, sondern auch produktionsbezogenen Sichtweisen ergänzen.

Die öffentlichen Häuser müssen sich diesen neuen Produktionsweisen öffnen. Dies trifft jedoch oftmals auf betriebsinterne Schwierigkeiten. Da Theater aufgrund ihrer Trägerschaft noch immer wie öffentliche Betriebe agieren, unter Erstellung von Dienstplänen, die von Personal- oder Betriebsräten mitbestimmt werden und kaum noch verändert werden können, müssen solche Veränderungsprozesse im Rahmen von Gesprächen mit den Ensemble- und Mitarbeitervertretern diskutiert und bei Einvernehmen in Betriebsvereinbarungen festgehalten werden, damit es nicht zu Störungen der Produktion kommt.

Die Inszenierung wird begleitet vom Herstellungsprozess der Dekorationen und Kostüme in den – zumeist theatereigenen – Werkstätten. Zudem setzt die Marketingabteilung ihre Maßnahmen zur Bewerbung des Stückes, zur Begleitung aller Aktivitäten des Vertriebes und zur Ansprache der Presse fort.

Präsentation

Während der Produktionsprozess das Kernstück der Prozesskette ist, ist die *Präsentation* mit der Premiere und den Aufführungen das Ergebnis. Die Präsentation setzt im Prinzip bereits vor der Premiere, meist in der Phase der Endproben ein, wenn mit der Komplettprobe, in der die Schauspieler oder Sänger erstmals im fertigen Bühnenbild, mit Kostümen und Maske das gesamte Stück komplett durchlaufen. Dann wird der bis dahin hermetische Probenprozess für die an der Herstellung und Werbung beteiligten Mitarbeiter geöffnet, also bereits eine erste, wenn auch hausinterne Öffentlichkeit hergestellt, aus deren Stimmungsbild der Publikumserfolg oder -misserfolg schon vorweggenommen werden kann. Auf die Kom-

2.1 Das Theater und seine Prozesse

plettprobe folgen zwei Hauptproben, bis schließlich als letzte Probe vor der Premiere die Generalprobe stattfindet, im Schauspiel einen Abend, in der Oper – um die Stimmen der Sänger zu schonen – zwei Abende vor der Premiere. Meist wird eine dieser Endproben für ausgewähltes Publikum geöffnet. Jedes Theater handhabt dies anders, aber zumeist können ausgewählte Mitglieder des Freundeskreises des Theaters, Sponsoren, ehemalige Mitarbeiter, Studenten einer nahe liegenden Schauspiel- oder Musikhochschule diese Voraufführungen besuchen, die als letzter Test vor der eigentlichen Öffnung für das Publikum dienen.

Während mit der Generalprobe der Produktionsprozess abgeschlossen wird, setzt mit der Premiere der eigentliche Präsentationsprozess ein. Ihr folgen weitere Aufführungen, bei denen ein Team von Assistenten, Souffleuren und Inspizienten darum bemüht ist, die Qualität der Vorstellung zu sichern. Der Regisseur ist während dieser Aufführungen meist nicht mehr anwesend, weil er sich in der Regel der Vorbereitung seiner nächsten Inszenierung widmet. In der Oper bleibt jedoch jede Aufführung musikalisch durch den Kapellmeister betreut, der die Orchesterbegleitung leitet.

Die Besonderheit am Theater ist, dass dieser Produktionsprozess zeitlich versetzt mit anderen Produktionsprozessen stattfindet. Nachdem eine Premiere herausgebracht wurde, beginnen die Proben für das nächste Stück meist schon in der folgenden Woche. Im Vorlauf dessen haben die Konzeptionsgespräche, erste Planungsprozesse und die Bauprobe stattgefunden, die Schauspieler haben ihre neuen Textbücher erhalten, obwohl sie sich möglicherweise noch im Endprobenprozess für das zur Premiere kommende Stück befinden, und die Sänger haben etwa sechs Monate vor Beginn der szenischen Proben mit der musikalischen Einstudierung begonnen, die von den Studienleitern und Repetitoren angeleitet wird. Zieht man von einer Spielzeit, die in der Regel Anfang September beginnt und Mitte Juli endet, sechs Wochen Spielzeitpause ab, bleiben 10 ½ Monate Proben- und Produktionszeit, in der, wenn man nicht überlappend produzieren will, zehn Produktionen – bei einem Mehrspartenhaus fünf im Schauspiel und fünf in der Oper – inszeniert werden können, parallel hierzu etwa ebenso viele Produktionen in den Nebenspielstätten. Es darf nicht vergessen werden, dass Schauspieler, Sänger, Musiker wie auch technisches und Assistenzpersonal zusätzlich zu den Tagesproben an mehreren Abenden in der Woche in Repertoirevorstellungen beschäftigt sind. Die Belastungen für Ensemble und Personal sind also beträchtlich.

Prozess	Merkmale	Beteiligte
Konzeption		
Phase 1	Idee, Stoffentwicklung, Zusammensetzung des künstlerischen Teams	Regisseur, Dramaturg, Bühnen- und Kostümbildner
Phase 2	Diskussion mit der Hausleitung, Positionierung im Spielplan	Intendant, Geschäftsführer, Betriebsdirektor, Technischer Direktor, Marketing
Planung		
Disposition	Proben- und Spielplan, Koordination der Besetzungen, Technische Disposition	Künstlerisches Betriebsbüro, Technische Direktion
Finanzplanung	Budget der Produktion, Gastverträge, Zahlungsmodi	Verwaltung, Vertragsabteilung
Bauprobe	Nachstellung des Bühnenbildes im Originalmaßstab, Präzisierung der Zeichnungen und Vorlagen für die Werkstätten	Bühnenbildner, Regisseur, Ausstattungsleiter, Technischer Direktor
Produktion		
Musikalische Einstudierung	Einstudierung der Gesangspartien (Oper)	Studienleiter, Repetitoren, Sänger
Inszenierung Phase 1	Inszenierungsprozess auf Probe- und Hauptbühne	Regisseur, Assistenten, Sänger, Schauspieler
Dekoration	Herstellung der Dekoration in den Werkstätten	Werkstättenleiter, Tischler, Schlosser, Maler, Kascheure, Requisiteure
Kostüme	Herstellung der Kostüme	Gewandmeisterinnen, Damen/Herrenschneiderei
Maske	Herstellung der Masken	Maskenabteilung
Technische Einrichtung	Komplette Einrichtung der Bühne mit der gebauten Dekoration	Bühnentechniker
Inszenierung Phase 2	Proben in Originaldekoration, Beleuchtungsproben, Tonproben	Bühnentechnik, Requisite, Beleuchtung, Ton
Inszenierung Phase 3	Komplettprobe, Hauptproben, Generalproben, Orchesterproben	Alle Beteiligten
Marketing/Vertrieb	Planung der Werbung und der Ansprache von Publikum und Presse	Marketing, Presse, Vertrieb
Präsentation		
Premiere	Aufführung	Alle Beteiligten
Repertoire	Aufführungen, Qualitätskontrolle, Vorstellungsberichte	Alle Beteiligten
Letzte Vorstellung	Aufführung, Abspielzettel, Verwertung der Dekoration, Kostüme in Fundus	Alle Beteiligten, Technische Abteilung, Gewandmeisterinnen

Tabelle 14: Kernprozesse am Theater

2.2 Zielsysteme, Zielkonflikte und ihre Lösungsansätze

Die Aufgaben der öffentlichen Theater sind in den Satzungen bzw. den Gesellschaftsverträgen festgehalten. Meist und noch immer handelt es sich um sehr unpräzise Aufgabenstellungen, die die Aufführung von Theatervorstellungen in den jeweils vorhandenen Sparten vorsehen. Tatsächlich ist das Aufgabengebiet eines Theaters in den letzten Jahren deutlich größer und zuweilen auch unübersichtlicher geworden: zu den Aufführungen, die man als Kerngeschäft des Theaters bezeichnen kann, kommen die Vermittlung von Kunst für Kinder, Jugendliche, Erwachsene und Senioren, die Förderung des Ensembles wie auch weiterer junger künstlerischer Talente (Komponisten, Regisseure, Dirigenten, Bühnen- und Kostümbildner, Autoren und Dramaturgen), die Weiterentwicklung des Repertoires sowie der szenischen und musikalischen Ästhetik, die Ausbildung in Theaterberufen, die Öffnung für neue Themen der Stadt und der Gesellschaft sowie die Übernahme kultureller Funktionen in der Region hinzu.

Aufgabe	Beispiele
Aufführung von Schauspiel, Oper, Ballett, Tanz und Konzert	Inszenierungen mit Begleitprogramm (Einführungen, Matineen)
Entwicklung des Ensembles	Spielplan, Rollen
Pflege und Entwicklung des Repertoires	Spielplan, systematischer Ausbau des Repertoires für Publikum und Ensemble
Förderung junger Künstler	Autorenförderung; Hausautoren und -komponisten (composer in residence); Assistenzen für Nachwuchsregisseure, -dirigenten, -bühnen/-kostümbildner
Ausbildung in Theaterberufen	Maskenbildner, Kascheure, Theatermaler, Theaterschneider, Veranstaltungstechniker
Öffnung für neue Themen der Stadt	Standortfragen
Öffnung für neue Themen der Gesellschaft	Migration, Überalterung
Kulturelle Funktionen in der Region	Versorgung von Kulturrandgebieten
Vermittlung für Kinder und Jugendliche	Patenschaften, Theaterpädagogik, Education-Programme, Schülertheater/Theaterclubs
Vermittlung für Erwachsene und Senioren	Förderverein, Seniorenabende, Bürgerbühne

Tabelle 15: Aufgabenvielfalt des Theaters

Immer gewichtiger werden auch die neuen, strategischen Aufgaben, die die Zukunft des Theaters als Institution und als System in den Mittelpunkt rücken.

Ziel	Definition	Potentiale/Probleme
Zukunftsfähigkeit	Langfristige und nachhaltige Entwicklung der Theater und Orchester	Modernisierung der Prozesse, Reformen, Doppelte Transformation
Künstlerischer Erfolg	Entwicklung neuer ästhetischer Ausdrucksformen und Interpretationen	Produktionsdruck
Komplementarität	Zwischen künstlerischen Prozessen und Anforderungen des Managements	Anschlussfähigkeit an die sich verändernden Rahmenbedingungen
Besucherbindung	Langfristige Bindung der Besucher an das Theater/Orchester	Weitere Öffnung der Theater
Effizienz und Wirtschaftlichkeit	Verhältnis zwischen erreichtem Erfolg und Mitteleinsatz	Ertrag ./. Aufwand

Tabelle 16: Die Kernziele des modernen Theaterbetriebes

2.2.1 Zukunftsfähigkeit

Die *Zukunftsfähigkeit* des Theaters wird zur wichtigsten strategischen Aufgabe. Sie muss unabhängig von den vergleichsweise kurzen, durch künstlerische Akzente gekennzeichneten Intendanzphasen ins Auge gefasst werden. Dabei soll sie gleichermaßen die Voraussetzungen für den künstlerischen und betrieblichen Erfolg schaffen, d. h. beide Anliegen dürfen nicht miteinander konkurrieren.

Zukunftsfähigkeit richtet sich vor allem auf Fragen der langfristigen, nachhaltigen Entwicklung der Theater und Orchester. Hier entsteht ein wichtiger Hebel für das Management von Theatern vor allem hinsichtlich ihrer Rahmenbedingungen.

Als Begriff haben Zukunftsfähigkeit und *Zukunftsmanagement* bisher im Bereich der Theater und Orchester kaum gegriffen, sind die meisten Verträge für das leitende Personal, also Intendanten, Geschäftsführer, Generalmusikdirektoren, Schauspiel- und Operndirektoren auf eine Periode von jeweils fünf Jahren, selbst mit der Option der Verlängerung, doch zeitlich stark eingeschränkt. Im Übrigen ist auch die Dauer der fast ausschließlich politischen Mandate in den Aufsichts- und Verwaltungsgremien der Theater und Orchester auf eine politische Legislaturperiode von in der Regel fünf Jahren begrenzt[98]. Die durchschnittliche Verweildauer von künstlerischen Leitungsteams an Theatern zeigt, dass der „Zug" zum nächst größeren Theater in der Regel tatsächlich nach fünf Jahren genommen wird, insofern die künstlerische Arbeit vorzeigbar war und gute Resonanz, insbesondere bei den Feuilletons, gezeigt hat. Ein erfolgreiches Theater hat seinen Intendanten und mit ihm die künstlerische Equipe also bereits nach kurzer Zeit an das

---

[98] Nach Neuwahlen werden die Stadträte, die Kommunalen Dezernate und die Spitzen und Abteilungsdirektionen der Ministerien oftmals neu bestellt, wodurch sich wiederum die Aufsichtsgremien der Stadt- und Staatstheater neu zusammensetzen.

nächste, „renommiertere" Theater verloren. Das „Intendantenkarussell", von dem immer gesprochen wird, ist ein Karriereinstrument, bei dem die Zukunft des Intendanten und nicht die des Theaters im Mittelpunkt steht. Ist der Intendant nicht erfolgreich, wird sein Vertrag in der Regel nicht verlängert und ähnlich wie beim Fußball schnell nach einem neuen Coach Ausschau gehalten.

Das Thema Zukunft hat an deutschen Theatern – soweit es durch Personen, insbesondere Leitungskräfte, umgesetzt werden soll – die Distanz von fünf Jahren. Dies ist anders als zum Beispiel an deutschen Orchestern, die durch feine Auswahlprinzipien und die Verpflichtung von Chefdirigenten zur eigenen künstlerischen Weiterentwicklung immer schon einen Entwicklungsdrang in Richtung Zukunft und Exzellenz hatten, und wo das künstlerische Potential auch unabhängig von den jeweiligen Chefdirigenten vehement gepflegt wird. Bei Schauspielern, Sängern, Tänzern, die in der Regel mit den Intendanten ausgewechselt werden oder sich mit diesen auswechseln lassen, um ans nächste Haus zu ziehen, gelingt dies nicht, so dass jeder künstlerische Neustart auch eine neue künstlerische Versuchsanordnung darstellt.

2.2.2 Ästhetik und künstlerischer Erfolg

Eine wesentliche Zukunftsaufgabe des Theaters ist die Entwicklung neuer ästhetischer Ausdrucksformen und Interpretationen. Dabei kommt es jedoch immer wieder zu konfligierenden Auffassungen zwischen den – zumeist – als Gästen in die Theater kommenden Regieteams mit ihren künstlerischen Vorstellungen und den Bedingungen und Möglichkeiten, die die Theater schaffen können. Andererseits hat sich seit einigen Jahren ein Trend durchgesetzt, der die Theater aufgrund des erhöhten Produktionsdrucks an die Grenze ihrer Kapazitäten zwingt. Bernd Stegemann, Chefdramaturg der Berliner Schaubühne und Professor für Dramaturgie, schreibt hierzu:

> „Der Umbau der Struktur der Stadttheater durch die Arbeitsweisen der Regisseure ging seit den sechziger Jahren des 20. Jahrhunderts in eine neue Runde, die landläufig als Regietheater bezeichnet wird und die durch die jüngeren Entwicklungen der letzten zehn Jahre schon wieder überholt zu werden scheint. Bei dieser jüngsten Entwicklung könnte man meinen, dass die Struktur des Stadttheaters gegen die permanente Überforderung durch die Regisseure mit einer besonders raffinierten Strategie rebelliert. Die ständig wachsende Zahl an neuen, von einer Theaterleitung erfundenen Produktionen verkehrt die Druckverhältnisse, die bisher von den Forderungen der Regisseure auf die Institutionen ausgingen. Kürzere Probenzeiten, eine höhere Schlagzahl an abendlichen Aufführungen, kleinere Ensembles und weniger Ausstattung stellen den Beruf des Regisseurs vor Anforderungen, die wieder an die Anfänge seines Berufes erinnern.
>
> Der Regisseur wird zum Verantwortlichen, trotz beengter Arbeitsbedingungen die knappen Ressourcen so geschickt einzusetzen, dass eine ansehnliche Aufführung entsteht. Nur noch die Spit-

zenkräfte können einen Anforderungsdruck auf die Institutionen ausüben, auf den diese aber inzwischen gut vorbereitet sind."[99]

Stegemann spricht von einem Wettkampf, der vor allem negative ästhetische Folgen für die Inszenierungen mit sich bringt. Valdemar Holm und Martin Kusej, die ans Düsseldorfer Schauspielhaus und ans Staatsschauspiel München neu berufenen Intendanten, die selbst als Regisseure arbeiten, äußern sich hierzu sehr dezidiert:

> HOLM: „Muss man jeden Tag so viel spielen? Muss man diese Repertoiremaschine tatsächlich so sehr füttern? Jeden Tag, jeden Abend diese Theaterindustrie so bedienen? Wie kann man noch die Ruhe, die Stille finden, um etwas zu entwickeln? Junge Schauspieler zum Beispiel: Die spielen so viele Vorstellungen, das tut ihnen nicht immer gut."
>
> KUSEJ: „Je mehr das Theater an gesellschaftlicher Bedeutung verliert, desto mehr reagieren wir mit erhöhter Produktivität. Ich mache das auch. Ich registriere an mir auch die Intendantenkrankheit, viel zu viel zu produzieren und jede zeitliche, finanzielle und geografische Lücke zu benutzen, dort auch noch was zu machen. Ich würde mir manchmal auch wünschen, relaxter und entspannter zu sein. Unsere Energie kann man auch Panik nennen, eine Panik der Selbstlegitimation durch mehr, mehr und mehr. Dass man Unmengen von neuen Stücken und Texten macht, ohne noch genau zu untersuchen, ist das jetzt überhaupt ein Text, der es wert ist, auf der Bühne gezeigt zu werden? Man macht möglichst viel, damit irgendwas hängen bleibt."[100]

2.2.3 Komplementarität

Die Arbeit und das Management öffentlich geförderter Theater und Orchester wird durch zwei wesentliche Aspekte geprägt: die künstlerische Freiheit, die mit der Wahl eines Intendanten als künstlerischem Leiter und dessen Programmatik ihren Ausdruck findet, und die Rahmenbedingungen, die dessen Arbeit maßgeblich und nachhaltig beeinflussen, aber auch in zunehmendem Maße wesentlich einengen. Die Schlüsselaufgabe ist es, *Komplementarität* zwischen künstlerischen und Managementprozessen herzustellen, die wiederum die Anschlussfähigkeit an die sich verändernden Rahmenbedingungen erleichtern.

Die Wahl der Theaterleiter wurde bisher zumeist durch die Ambition der Gesellschafter, also der die Theater finanzierenden Städte und Länder, geprägt, einen renommierten Künstler für die Leitung eines Theaters zu gewinnen, um so die Strahlkraft der Institution – und damit der Stadt bzw. der Region – zu erhöhen. Neue Intendanten docken nach ihrer Wahl meist mit einem Team neuer Künstler an ein bereits funktionierendes Theatersystem, um diesem ihren künstlerischen Stempel

---

99 STEGEMANN, Bernd, You cannot see, what you cannot see, Theater der Zeit, Arbeitsbuch 2011, S. 106.
100 THEATER HEUTE, Interview mit Valdemar Holm, Martin Kusej und Johann Simons, Jahrbuch 2011.

2.2 Zielsysteme, Zielkonflikte und ihre Lösungsansätze

aufzudrücken. Systemtheoretisch betrachtet wird ein bestehendes funktionierendes System mit einem neuen, kleineren, aber mit höheren Machtattributen ausgestatteten System verschmolzen. Die Machtattribute der neuen künstlerischen Leiter haben in einigen Theatern allerdings zu autokratischen, stark hierarchisch aufgebauten Betrieben geführt, an deren Spitze der Intendant steht, der – meist auch noch in der Rolle eines Geschäftsführers – eben auch jene Bereiche verantwortet, von denen er naturgemäß wenig verstehen kann und will, weil er als Künstler und nicht als Manager engagiert wird.

Erst durch die in den letzten Jahren sich vollziehenden Umwandlungen von Theaterbetrieben in Eigenbetriebe und GmbH werden diese Macht- und Verantwortungsattribute geteilt, indem den künstlerischen Leitern geschäftsführende Direktoren oder kaufmännische Geschäftsführer an die Seite gestellt werden, die zur finanziellen und administrativen zumeist auch die rechtliche und personelle Verantwortung übernehmen und die fachliche Zusammenarbeit mit den Aufsichtsgremien koordinieren.

2.2.4 Besucherbindung

Eine der herausragenden Aufgaben eines Theaters ist es, Besucher langfristig zu binden. Die Wege hierzu können künstlerisch und unter Marketingaspekten sehr verschieden sein, dennoch gilt für alle: Ein Theater ohne Besucher ist kein Theater. Erst mit der Aufführung wird der Prozess vollendet.

Theater können sich dabei künstlerisch auf ganz verschiedene Wege begeben, sie können mit avantgardistischen Inszenierungen ein neues junges Publikum und vor allem die für die Multiplikation wichtigen Rezensenten großer, überregionaler Zeitungen und Zeitschriften gewinnen, sie können sich auf klassische Formen der Inszenierung und Präsentation beziehen und Besucher an das Theater binden. Sie können aber auch versuchen, unter Einbeziehung dieser beiden scheinbar gegensätzlichen Wege neue Formate zu entwickeln, mit denen sich das Theater öffnet und neue Besuchergruppen an sich zieht, die bisher nicht im Fokus standen.

Die Besucherbindung folgt dabei, egal welche Zielgruppe mit welchen Mitteln angesprochen werden soll, ähnlichen Algorithmen: neugierig und aufmerksam machen, die Hemmschwelle der Architektur und der Institution, also des oftmals fremden Theatergebäudes und seines Betriebes verkleinern, Aufklären und Vorurteile abbauen, mit der künstlerischen Arbeit und dem Betrieb vertraut machen, teilhaben und teilnehmen lassen.

Schritt	Instrumente, klassisch	Neue Formate
Neugierig und aufmerksam machen	Klassische Medien	Soziale Medien, das Theater geht in die Stadt
Hemmschwelle abbauen	Theaterführungen	Das Theater geht in die Stadt
Aufklärung	Einführungsprogramme, spezifische Besichtigungsprogramme	Das Theater geht in die Stadt
Vertraut machen	Einladung zu Proben, Werkstattbesuche	Offene Proben, Hausführungen
Teilhabe und Teilnahme	Abonnements, Freundeskreise	Theaterclubs, Bürgertheater, Seniorentheater

Tabelle 17: Besucherbindung

2.2.5 Wirtschaftlichkeit

Wirtschaftlichkeit ist ein allgemeines Maß für die Effizienz, also für den rationalen Umgang mit knappen Ressourcen. Sie wird allgemein als das Verhältnis zwischen erreichtem Erfolg und dafür benötigtem Mitteleinsatz definiert. Das Ziel ist, mit einem möglichst geringen Aufwand einen gegebenen Ertrag oder mit einem gegebenen Aufwand einen möglichst großen Ertrag zu erreichen.

Dies lässt sich mit folgender Formel darstellen:

$$\text{Wirtschaftlichkeit} = \frac{\text{Ertrag}}{\text{Aufwand}}$$

Hierbei sind der *Ertrag* = der in Geld gemessene Wertezuwachs zum Zeitpunkt der Betrachtung, und der *Aufwand* = der in Geld gemessene Wert aller verbrauchten Güter und/oder Leistungen. Wirtschaftlichkeit ist dann gegeben, wenn der Quotient aus Ertrag und Aufwand gleich oder größer 1 ist. Ist der Quotient größer als 1 spricht man von einem Wertzuwachs, ist er gleich 1 spricht man davon, dass kostendeckend gearbeitet wird.[101]

Was heißt das für ein Theater, also eine Institution, dessen Betrieb zu großen Teilen subventioniert wird? Welche Instrumente hierfür benötigt werden, soll im kommenden Abschnitt erläutert werden.

---

101 WÖHE, Günther, Einführung in die Allgemeine Betriebswirtschaftslehre, München, 2008.

2.3 Wesentliche Bereiche der Betriebswirtschaft im Theater

Die Betriebswirtschaft ist eine Teildisziplin der Wirtschaftswissenschaften, die im Gegensatz zur Volkswirtschaft, die die wirtschaftlichen Zusammenhänge eines Landes (einer Volkswirtschaft) untersucht, den einzelnen Betrieb und seine Prozesse analysiert. Sie gliedert sich in eine allgemeine und die spezielle Betriebswirtschaftslehre. Während erstere Aspekte untersucht, die unabhängig vom Wirtschaftszweig, von der Rechtsform und den Eigentumsverhältnissen Allgemeingültigkeit besitzen, wie zum Beispiel Beschaffung, Produktion, Absatz, Finanz- und Personalwirtschaft, Rechnungswesen und Controlling, Organisation und Planung, beschäftigt sich die spezielle Betriebswirtschaftslehre mit den Anforderungen einzelner Wirtschaftszweige, wie zum Beispiel im Finanz- und Versicherungsbereich, im Bereich öffentlicher Betriebe oder von Kulturbetrieben.[102/103]

Im Folgenden wird davon ausgegangen, dass Theater Kulturbetriebe sind und sowohl den oben genannten allgemeinen, wie auch speziellen Aspekten der Betriebswirtschaftslehre unterliegen. Betrachtet man die verschiedenen Gliederungen, wie zum Beispiel Produktion, Absatz, Finanz- und Personalwirtschaft, finden wir diese auch im Theaterbetrieb wieder. Hinzu kommen Besonderheiten des Theaters, die es von kommerziell ausgerichteten Dienstleistungsbetrieben unterscheiden.

Merkmal	Kommerzieller Betrieb	Kulturbetrieb
Zielstellung	Gewinnorientierung	Ermöglichung von Kunst und Kultur
Betrieblicher Fokus	Produktorientierung	Prozessorientierung
Komplexität der Produktion	Variierend nach Sektor	Hoch
Ressourcenintensität	Variierend nach Sektor	Personalintensiv
Produkt	Variierend nach Sektor	Nicht konservierbar
Rationalisierungspotential	Hoch	Gering

Tabelle 18: Betriebswirtschaftliche Merkmale des Kulturbetriebes

Von den verschiedenen betriebswirtschaftlichen Bereichen, die in einem Theater von Bedeutung sind, möchte ich mich auf drei Kernbereiche konzentrieren, die in den letzten Jahren besonders an Gewicht gewonnen haben und deren Wissen von großer Bedeutung für jeden angehenden Theatermanager ist. Dies sind die drei um den Finanzbereich angelegten Themen *Finanzwirtschaft* und *Rechnungswe-*

---
102 WÖHE, Günther, Einführung in die Allgemeine Betriebswirtschaftslehre, München, 2008.
103 SCHNEIDEWIND, Petra, Betriebswirtschaft für das Kulturmanagement, Bielefeld, 2006.

sen, Strategisches Controlling sowie *Externe und Interne Prüfungen.* Hinzu kommt der Bereich *Personalmanagement.* Andere Bereiche, die ebenso wichtig wie unabdingbar sind für den Theaterbetrieb, wie Vertrieb und Marketing, sowie Beschaffung oder Materialwirtschaft, sollen an dieser Stelle vor allem aus Platzgründen vernachlässigt werden. Produktion und Planung, wiederum, sind bereits im vorangegangen Kapitel besprochen worden und finden noch einmal Eingang im Abschnitt 2.5 „Organisation und Management". Zur Vertiefung dieses sehr komplexen und wichtigen Bereiches sei auf die vorhandene Fachliteratur hingewiesen.[104]

2.3.1 Finanzwirtschaft und Rechnungswesen

Das *Rechnungswesen* des Theaters hat die Aufgabe, alle betrieblichen Vorgänge zahlenmäßig abzubilden, während die *Finanzwirtschaft* für die Mittelbeschaffung, -bereitstellung und -bewirtschaftung verantwortlich ist. Ein wesentliches Mittel ist die Budgetierung.

2.3.1.1 Finanzwirtschaft und Mittelbeschaffung

Finanzwirtschaftliche Aufgaben obliegen meist dem Geschäftsführer, oder je nach rechtlicher Aufstellung des Theaters, dem Kaufmännischen Direktor oder dem Verwaltungsdirektor. Dieser Aufgabenbereich beginnt mit der langfristigen Sicherung der Zuwendungen durch die Gesellschafter bzw. Zuwendungsgeber im Rahmen von Verhandlungen und umfasst den gesamten Bereich der *Mittelbeschaffung*. Eine Möglichkeit besteht zum Beispiel darin, die zukünftigen Finanzierungsbeiträge von Stadt und Land im Intendantenvertrag festzuhalten und ein Sonderkündigungsrecht des Intendanten vertraglich zu vereinbaren, wenn die Finanzierungsbeiträge unterschritten werden.

Eine wichtige finanzwirtschaftliche Aufgabe besteht darin, die zukünftigen *Tarif- und Preisentwicklungen* abzusehen, zu prognostizieren und Wege der Finanzierung zu finden. Der Königsweg ist hier, die zusätzlich notwendigen Mittel für Tariferhöhungen in den Finanzierungs- und Zuwendungsverträgen festzuschreiben, so dass das Theater langfristig in der Lage ist, diese zu bezahlen, ohne substanziell eigene Mittel oder Reserven anzugreifen. Schießen die Zuwendungsgeber die jährlichen Tariferhöhungen nicht nach, muss die Theaterleitung, die tarifvertraglich verpflichtet ist, die Tariferhöhungen an die Mitarbeiter zu zahlen, diese durch Einsparungen in anderen Bereichen kompensieren. Da die Anteile für Personalkosten bei den Theatern inzwischen bei 75 bis 85% und die Betriebskosten

---

104 SCHNEIDEWIND, Petra, Betriebswirtschaft für das Kulturmanagement, Bielefeld, 2006; WÖHE, Günther, Einführung in die Allgemeine Betriebswirtschaftslehre, München, 2008; WEBER, Jürgen, Einführung in das Controlling, Stuttgart, 1995.

bei ca. 10% liegen, kann nur noch beim Personal oder bei den künstlerischen Etats gespart werden. Diese werden immer schmaler und schränken das Kerngeschäft des Theaters bedrohlich ein. Eine wenig nachhaltige Alternative sind die an vielen Theatern mit den Gewerkschaften verhandelten *Haustarifverträge*, die einen Verzicht der Mitarbeiter auf Tarifsteigerungen bei Erhalt aller Stellen vorsehen.

In der Mittelbeschaffung am Theater sind darüber hinaus noch zwei Bereiche relevant. Zum einen die Beschaffung von *Projektmitteln* für über den normalen Theaterbetrieb hinausgehende Sonderprojekte, die bei der Kulturstiftung des Bundes oder der Länder oder bei privaten Stiftungen beantragt werden können.

Ein anderer Bereich betrifft die Beschaffung von zusätzlichen *Sondermitteln im Krisenfall*. Im ersten Kapitel wurde das Fallbeispiel der Insolvenz des Theaters Gera/Altenburg diskutiert. Zur Rettung des Theaters sind der Gesellschaft zusätzliche Mittel zur Verfügung gestellt worden, um eine Insolvenz abzuwehren. In solchen Situationen muss die Geschäftsführung mit dem Aufsichtsgremium und den Gesellschaftern innerhalb kürzester Zeit einen Maßnahmenplan erarbeiten und die Bereitstellung zusätzlicher liquider Mittel erwirken, um den Theaterbetrieb und die Bezahlung der Löhne und Gehälter abzusichern.

Zur Mittelbeschaffung zählen vor allem die Einnahmen durch Kartenverkäufe, Sonder- und Zusatzeinnahmen durch die Erschließung weiterer Geschäftsfelder (Verleih, Vermietung, Verpachtung) sowie das Sponsoring. Die Summe der zur Verfügung stehenden Mittel bestimmt die Höhe des *Gesamtbudgets*, die Herkunft dieser Mittel bestimmt die *Finanzierungsstruktur*. Für Kulturbetriebe, die in der Regel gemeinnützig sind, also nicht gewinnorientiert arbeiten, kommen dabei Fremdfinanzierungen, zum Beispiel durch Kredite, nicht in Frage. Die Gesellschaftsverträge schränken dies weitgehend ein. Dennoch kann es zu Ausnahmesituationen kommen, in denen die Geschäftsführung in Abstimmung mit dem Aufsichtsrat und den Gesellschaftern zur Überbrückung eines Liquiditätsengpasses einen Kredit aufnehmen muss und darf – wenn absehbar ist, dass dieser zeitgerecht und so zurückgezahlt werden kann, dass er den laufenden Betrieb auch zukünftig nicht beeinträchtigt. Die Regelungen sind also deutlich härter, als bei der Haushaltsplanung der Kommunen, der Länder und des Bundes, bei denen die Schuldenaufnahme durch Neukredite ein gängiges Finanzierungsinstrument darstellt.

Investitionen

Ein Sonderbereich der Mittelbeschaffung sind die *Investitionen*. Investitionen sind langfristige Wirtschaftsgüter, die für den Theaterbetrieb von größter Relevanz sind. Dazu gehören alle technischen Anlagen (Ton- und Inspizientenanlage, Beleuchtung, Bühne und Maschinerie), aber auch die Theaterimmobilie mit ihrer Ausstattung, zum Beispiel der Bestuhlung und dem Mobiliar der Büros. Neben den Betriebszuschüssen für den Theaterbetrieb und der Bezahlung des Personals müssen jährlich Mittel beschafft und bereitgestellt werden, mit denen die Theaterimmobilie erhalten und die technischen Anlagen erneuert und ersetzt werden können. Durch den immensen technologischen Fortschritt und die hohen Anforderungen an die Betriebssicherheit der Theater, sind Ton- und Bühnenanlagen in der Regel nach zehn Jahren veraltet und müssen ersetzt werden. Dies kann nicht aus den ohnehin sehr knapp budgetierten Betriebsetats der Theater erfolgen, sondern muss durch Sonderinvestitionsmittel erfolgen. Geschäftsführer planen Investitionen gemeinsam mit der Technischen Direktion und den Leitern der Technischen Abteilungen über einen langen Zeitraum, so dass frühzeitig Sonderinvestitionsmittel beantragt werden können. Wird dies versäumt oder erklärt sich der Träger nicht bereit, diese Mittel zusätzlich zu zahlen, kann es wie jüngst in Rostock dazu kommen, dass ein Theater aus Sicherheitsgründen geschlossen werden muss. Weil keine Mittel für dringend notwendige Sanierungsarbeiten zur Verfügung standen, wurde das Volkstheater Rostock geschlossen. Die Aufführung des Stückes *Effi Briest* wurde im Juni des Jahres 2011 von der Probebühne per Livestream im Internet ausgestrahlt, Zuschauer durften das Haus seitdem nicht mehr betreten.

Beispiel

Ein mittelgroßes Mehrspartentheater in Deutschland verfügt bei ca. 400 Mitarbeitern über einen Etat von ca. 20 Mio. Euro. Knapp 3 Mio. Euro, das sind etwa 15 %, erwirtschaftet das Theater aus eigenen Einnahmen, Sponsoring und Spendengeldern. 17 Mio. Euro werden anteilig durch die Gesellschafter, das Land (mit ca. 50 %) und die Stadt (mit ca. 50 %), zugewendet. Darüber hinaus benötigt das Theater im laufenden Jahr eine neue Tonanlage, für die Sonderinvestitionsmittel in Höhe von 750 TEUR, und im kommenden Jahr eine neue Inspizienten- und Durchrufanlage, für die Investitionsmittel in Höhe von 800 TEUR bereitgestellt werden. Zusätzlich dazu finanziert die Stadt, der die Immobilie gehört, 120 TEUR p. a. in einen Wartungs- und Instandhaltungsfonds, aus dem in Absprache zwischen Geschäftsführung des Theaters und zuständigem Bauamt der Stadt Reparaturen und kleinere dringliche Investitionen getätigt werden können. Der Fonds wiederum wird aus den Mieteinnahmen gespeist, die die Stadt als Besitzer der Immobilie vom Theater als Betreiber und Pächter erhält. Weder zur Finanzierung des Betriebes noch der Investitionen darf das Theater Kredite aufnehmen.

2.3 Wesentliche Bereiche der Betriebswirtschaft im Theater

Mittelbewirtschaftung

Der zweite große Bereich der Finanzwirtschaft ist die *Mittelbewirtschaftung*. Hierzu zählen in erster Linie die Erstellung der Wirtschaftspläne und der darauf basierenden Einzelbudgets für die jeweiligen Sparten und Abteilungen sowie die planmäßige Mittelverwendung. Im Bereich des *Controlling* werden die erstellten Wirtschaftspläne und Einzelbudgets dann mit den tatsächlichen Mittelabflüssen verglichen und entsprechende Hochrechnungen erstellt, anhand derer man die Einhaltung der Planung und letztlich das Auskommen mit den zur Verfügung stehenden Mitteln prognostizieren kann. Für die Zuwendungsgeber, also Stadt und Land, und bei Projektmitteln für die jeweilige Stiftung/Einrichtung, werden Berichte über die Mittelverwendung angefertigt. Vorgeschaltet sind Monats- und Quartalsberichte für die Aufsichtsgremien des Theaters (Aufsichts- oder Verwaltungsrat), in denen die Theaterleitung akribisch Rechenschaft über die Einhaltung der Wirtschaftspläne und die Mittelverwendung ablegt.

Bereich	Aufgaben	Verantwortlich
Mittelbeschaffung Langfristig	Lobbyarbeit, Finanzierungsverträge	Gesellschafter, Geschäftsführer, Intendant
Sondermittel (Tarifsteigerungen)	Zusätzliche Mittelbeschaffung bei Zuwendungsgebern, Einsparungen oder Haustarifverträge	Geschäftsführer, Gesellschafter, Gewerkschaften
Mittelbeschaffung Kurzfristig	Finanzielle Krisensituation	Geschäftsführer, Gesellschafter
Projektmittel	Zusätzliche Mittel für Sonderprojekte, Projektanträge	Ministerien, Stiftungen, Geschäftsführer
Einnahmen	Steigerung Kartenverkäufe	Vertrieb, Marketing
Zusatzeinnahmen	Neue Geschäftsfelder, Vermietungen	Geschäftsführer, Direktoren, Marketing
Private Einnahmen	Sponsoren, Spender	Marketing, Leitung
Investitionen	Investitionsplanung, Zusatzmittel	Gesellschafter, Geschäftsführer
Mittelbewirtschaftung	Erstellung Wirtschaftsplan	Finanzabteilung
	Einzelbudgets	Finanzabteilung, Direktoren
	Berichterstattung über die Mittelverwendung	Gesellschafter, Kämmerei der Stadt, Finanzministerium, Aufsichtsgremium

Tabelle 19: Finanzwirtschaftliche Bereiche im Theater

2.3.1.2 Rechnungswesen

Das *Rechnungswesen* ist der hierzu komplementäre Bereich. Es ermöglicht die Zusammenstellung des jeweiligen Zahlenmaterials und die Aufstellung entsprechender Hochrechnungen und Mittelverwendungsberichte. Es dient der Kontrolle und Dokumentation der Wirtschaftlichkeit und Rentabilität und als Grundlage für die weiteren Wirtschaftsplanungen.

Wir unterscheiden dabei zwischen internem und externem Rechnungswesen, also, ob die Empfänger der Informationen interne oder externe Adressaten sind.

	Externes RW	**Internes RW**
Teilbereiche	Finanzbuchhaltung, Jahresabschluss, Sonderbilanzen	Statistik, Planungsrechnung, Investitionsrechnung, Kosten-/Leistungsrechnung
Adressaten	Extern: Gesellschafter Finanz-/Kultusministerium Kommune/Stadtkämmerei Öffentlichkeit	Intern: Geschäftsführung Direktorium Abteilungsleiter Mitarbeiter
Rechnungsziel	Dokumentation und Rechenschaft, vergangenheitsorientiert	Planung, Steuerung und Kontrolle der Betriebsprozesse, gegenwartsbezogen, zukunftsorientiert
Gesetze	Handelsgesetzbuch (bei GmbH), Verwaltungsvorschriften, Steuergesetzgebung	Vorschriften zur Haushaltsführung
Perioden	Jährlich, monatlich	Kurze Perioden

Tabelle 20: Externes und Internes Rechnungswesen am Theater[105]

Das *interne Rechnungswesen* umfasst die Kosten- und Leistungsrechnung, die Planung und die Statistik. Zum *externen Rechnungswesen* zählt die Finanzbuchhaltung, die bei Theatern, die als GmbH geführt werden, als kaufmännische Buchführung bezeichnet wird. Die Buchführungspflicht ergibt sich aus dem Handelsgesetzbuch, in dem in § 238 aufgeführt ist:

> „Jeder Kaufmann ist verpflichtet, Bücher zu führen und in diesen seine Handelsgeschäfte und die Lage seines Vermögens nach den Grundsätzen ordnungsmäßiger Buchführung ersichtlich zu machen. Die Buchführung muss so beschaffen sein, dass sie einem sachverständigen Dritten innerhalb angemessener Zeit einen Überblick über die Geschäftsvorfälle und über die Lage

---

105 SCHNEIDEWIND, Petra, Betriebswirtschaft für das Kulturmanagement, S. 44.

2.3 Wesentliche Bereiche der Betriebswirtschaft im Theater

des Unternehmens vermitteln kann. Die Geschäftsvorfälle müssen sich in ihrer Entstehung und Abwicklung verfolgen lassen."[106]

Die Zuordnung zur doppelten (Doppik) oder zur kameralistischen Buchführung (Kameralistik) ist maßgeblich abhängig von der rechtlichen Verfassung des Theaters. Ist der Theaterbetrieb im Rahmen einer GmbH organisiert, wird die Doppik angewendet, vereinzelt können auch Eigenbetriebe die Doppik anwenden, wenn der Gesellschafter, also die Kommune, diese bereits eingeführt hat. Derzeit gibt es eine Tendenz, dass die Kommunen ihre Finanzbuchführung von der kameralistischen auf die doppelte Buchführung umstellen, um ihre Finanz- und Vermögenslage transparenter zu gestalten, die Mehrheit der Kommunen – wie auch der Theater – ist diesbezüglich jedoch weiterhin kameralistisch organisiert.

Kameralistik	Doppik
Ziel: Neutrale Darstellung von Zu- und Abfluss von Geld	Vollständige, gewinnorientierte Darstellung von wirtschaftlichem Erfolg (Gewinn- und Verlustrechnung) und von Vermögen und Schulden eines Betriebes (Bilanz)
Einfache Buchführung (auf einem Konto)	Doppelte Buchführung (zwei Konten): Soll und Haben
Einnahmen und Ausgaben als Bezugsgrößen (Geldverbrauchskonzept)	Erträge und Aufwendungen (Ressourcenverbrauchskonzept)
Zahlungswirksame Vorgänge	Auch zahlungsunwirksame Vorgänge werden erfasst (Forderungen, Verbindlichkeiten)
Keine explizite Wirtschaftlichkeitsbetrachtung	Gewinn- und Verlustermittlung (GuV)
Keine Erfassung von Schulden und Vermögen	Erfassung von Schulden und Vermögen, damit umfassender Einblick in die wirtschaftliche Situation
Kein einheitlicher Jahresabschluss	Einheitlicher Jahresabschluss
Anreiz zur Ineffizienz durch Mittelkürzung bei Nichtausschöpfung des Solls (Dezemberfieber)	Mittelübertragung ins Folgejahr möglich

Tabelle 21: Kameralistik und Doppik im Vergleich[107]

---

106 Handelsgesetzbuch, § 238.
107 KNAPPE, Robert, Die Eignung von New Public Management zur Steuerung öffentlicher Betriebe, Wiesbaden, 2010, S. 44.

2.3.2 Strategisches Controlling

Controlling ist inzwischen eine der wichtigsten betriebswirtschaftlichen Aufgaben an Theatern, es ergänzt das Rechnungswesen. Während in den vergangenen Jahren Controllingaufgaben von den Leitern der Finanzabteilungen oder den Kaufmännischen Direktoren der Theater selbst übernommen worden sind, werden heute zunehmend Controller eingesetzt, die dieses Aufgabengebiet eigenständig betreuen und die Theaterleitung in entsprechenden Fragen beraten. Dennoch bleibt Controlling eine Führungsaufgabe.

Während in den vergangenen Jahren an verschiedenen Theatern und Orchestern bereits Teillösungen für spezifische Bereiche des Controllings entwickelt worden sind, geht es heute um eine systematische Zusammenführung und Weiterentwicklung zu einem ganzheitlichen System. Dabei sind zwei Aspekte von Bedeutung:

- jedes Theater muss ein entsprechend seiner Besonderheiten individuelles Controllingsystem entwickeln,
- Controlling wird immer stärker in operatives und strategisches – zukunftsgerichtetes – Controlling unterschieden.

Controlling umfasst die Sammlung und Aufbereitung von Daten, die es den Entscheidungsträgern eines Theaters möglich machen, die betriebswirtschaftliche Situation einzuschätzen und entsprechende Handlungen einzuleiten, mit dem Ziel, die in der Planung vorgegebenen Kennzahlen zu erreichen. Wichtig ist der Aspekt, dass Controlling ein fortlaufender Prozess ist, dessen Ergebnisse in bestimmten zeitlichen Abständen zusammengefasst werden, um ein präzises Bild des Theaters, vor allem aber getroffene Entscheidungen nachvollziehen zu können.[108]

Welches sind nun die für ein Theater wichtigsten Kennzahlen, auf die sich das Controlling konzentrieren muss:

Wirtschaftliches Jahresergebnis

Differenz aus Gesamtaufwand und Erträgen, die im besten Fall positiv ausfallen und einen Jahresüberschuss abbilden sollte; bei einer GmbH kann der Jahresüberschuss oder auch – bei einem negativen Ergebnis – der Jahresfehlbetrag auf das nächste Geschäftsjahr übertragen werden (siehe Gewinn- und Verlustrechnung).

Besucherzahlen

Ein Theater erfasst alle Besuche aller angebotenen Veranstaltungen, unterteilt in die einzelnen Gattungen Schauspiel, Oper, Konzert, Ballett/Tanz und sonstige For-

---

[108] SCHNEIDEWIND, Petra, Betriebswirtschaft für das Kulturmanagement, S. 19.

2.3 Wesentliche Bereiche der Betriebswirtschaft im Theater

mate, wie zum Beispiel Lesungen, Einführungen, Hausführungen. Unterschieden wird auch zwischen Zuschauern im eigenen Haus und auf Gastspielen. Interessant ist die Analyse der Entwicklung von Zuschauerzahlen und der daraus resultierenden Einnahmen bei einzelnen Produktionen, die eine Grundlage für den *Deckungsbeitrag* jeder einzelnen Produktion sind (siehe Tabelle 22).

Auslastung

Die *Auslastung* bezeichnet das Verhältnis der Zuschauer zur vorhandenen Platzkapazität. Besuchen 780 Zuschauer eine Oper in einem Haus mit 1000 angebotenen Plätzen, beträgt die Auslastung 78 %. Lange Zeit war die Auslastung in politischen Aufsichtsgremien die wichtigste Messgröße, um die Leistungsfähigkeit eines Theaters und den Zuspruch durch die Zuschauer einschätzen zu können. Inzwischen wissen wir, dass die Auslastung aus verschiedenen Gründen keine zuverlässige Größe ist. Aufgrund der Besonderheiten des deutschen Theatersystems ist zu verzeichnen, dass aus Repräsentationsgründen in kleineren Residenzstädten Theater mit großen Zuschauerräumen gebaut wurden, während in bürgerlich begründeten Theatern in Städten wie Berlin, die später zu Metropolen wurden, Theater mit deutlich geringerer Platzkapazität zur Verfügung stehen. So hat das Deutsche Nationaltheater Weimar ca. 800 Zuschauerplätze in einer Stadt mit knapp 60.000 Einwohnern, während das Berliner Maxim-Gorki-Theater knapp 400 Plätze in einer 4 Mio. Einwohner-Metropole anbietet.

Ein zweiter Aspekt, der die Zuverlässigkeit der Auslastungsquoten stark einschränkt, ist die Änderung der Saalpläne – und damit der für eine Vorstellung verfügbaren Plätze – nach der Bauprobe. Aus Gründen der Bühnenkonzeption werden oftmals die Sichtachsen für die Zuschauer eingeschränkt, woraufhin die Kapazität eingegrenzt wird. Dies kann auch passieren, wenn Regieteam und Leitung nach der Präsentation der künstlerischen Konzeption entscheiden, die Ränge eines Theaters zu sperren, weil das geplante Schauspiel einen kammerspielartigen Anspruch hat.

Produktionskosten

Eine der wichtigsten Kennzahlen sind die *Produktionskosten*. Sie werden an den Theatern in der Regel nicht als Vollkosten, sondern nur als Teilkosten ermittelt, d. h. man vernachlässigt die Kosten für das fest angestellte Personal, wie auch die Opportunitätskosten für die Nutzung der Räume und Anlagen, und stellt ausschließlich die variablen Kosten zusammen: Material für Bühnenbild, Kostüme, Maske und Requisiten, Honorare für Regisseur und Team sowie für Gastdarsteller, Statisten, zusätzliche Musiker und Tänzer, Auftragshonorare für Komponisten und/ oder Autoren bzw. Verlagsantieme für die gespielten Stücke sowie Materialkosten für die Partituren. Hier unterscheiden wir zwischen Kosten bis zur Premiere und den Kosten für die einzelnen Vorstellungen.

Einnahmen und Deckungsbeitrag

Den oben genannten Kosten werden im Rahmen der *Deckungsbeitragsrechnung* die Einnahmen gegenüber gestellt, die ab der Premiere fließen. Eine einfache Beispielrechnung macht deutlich, ob und wann die jeweilige Produktion den Punkt erreicht, an dem eine Teilkostendeckung (break even) erreicht wird.

Stück	Kosten vor Premiere	Kosten pro Vorstellung	Einnahmen Vorstellung	Ergebnis nach 10 Vorstellungen	Break Even
Shakespeare *Hamlet*	Honorare: 40.000 Material: 40.000	2 Gäste: 1000	800 Zuschauer x 20 EUR = 16.000	160.000 E – 90.000 E = 70.000 E	6. Vorstellung
Bernhard *Alte Meister*	Honorare: 35.000 Material: 25.000	Keine Gäste	250 Zuschauer x 20 EUR = 5.000	60.000 E – 50.000 E = - 10.000 E	Keiner
Schauspiel gesamt (8 Produktionen)	Honorare: 350.000 Material: 350.000	10 Gäste: Je 500 pro Vorstellung	480 x 20 x 80 Vorstellungen = 768 TEUR	Bei 80 Vorstellungen 768 TEUR – 750 TEUR = + 18 TEUR	Entfällt

Tabelle 22: Analyse einer Deckungsbeitragsrechnung (im Schauspiel)

Das Beispiel der Deckungsbeitragsrechnung zweier Stücke – und der Gesamtsicht auf alle Produktionen der Spielzeit eines fiktiven Theaters – macht deutlich, mit welchen Entscheidungsschwierigkeiten Theatermanager umgehen müssen. Auf der ersten Position wird Shakespeares *Hamlet* (Zeile 1) angesetzt, die Honorare für das Regieteam sowie die Probenpauschalen für Schauspielgäste liegen in der Probenzeit bei 40.000 Euro, die Gesamtausstattung kostet weitere 40.000 Euro.

Die beiden Schauspielgäste kosten pro Vorstellung mit Reise- und Übernachtungskosten jeweils 500, also insgesamt 1.000 Euro. Da es sich um einen Klassiker, eines der fünf am meisten gespielten Stücke in Deutschland handelt, ist von einem hohen Publikumszuspruch auszugehen – obwohl man sich hier auch irren kann, weil das Publikum auf eine Vielfalt an Faktoren reagiert, aus denen sich dann der Umfang und die Nachhaltigkeit des Zuspruchs ableiten (mitspielende Schauspieler, Kenntnis des Regisseurs, Resonanz der Presse wie auch des

2.3 Wesentliche Bereiche der Betriebswirtschaft im Theater 91

Premierenpublikums). Wir können also bei zehn angesetzten Vorstellungen mit Gesamtkosten von 90.000 Euro und Einnahmen von 160.000 Euro rechnen, das Stück erreicht auf Grundlage einer Teilkostenbetrachtung bereits nach der sechsten Vorstellung seinen Deckungsbeitrag. Und sicher wird die Theaterleitung entscheiden, das Stück mehr als zehn Mal anzusetzen, wenn sich die Zuschauerzahlen weiterhin positiv entwickeln.

Anders sieht es bei einem zeitgenössischen Stück, selbst eines renommierten Autors, aus. Hier hat die Entscheidung, das Stück überhaupt und wenn möglich auf der großen Bühne anzusetzen, im Vorfeld sicherlich zu erheblichen Diskussionen in der Theaterleitung geführt. Vorsorglich ist festgelegt worden, dass das Stück ohne Gastschauspieler besetzt wird, also keine Gästekosten bei den Vorstellungen anfallen, zudem sind auch die Produktionskosten im Bereich Bühnenbild abgesenkt worden. Die Resonanz des Stückes bleibt trotz ausreichender Bewerbung und guter Kritiken wie zu erwarten gering, so dass nach der zehnten Vorstellung noch immer ein Fehlbetrag in der Deckungsbeitragsrechnung verbleibt. Da die Zuschauerzahlen aber tendenziell von der Premiere (400 Zuschauer) bis zur zehnten Vorstellung (120 Zuschauer) immer weiter abgesunken sind, entscheidet sich die Leitung, das Stück abzuspielen, um Freiräume für besser laufende Stücke zu eröffnen.

Im Prinzip ist dieser Fehlbetrag eine Form der Risikoinvestition in die Förderung zeitgenössischen Theaters. Wirtschaftlich betrachtet, wird das zeitgenössische Stück durch den erfolgreichen *Hamlet* und andere erfolgreiche Produktionen *quersubventioniert*. Wie die Summe der Tabelle ausweist, ist das Gesamtergebnis der Sparte Schauspiel mit insgesamt acht Positionen, davon zwei Wiederaufnahmen, knapp positiv und trägt damit – unter Teilkostenaspekten – zur Wirtschaftlichkeit des Theaters bei.

Würden sich die Kosten unerwartet erhöhen, zum Beispiel aus Krankheitsgründen von Schauspielern, die durch Gäste ersetzt werden müssen, oder Einnahmen wegbrechen, weil ein Stück aus künstlerischen Gründen nicht zur Premiere kommt oder von den Zuschauern nicht angenommen wird und vorzeitig abgespielt werden muss, würde die Spartenrechnung in eine Schieflage geraten. Theater birgt also immer ein wirtschaftliches Risiko, und selbst wenn man alle Risiken im Vorfeld kalkuliert und hierfür Reserven einplant, die knappen Budgets machen es den Theatern von Spielzeit zu Spielzeit schwerer, die Anforderungen in diesem Bereich zu erfüllen. So ist es nicht verwunderlich, dass in vielen Theatern von struktureller Unterfinanzierung oder sogar Defiziten gesprochen wird, während die aufsichtsführenden Gremien darauf drängen, vor allem die variablen Kosten für Material und Gäste – die insbesondere bei den aus Spargründen kleingeschrumpften Ensembles zu wichtigen Ergänzungen werden – zu senken, ohne zu sehen, dass sich dadurch die künstlerische Qualität, das Repertoire und die Einnahmen schmälern werden.

Wie aber sähe die Rechnung bei einer Vollkostenbetrachtung aus? Wir müssten die Kosten für die angestellten Schauspieler und Assistenten, aber auch die Arbeitszeit der Werkstätten und Techniker sowie der administrativen Abteilungen ebenso einbeziehen wie anteilige Betriebskosten und kalkulatorische Kosten für die Nutzung von Proberäumen und Bühne. Unter Vollkostengesichtspunkten würde eine Produktion an einem deutschen Stadt- oder Staatstheater niemals kostendeckend arbeiten, oder es müsste seine Preise so weit anheben, dass die Kostendeckung – zumindest theoretisch – erreicht werden könnte. Da die Besucher aber nur über eine eingeschränkte Bereitschaft verfügen, Preiserhöhungen mitzutragen, und nur bis zu einer bestimmten Preisgrenze ins Theater gehen (Preiselastizität), ist davon auszugehen, dass viele Besucher vom Theaterbesuch abgehalten werden würden. Die Subventionierung des Theaters, und damit der Preise, soll einen sozialen Zugang für alle zur Kultur zu ermöglichen.

Einspielquote

Die *Einspielquote* wird für eine Spielzeit erhoben, sie stellt das Verhältnis zwischen Gesamtbudget eines Theaters und den aus Karteneinnahmen erwirtschafteten Erträgen dar. Während die Einspielquote aller deutschen Theater in den vergangenen Jahren bis zur Spielzeit 2008/09 kontinuierlich bis auf 18,5 % gewachsen ist, ist sie in der darauf folgenden Spielzeit auf 18,2 % gesunken. Das heißt, dass die deutschen Theater im Durchschnitt 18,2 % ihrer Gesamtkosten aus eigenen Einnahmen tragen, während 81,8 % durch die Zuwendungen der Gesellschafter finanziert werden. Dabei treten deutliche Unterschiede zwischen den Theatern in West und Ost, in Nord und Süd, in Metropolen und kleineren Städten sowie zwischen Opern- und Schauspielhäusern zu Tage. Die Theater in den Neuen Bundesländern haben aufgrund der geringen Kaufkraft der Bevölkerung deutlich geringere Einnahmen und Einspielquoten zwischen 8 und 12 %, während in westdeutschen Städten in der Spitze bis zu 30 % erreicht werden. Die Quote muss also ins Verhältnis gesetzt werden zu den Bedingungen des Standortes, sie ist zwischen den Theatern nur schwer vergleichbar. Dennoch ist sie für das Controlling des Theaters ein wichtiger Indikator. Ziel der Theaterleitung muss es sein, die Einspielquote in einen für das Theater verträglichen, die wirtschaftliche Basis stärkenden Bereich zu führen.

2.3 Wesentliche Bereiche der Betriebswirtschaft im Theater

Subvention (Betriebszuschuss) pro Karte

Die Höhe der *Subvention* pro Karte ist eher eine politische Messgröße als ein Indikator für das Controlling im Theater, dennoch soll sie hier aufgeführt werden, weil sie in den politischen Debatten um Kürzungen und Sparmaßnahmen immer wieder ins Spiel gebracht wird. Sie ist relativ leicht zu ermitteln: Das Theater in der Stadt X hat einen Jahresetat von 20 Mio. Euro. Das Theater verkauft pro Jahr 150.000 Karten zu einem Durchschnittspreis von 20 Euro, nimmt also 3 Mio. Euro aus Kartenverkäufen ein. Die Einspielquote beträgt deshalb 15 %, weil mit den 3 Mio. Euro 15 % des Gesamtetats erwirtschaftet werden. Der Preis der Karte ist bei einer Betrachtung der gesamten Kosten jedoch deutlich höher als 20 Euro. Er beträgt 133 Euro und ergibt sich aus dem Quotienten der Gesamtkosten aller Aufführungen, also des gesamten Theaterbetriebes (20 Mio. Euro), dividiert durch die Anzahl der 150.000 verkauften Karten. Zieht man nun von den 133 Euro den tatsächlich gezahlten Kartenpreis von 20 Euro ab, wird jede Karte am Theater X mit durchschnittlich 113 Euro subventioniert, oder anders ausgedrückt, würde das Theater keine Subventionen erhalten, müssten die Zuschauer des Theaters X durchschnittlich 133 Euro pro Karte zahlen. Mit 113 Euro liegt der Betriebszuschuss pro Karte in der Beispielrechnung leicht über dem Bundesdurchschnitt, der inzwischen bei 109 Euro liegt.[109]

Liquidität

Die *Liquidität* drückt die Zahlungsfähigkeit des Theaters, also die Verfügbarkeit freier Zahlungsmittel zur Begleichung aller Rechnungen, auch längerfristiger Forderungen und möglicher Rückstellungen (für nicht gewährten Urlaub und für ausstehende Instandhaltungen) aus. Wichtigstes Ziel ist die Sicherstellung einer kontinuierlichen Zahlungsfähigkeit. Dies setzt ein taggenaues Liquiditätsmanagement der Finanzabteilung voraus.

---

[109] DEUTSCHER BÜHNENVEREIN, Statistik 2009/10, Köln, September 2011.

Kennzahl/Indikator	Definition, Merkmale	Abgeleitete Ziele
Wirtschaftliches Jahresergebnis	Differenz aus Gesamtaufwand und Erträgen, die im besten Fall positiv ausfallen und einen Jahresüberschuss abbilden sollte	Erzielung eines positiven Ergebnisses (Jahresüberschuss)
Besucherzahlen	Darstellung der Gesamtbesucherzahlen einer Spielzeit, im Vergleich mit vorangegangenen Spielzeiten, heruntergebrochen auf einzelne Sparten und Spielstätten, Bildung von Zeitreihen	Erhöhung der Besucherzahlen in den einzelnen Sparten
Auslastung	Verhältnis der Besucher zu den angebotenen Plätzen, eine Kennzahl, die abhängig ist von der Kapazität der Zuschauerräume und dem Standort, so wird eine kleine Stadt mit einem großen Theatersaal eine geringere Auslastung aufweisen als eine große Stadt mit einem kleinen Zuschauerraum	Erhöhung der tatsächlichen Auslastung, Rückkopplung auf die Ansetzung von Stücken
Produktionskosten	Im Theater ist eine Teilkostenbetrachtung üblich, berücksichtigt werden die variablen Kosten, wie Gasthonorare, Materialkosten für Bühne und Kostüme, sowie Tantieme, in einer Vollkostenbetrachtung müssten die Löhne und Gehälter der fest angestellten Mitarbeiter, die anteiligen Betriebskosten sowie die Kosten für Räume berücksichtigt werden	Senkung bzw. Stabilisierung der Produktionskosten
Einnahmen und Deckungsbeitrag	Produktionsbezogen, pro Gattung/Sparte und für das gesamte Theater, Gegenüberstellung variabler Kosten und Einnahmen aus den Vorstellungen	Stärkung der Einnahmen, Erzielung eines positiven Deckungsbeitrages
Einspielquote	Anteil der Eigeneinnahmen aus Kartenverkäufen am Gesamtbudget des Theaters	Steigerung auf ein verträgliches und wirtschaftliches Maß
Liquidität	Zahlungsfähigkeit, Fähigkeit des Betriebes, allen Forderungen nachzukommen	Steigerung der Liquidität, Liquiditätsmanagement

Tabelle 23: Wichtigste Kennzahlen für das Controlling von Theatern

2.3.3 Externe und Interne Prüfungen

Kaum eine Institution wird mehr externen Prüfungen unterzogen als ein Theater. Vor allem die Gesellschafter, Stadt und Land, und die Aufsichtsgremien lassen lückenlos die Ordnungsmäßigkeit der Verwendung der Mittel prüfen. Hinzu kommen eine Reihe gesetzlich vorgeschriebener wie auch freiwilliger interner Prüfungen, die aus dem Controlling abgeleitet werden. Die folgende Tabelle soll einen Überblick über die wichtigsten Prüfungen geben, während ich mich im Weiteren auf die wesentliche, die *Prüfung des Jahresabschlusses*, konzentrieren möchte.

2.3 Wesentliche Bereiche der Betriebswirtschaft im Theater

Prüfung	Inhalte	Auftraggeber/Adressat
EXTERN		
Wirtschafts-prüfung	Prüfung des Jahresabschlusses und der Bilanz wie auch der Ordnungsmäßigkeit der Geschäftsführung bei GmbH durch externe Wirtschaftsprüfer	Aufsichtsrat, Gesellschafter
Rechnungs-amtsprüfung	Prüfung aller wirtschaftlichen Vorgänge durch das Rechnungsprüfungsamt der Stadt	Stadt als Gesellschafter, Stadtrat, Finanzausschuss
Rechnungs-hofprüfung	Prüfung aller wirtschaftlichen Vorgänge durch den Rechnungshof des Bundeslandes	Land als Gesellschafter, Landtag, Haushaltsausschuss
Sonder-prüfungen	In Fällen von drohender Insolvenz, Krisen etc. unter Einbindung eines externen Wirtschaftsprüfers	Aufsichtsrat, Gesellschafter
Beteiligungs-prüfung	Prüfung ausgewählter wirtschaftlicher Vorgänge durch das Referat Controlling und Beteiligungen der Stadt	Stadt, Stadtrat
Finanzamts-prüfung	Prüfung der ordnungsmäßigen Abführung von Steuern und der rechtmäßigen Gewährung von steuerlichen Vorteilen sowie der Gemeinnützigkeit	Finanzministerium, Finanzbehörden des Bundeslandes
Prüfung der Versicherungsträger	Prüfung der ordnungsgemäßen Abführung aller Sozial- und Rentenversicherungsbeiträge, sowie der Ordnungsmäßigkeit der Anstellungs- und Honorarverträge	Versicherungsträger (Rentenversicherungen, Krankenversicherungen, etc.)
INTERN		
Innenrevision	Alle Zahlungsvorgänge	Geschäftsführung
Inventur	Bestände an Material, Vermögen	Geschäftsführung
Controlling-berichte	Jahresergebnis, Besucherzahlen, Auslastung, Deckungsbeitrag	Geschäftsführung

Tabelle 24: Externe und Interne Prüfungen am Theater

Prüfung des Jahresabschlusses und der Bilanz (Wirtschaftsprüfung)

Da die Zahl der Theater, die nach der Rechtsform einer GmbH organisiert wird, stetig im Wachsen begriffen ist und sich die GmbH auch als Rechtsform für etabliertere freie Gruppen und Ensembles wie auch Produktionsstätten anbietet, ist es wichtig, sich mit der Aufstellung und Prüfung des Jahresabschlusses und der Bilanz zu befassen. Während die Aufstellung durch die eigene Finanzabteilung erfolgt, wird die Prüfung durch ein externes und unabhängiges Wirtschaftsprüfungsunternehmen vorgenommen, das im Auftrag der Gesellschafter (Stadt und Land) die Prüfung vor Ort, also im Theater, vornimmt, dabei Einsicht in alle Bücher und Geschäftsvorfälle hat und in einem Prüfungsbericht die Ergebnisse zusammenfasst.

In der Regel beinhaltet die Prüfung auch die Ordnungsmäßigkeit der Geschäftsführung. Im Prüfungsbericht erteilt der Wirtschaftsprüfer ein Testat, in dem er entweder ohne oder mit Einschränkung die Ordnungsmäßigkeit der Aufstellung des Jahresabschlusses, der Bilanz und der Geschäftsführung attestiert.

Zeitpunkt und Stichtag der Prüfung sind abhängig von der Periode des Wirtschaftsjahres. Während in einem Industrieunternehmen das Wirtschaftsjahr grundsätzlich vom 1.1. bis 31.12. eines Jahres verläuft, kann in einem Theater das Wirtschaftsjahr alternativ auch parallel zur Spielzeit, also vom 1.9. bis 31.8. des Folgejahres, angelegt sein. Da aber die Zuwendungsgeber Stadt und Land aus haushalterischen Gründen ihr eigenes Wirtschafts- bzw. Haushaltsjahr dem Kalenderjahr zugeordnet haben, wird zumeist auch von den Theatern verlangt, sich diesem Prinzip anzupassen.

Zuvor muss die Finanzbuchhaltung – meist in den ersten Wochen des neuen Kalenderjahres – den Jahresabschluss erstellen. Hierfür müssen stichtagsbezogen zum 31.12. des Vorjahres die Gewinn- und Verlustrechnung (GuV) erstellt und die Bestandskonten in die Bilanz (Schlussbilanz) rückgeführt werden. In einem dritten Schritt fertigt die Geschäftsführung einen Lagebericht an, in dem sie auf der Grundlage der vorliegenden GuV und der Bilanz sowie weiterer Kennzahlen des Theaterbetriebes (Besucher, Vorstellungen, Auslastung, Anzahl der Premieren) eine eigene Lageeinschätzung vornimmt, die ebenso auch Risiken und einen Ausblick auf den künftigen Geschäftsbetrieb umfasst.

Wenn diese Unterlagen vorliegen, kann die externe Wirtschaftsprüfung – meist Ende Februar/Anfang März – erfolgen. Der Bericht des Wirtschaftsprüfers wird in einer gesonderten Aufsichtsratssitzung (Bilanzsitzung) im Juni vorgestellt. Der Aufsichtsrat nimmt den Bericht zur Kenntnis und schlägt den Gesellschaftern (Vertretern der Stadt und des Landes) vor, den Jahresabschluss festzustellen, den Jahresüberschuss oder Fehlbetrag auf das kommende Jahr vorzutragen sowie die Mitglieder des Aufsichtsrates und der Geschäftsführung zu entlasten.

Die Gewinn- und Verlustrechnung

Die Gewinn- und Verlustrechnung stellt die Erträge des Geschäftsjahres allen Aufwendungen gegenüber. Sie hat folgende Grobgliederung, am Zahlenbeispiel eines mittleren Stadttheaters (Gesamtetat 20 Mio. Euro):

2.3 Wesentliche Bereiche der Betriebswirtschaft im Theater

Position	Inhalte	Beispiel
Umsatzerlöse	Einnahmen aus Kartenverkäufen und Gastspielen	2.600 TEUR
+ Sonstige betriebliche Erträge	Einnahmen aus Vermietungen, Verpachtungen, Verkäufen	+ 400 TEUR
- Materialaufwand	Aufwendungen für Material (Dekorationen), Betriebs- und Hilfsstoffe (Energie, Benzin)	- 1.700 TEUR
- Personalaufwand	Aufwendungen für fest angestelltes Personal und Gäste	- 16.500 TEUR
- Abschreibungen[114]	getätigte Investitionen	- 200 TEUR
- sonstige betriebliche Aufwendungen	Reisekosten, Kommunikation, Büro, Beratungs- und Anwaltskosten, Mieten, Versicherungen, Werbung	- 1.500 TEUR
Zwischensumme		- 16.900 TEUR
+ sonstige Zinsen und Erträge	Aus Anlagen liquider Mittel	+ 50 TEUR
Ergebnis der gewöhnlichen Geschäftstätigkeit		- 16.850 TEUR
+ außerordentliche Erträge	Zuwendungen	+ 17.000 TEUR
- außerordentliche Aufwendg.		
= außerordentliches Ergebnis		+ 150 TEUR
- Steuern	KfZ, Kapitalertragssteuer	- 20 TEUR
= **Jahresergebnis**	**Jahresüberschuss/ Jahresfehlbetrag**	**+ 130 TEUR**

Tabelle 25: Positionen der Gewinn- und Verlustrechnung

Die Bilanz

Der zweite wesentliche Bestandteil des Jahresabschlusses ist die Bilanz. Ausgangspunkt für die Bilanz ist das Inventar. § 240 des Handelsgesetzbuches[110] führt hierzu aus:

> „Jeder Kaufmann hat zu Beginn seines Handelsgewerbes seine Grundstücke, seine Forderungen und Schulden, den Betrag seines baren Geldes sowie seine sonstigen Vermögensgegenstände genau zu verzeichnen und dabei den Wert der einzelnen Vermögensgegenstände und Schulden anzugeben."

Die Bilanz selbst setzt sich dann auf der einen Seite, die man als Aktiva bezeichnet, aus den Vermögensgegenständen (Mittelverwendung) und auf der anderen Seite, die man als Passiva bezeichnet, aus dem Kapital (Mittelherkunft) zusammen. Die Summe aller Aktiva muss dabei der Summe aller Passiva entsprechen. Man bezeichnet dies auch als Bilanzsumme.

---
[110] HANDELSGESETZBUCH, § 240.

Aktiva			Passiva	
A	**Anlagevermögen**	**1.000**	A **Eigenkapital**	**500**
I	Immaterielle Vermögensgegenstände	50	I Gezeichnetes Kapital	250
II	Sachanlagen	950	II Kapitalrücklage	0
III	Finanzanlagen	0	III Gewinnrücklage	0
			IV Gewinn/Verlustvortrag	120
			V Jahresüberschuss/-fehlbetrag	130
B	**Umlaufvermögen**	**850**	B **Rückstellungen**	**950**
I	Vorräte	450	Altersteilzeit	300
II	Forderungen und sonstige Vermögens-	300	Jahresurlaub	350
	gegenstände		Jubiläumszuwendungen	150
III	Wertpapiere	0	Instandhaltungen	100
IV	Kassenbestand, Bankguthaben	100	Offene Rechtsfälle	50
C	**Rechnungsabgrenzungsposten**	**150**	C **Verbindlichkeiten**	**300**
			I gegenüber Banken	0
			II aus Lieferungen und Leistungen	200
			III sonstige	100
			D **Rechnungsabgrenzungsposten**	**250**
	Bilanzsumme Aktiva =	**2.000**	**Bilanzsumme Passiva =**	**2.000**

Tabelle 26: Bilanzaufbau am Beispiel eines mittleren Stadttheaters (in TEUR)

Erläuterungen zu *Tabelle 26:*

Das Anlagevermögen besteht aus Sachanlagen (Bühnenanlagen, IT, Mobiliar), das Umlaufvermögen aus Vorräten (Material), offenen Forderungen, die zum 31.12. noch nicht beglichen sind, und einem Bankguthaben von 100 TEUR.

Die *Passivseite* eröffnet mit dem gezeichneten Kapital. Die Mindesteinlage für eine GmbH beträgt 25 TEUR. Bei vielen Theatern, die als GmbH geführt werden, wird jedoch das gezeichnete Kapital höher angesetzt, um dem Theater damit einen größeren finanziellen Spielraum zu ermöglichen. Das Kapital wird um den Gewinnvortrag des Vorjahres ergänzt und weist zudem den Jahresüberschuss oder den Jahresfehlbetrag aus. In unserem Beispiel beträgt das gezeichnete Kapital 250 TEUR, hinzu kommen der Gewinnvortrag des Vorjahres von 120 TEUR und der Jahresüberschuss von 130 TEUR, so dass das Theater mit 500 TEUR im Verhältnis zur Bilanzsumme über eine gute Kapitalausstattung verfügt (25 %).

Die *Rückstellungen* sind eine der wesentlichen Positionen, die die hier aufgeführte kaufmännische von der kameralistischen Darstellung unterscheiden, in der Rückstellungen nicht gebildet werden. Rückstellungen umfassen alle verbindlichen Zahlungsvorgänge, die in den kommenden Jahren zu erwarten sind. Dazu gehören Rückstellungen für die Urlaubsanteile, die von den Mitarbeitern bis zum Stichtag noch nicht genommen worden sind, sowie Jubiläumszuwendungen für die Betriebszugehörigkeit. Viele Theater haben Altersteilzeitverträge mit ihren Mitarbeitern abgeschlossen, um ihnen ein früheres Ausscheiden aus den Verträgen zu ermöglichen. Die für die Freistellungsphase vom Theater noch zu zahlenden Beträge sind ebenfalls in den Rückstellungen erfasst.

Die *offenen Verbindlichkeiten* betreffen Leistungen und Lieferungen, die das Theater noch im vergangenen Jahr bezogen, wofür es die Rechnungen aber erst im neuen Jahr erhalten und beglichen hat.

Der *Rechnungsabgrenzungsposten* (Aktiva) umfasst bereits im alten Jahr gezahlte Rechnungen für Mieten (Hauptspielstätte, Nebenspielstätten, Fundus, Lagerräume) für das kommende Jahr. Der Rechnungsabgrenzungsposten auf der Passivseite umfasst im Theater die Vorauszahlungen der Abonnenten (in der Regel im September) für Vorstellungen des ganzen Jahres, hier stehen also im alten Jahr bezahlte Leistungen für das kommende Jahr aus, das Geld ist allerdings schon in der Kasse.

2.3 Wesentliche Bereiche der Betriebswirtschaft im Theater

Analyse des Jahresabschlusses

Die Analyse des Jahresabschlusses ist eine der wesentlichen kaufmännischen Aufgaben am Theater, die vom Wirtschaftsprüfer nachvollzogen und kommentiert wird. Sie umfasst den Vergleich der Gewinn- und Verlustrechnung mit dem Vorjahr, insbesondere Abweichungen beim Ergebnis und bei den einzelnen Positionen. Weitaus detaillierter erfolgt in der Regel die Bilanzanalyse. Hier wird in einem ersten Schritt ebenfalls der Vergleich der einzelnen Positionen mit dem Vorjahr vorgenommen: Welche Positionen haben sich in welcher Größenordnung verändert, ist das Kapital erhalten worden, oder ist es abgeschmolzen, wie haben sich die Rückstellungen entwickelt? Um die Analyse zu konkretisieren, werden Bilanz- und Rentabilitätskennzahlen gebildet. Dabei unterscheiden wir zwischen drei Kennzahlengruppen:

Finanzierungskennzahlen sagen aus, welche Mittel für welche Zwecke zur Verfügung stehen, ob die Finanzierung und die Kapitalbereitstellung sicher sind.

Liquiditätskennzahlen sagen aus, wie viele liquide Mittel zur Verfügung stehen bzw. in ihren Beständen kurzfristig durch Verkauf von Gütern vergrößert werden können.

Rentabilitätskennziffern werden nicht aus der Bilanz, sondern aus den Daten der Gewinn- und Verlustrechnung gebildet.

Kategorie	Kennzahl	Definition (in TEUR)
Finanzierung	Eigenkapitalquote	Eigenkapital ./. Bilanzsumme x 100 (500 : 2000) x 100 = 25 %
	Anlagendeckung	Eigenkapital + langfristiges Fremdkapital : Anlagevermögen x 100 (500 : 1000) x 100 = 50 %
	Abschreibungs- finanzierungsgrad	Abschreibungen : Zugänge Sachanlagen x 100 (200 : 400) x 100 = 50 %
Liquidität	Liquiditätsgrad 1	Liquide Mittel + kurzfristig realisierbares Umlaufvermögen : kurzfristige Verbindlichkeiten x 100 (100 + 300): 100 x 100 = 400
Rentabilität	Eigenkapital	Jahresüberschuss : Eigenkapital x 100 130 : 500 x 100 = 26 %
	Umsatzrentabilität	Jahresüberschuss : Umsatz x 100 130 : 2000 x 100 = 7 %
	Gesamtkapital	Jahresüberschuss : Gesamtkapital x 100 130 : (500 + 300) x 100 = 16 %

Tabelle 27: Kennzahlen im Überblick

2.3.4 Personalmanagement

Andrea Hausmann definiert Personalmanagement als:

> „die Summe sämtlicher mitarbeiterbezogener Maßnahmen zur Verwirklichung des Organisationszweckes eines Kulturbetriebes. Hierzu gehören die Aktivitäten der Bedarfsplanung sowie der Beschaffung, Führung, Entwicklung und Freisetzung von Mitarbeitern."[111]

Im Theater treffen Mitarbeitergruppen verschiedener beruflicher Prägung, verschiedener Verweildauer und damit auch verschiedener Bindung zum Theaterbetrieb aufeinander. Die wichtigste Aufgabe der Theaterleitung ist es deshalb, die einzelnen Interessengruppen, die zumeist auch nach unterschiedlichen Tarifvertragssystemen bezahlt werden, zu einem Theater mit gemeinsamen Zielstellungen zusammen zu schweißen. Dabei ist eine besondere Sensibilität gegenüber allen Mitarbeitergruppen angezeigt. Das Theater kann nur dann funktionieren, wenn sich alle Mitarbeiter mit dem Theater identifizieren und ein Zugehörigkeitsgefühl entwickeln. Die Theaterleitung wird dabei von der Personalabteilung – soweit vorhanden – unterstützt.

Das Personalmanagement hat in den letzten Jahren in den Kunst- und Kulturbetrieben deutlich an Gewicht gewonnen. Ein wesentlicher äußerer Umstand sind die gehäuften Rechtsformänderungen, im Rahmen der Umwandlung von Regiebetrieben in selbständigere Eigenbetriebe oder ausgegliederte Gesellschaften mit beschränkter Haftpflicht. Mit diesen rechtlichen Änderungen und der stärkeren Selbständigkeit sind viele Aufgaben der Personalverwaltung direkt auf die Theater und Orchester übergegangen. Ein zweiter Aspekt betrifft die Wandlung des Verständnisses von Personalverwaltung hin zum Personalmanagement. Hinzu kommen weitere Herausforderungen, die nahezu alle mittelständischen Betriebe haben:

1. die Schwierigkeit der Einstellung junger Fachkräfte aufgrund der demografischen Situation
2. die Überalterung der Kollegen in den technischen Bereichen
3. der Bedarf an ständiger Fortbildung der Mitarbeiter aufgrund der Entwicklung von Technologien in den Bereichen Technik, Marketing, IT
4. der Weiterbildungsbedarf der Mitarbeiter der Personalabteilung wie auch der Leiter in den mittleren Leitungsebenen
5. der Bedarf an psychologischer Beratung, Mediation und Konfliktlösung.

Die Anforderungen an das Personalmanagement eines Theaters haben sich differenziert, sind qualitativ anspruchsvoller geworden und umfassen alle fünf Kernbereiche: Planung, Einstellung, Führung, Entwicklung und Vertragsbeendigung.

---

111 HAUSMANN, Andrea (2011), Kunst- und Kulturmanagement, Wiesbaden, 2011, S. 66.

2.3 Wesentliche Bereiche der Betriebswirtschaft im Theater

Aufgabe	Umsetzung im Theater
Bedarfsplanung	Stellenbeschreibungen, Stellenplan, Organigramm
Einstellung	Interner Aufstieg; externe Ausschreibungen, Neueinstellungen, Vertragsverlängerungen
Führung	Klare Zuordnungen durch Organigramm, Abteilungsbesprechungen, Mitarbeitergespräche, Zielvereinbarungen, Gehaltserhöhungen, Leistungsentgelt
Entwicklung	Weiterbildung, interne und externe Qualifikation, Aufstiegschancen
Vertragsbeendigung	Kündigung, Nichtverlängerung bei Künstlern

Tabelle 28: Modernes Personalmanagement am Theater

Ein besonders sensibler Bereich ist die *Einstellung* neuer Mitarbeiter. Am Theater werden vier Formen von Personaleinstellungen unterschieden:

Erstens: Neuengagements von Solisten (Sängern, Schauspielern) und Regisseuren sowie Dramaturgen. Diese können als künstlerische Tendenzträger ohne Mitbestimmung der Personalvertretung von der Leitung des Theaters eingestellt werden. Sänger und Schauspieler werden zumeist durch Vorsprechen oder Vorsingen gewonnen, Regisseure und Dramaturgen aufgrund von Empfehlungen und der Kenntnis ihrer Arbeiten. Die Personalvertretung bzw. der Betriebsrat werden lediglich über Einstellung, Vertragsdauer und Höhe der Gage informiert.

Zweitens: Bei künstlerischen Verträgen (NV-Bühne) für Mitarbeiter, die keine Tendenzträger sind, zum Beispiel Assistenten und künstlerische Mitarbeiter im Bereich der Werkstätten, hat der Betriebsrat eine Mitbestimmung, d. h. er muss der Ausschreibung, der Vorauswahl aus den Bewerbern und der Endauswahl zustimmen.

Drittens: Dies trifft auch für alle Mitarbeiter im Bereich des öffentlichen Dienstes (TVöD) zu.

Viertens: Die Auswahl für Orchestermusiker folgt einem anderen Modus, einem bestandenen Probespiel folgen die Zustimmung des Orchestervorstandes, der Personalvertretung und der Vertragsschluss.

Noch weitaus sensibler ist der Bereich der *Vertragsbeendigung.* Auslöser können hier finanzielle und strukturelle Probleme des Theaters sein, die Kürzungen im Personalbereich notwendig machen. Schließungen, Spartenabbau und Stellenkürzungen gehören in das gegenwärtige Krisenszenario der Theater. Verläuft der Theaterbetrieb ohne externe Einwirkungen, finden Vertragsbeendigungen auf drei Ebenen statt:

1. Die klassische Nichtverlängerung des künstlerischen Vertrages (NV-Bühne): Hierzu müssen Intendant und Geschäftsführer in der Regel im Oktober

einladen und in einem formellen Nichtverlängerungsgespräch die Nichtverlängerungsabsicht zum Ende der kommenden Spielzeit aussprechen, sie müssen dies künstlerisch begründen. Kann der Eingeladene im Gespräch überzeugen und entsprechende Gegenargumente vortragen, ist es möglich, dass ihm eine Entwicklungschance eingeräumt wird. In der Regel erhält der Künstler jedoch kurze Zeit später eine Nichtverlängerungsmitteilung, mit der das Arbeitsverhältnis zum Ende der Spielzeit (31.7.), also in der Regel mit einem Vorlauf von neun Monaten, ausgesprochen wird. Hierüber muss der Betriebsrat informiert werden, der, wie auch ein Vertreter des Ensemblevorstandes, an den Gesprächen teilnehmen kann.

2. Die fristgerechte Kündigung eines TVöD-Vertrages für Mitarbeiter der Technik und der Verwaltung mit einer Vorlaufzeit zwischen drei und neun Monaten, abhängig von der Zugehörigkeitsdauer des Mitarbeiters zum Betrieb. Diese muss schriftlich begründet werden. Auch hier erfolgt eine Information des Betriebsrates. Der Mitarbeiter hat das Recht, noch einmal gehört zu werden.

3. Die fristlose Kündigung aufgrund schwerer Vergehen (Diebstahl, Mobbing, Bedrohung anderer Mitarbeiter, wiederholte Abmahnungen). Auch hier muss der Betriebsrat gehört werden.

Wichtige Aufgaben in allen fünf Kernbereichen des Personalmanagements hat die Personalabteilung übernommen. Sie arbeitet dabei eng mit der Geschäftsführung und den anderen Bereichen der Verwaltung, wie dem Justiziariat in Rechtsfragen und der Finanzabteilung, insbesondere jedoch mit den Spartendirektoren und Abteilungsleitern mit unmittelbarer Personalverantwortung zusammen.

Personalleitung	Koordination des Personalmanagements, Ansprechpartner für die Theaterleitung in allen Personalfragen; Leitung der Abteilung; Entwicklung von Personalkonzepten und -entwicklungsplänen
Personalassistenz/ Sachbearbeitung	Verwaltung der Stellenpläne, Ansprechpartner für alle Mitarbeiter des Theaters, Neueinstellungen, Entlassungen, Vorbereitung von Dienstverträgen
Personalbuchhaltung	Verwaltung der Mitarbeiterkonten, Auszahlungen von Löhnen und Gehältern, Tariffragen, Versicherungsfragen, Arbeitgeber- und Arbeitnehmeranteile an den Sozial- und Rentenversicherungen
Gästemanagement	Management aller Gäste eines Theaters in den verschiedenen Produktionen (Regisseure, Dirigenten, Bühnen- und Kostümbildner, Solisten), Vertragsvorbereitung, Finanzanweisungen

Tabelle 29: Aufgaben der Personalabteilung am Theater

2.4 Organisation und Management im Theater

In den vorangegangenen Abschnitten haben wir uns mit den Grundlagen des Theaters befasst, dessen System näher untersucht und wesentliche Bereiche der Betriebswirtschaft am Theater erläutert und kennen gelernt, Voraussetzungen für den nun folgenden Abschnitt, der sich im Wesentlichen auf drei Bereiche konzentrieren soll: die Grundlagen der Organisations- und Managementtheorie, den Management-Prozess sowie aktuelle Leitungs- und Planungsmodelle am Theater.

2.4.1 Historische Grundlagen der Organisations- und Managementtheorie

Die Grundlagen der modernen Organisations- und Managementtheorie gehen zurück auf Adam Smith (1723-1790), den Verfasser eines der wichtigsten politökonomischen Bücher[112] und damit auch Mitbegründer moderner Handels- und volkswirtschaftlicher Theorien. Smith untersuchte die wirtschaftlichen und gesellschaftlichen Vorteile der Arbeitsteilung und wurde so zu einem Vordenker der industriellen Fertigungsweise. Robert Owen (1771 – 1858) und später Ernst Abbe (1840-1905) waren Unternehmer mit sozialreformerischen Ambitionen. Sie sahen den Sinn unternehmerischer Tätigkeit nicht nur in der individuellen Gewinnmaximierung, sondern in der Wohlfahrt aller an der Wertschöpfung beteiligten Mitarbeiter. Charles Babbage (1792-1871) schließlich forderte eine wissenschaftliche Herangehensweise zur Lösung technischer und wirtschaftlicher Probleme. Seine wesentlichen Erkenntnisse legte er in der Arbeit *Über das Maschinen- und Fabrikwesen*[113] nieder, mit dem Versuch, erstmals allgemeine Führungsprinzipien in der Arbeitsorganisation aufzustellen. Damit waren die Grundlagen gelegt: Arbeitsteilung, Führungsverhalten und Entwicklung der Mitarbeiter, für die später der Begriff des Humankapitals eingeführt wird.

Seit 1900 entwickelte sich die Managementtheorie auf vier verschiedenen Pfaden weiter. So folgte bis 1950 ein wichtiger Strang Max Webers Theorie des rationalen Handelns, die erst mit Elton Mayos „Human Relations"-Bewegung das rationale durch das soziale Handeln ersetzte. Ein zweiter Aspekt betraf die Betrachtung des Unternehmens als System. Während Taylor, Ford, später auch Mayo das Unternehmen als geschlossenes System voraussetzten, setzte um 1955, vor allem ausgelöst durch Peter Lawrence und Jay W. Lorsch, eine zunehmende Betrachtung als offenes, von der Umwelt beeinflusstes System ein. Um 1970, mit dem Einfluss der Systemtheorie, wurden die Denkansätze des Managements des sozialen Handelns mit denen des offenen Systems zusammen geführt und mündeten u. a. in der

---

112 SMITH, Adam, An Inquiry into the Nature and Causes of the Wealth of Nations, London, 1776.
113 BABBAGE, Charles, Die Ökonomie der Maschine, Berlin, 1999.

von Peter F. Drucker vertretenen Schule des empirischen Managements und Porters Lehre von den Wettbewerbskräften.

Rationales Handeln	Geschlossenes System	Offenes System
	1900 – 1930	1955 – 1970
	Bürokratiemodell (Max Weber)[114]	Situationstheoretische Ansätze
	Scientific Management (Frederick W. Taylor)[115]	
	Administrative Lehren (Fayol, Sloan)[116]	Stochastische Organisationslehre (Lawrence, Lorsch)[117]
	Fordismus (Henry Ford)	Strategy and Structure Theory (Alfred Chandler)[118]
Soziales Handeln	1925 – 1955	Ab 1970
	Human Relations-Bewegung (Elton Mayo)[119]	Evolutions- und chaostheoretische Ansätze (Weick, March)[120]
	XY – Theorie (Douglas McGregor)[121]	Ressourcen-basierte Strategie (Hamel/Prahalad)[122]
	Leadership-Theorie (Chester Barnard)[123]	Empirische Erfolgsforschung (Drucker)[124]
	Motivationstheorie (Frederick Herzberg)[125]	Lehre von den Wettbewerbskräften (Michael Porter)[126]

Tabelle 30: Management-Theorien im Überblick[127]

---

114 SIMON, Herbert, Moderne Managementkonzepte von A-Z.
115 TAYLOR, Frederick W., Die Grundsätze wissenschaftlicher Betriebsführung, Paderborn, 2011.
116 FAYOL, Henri, Allgemeine und Industrielle Verwaltung, Oldenbourg Verlag, München, 1929.
117 LAWRENCE, Peter/LORSCH, Jay W., Organisation and Environment, New York, 1967.
118 CHANDLER, Alfred, The visibile Hand: The managerial revolution in American Business, 1977.
119 MAYO, Elton, Probleme industrieller Arbeitsbedingungen; Frankfurt/Main, 1949.
120 WEICK, Karl E., Der Prozess des Organisierens, Suhrkamp, Frankfurt/Main, 1985.
121 MCGREGOR, DOUGLAS, The Human Side of Enterprise, New York, 1960.
122 HAMEL, Gary/PRAHALD, C.H., Competing for the future, Harvard Business School Press, 1997.
123 BARNARD, Chester, Organisation und Management, Stuttgart, 1969 .
124 DRUCKER, Peter F., Management, Campus, Frankfurt/Main, 2009.
125 HERZBERG/MAUSNER/SNYDERMAN, The Motivation to work, New York, 1959.
126 PORTER, Michael E., Cases in competitive strategy, The Free Press, New York, 1983.
127 SIMON, Herbert, Moderne Managementkonzepte von A-Z.

2.4 Organisation und Management im Theater

Systemtheoretischer Ansatz

Die jüngere Managementtheorie wird wesentlich von der Systemtheorie, insbesondere Niklas Luhmann[128] beeinflusst, der sich wiederum auf den US-amerikanischen Soziologen Talcott Parsons[129] bezieht. Ausgangspunkt der Luhmannschen Überlegungen ist die Zerlegung der Welt, ihrer Institutionen und Transaktionen in sich verändernde Systeme.

Mit dem systemtheoretischen Ansatz wird jedoch auch ein grundlegender Zweifel an der Steuerbarkeit menschlichen Verhaltens in Organisationen, insbesondere mit großer Heterogenität und Selbstverwirklichungstendenzen, geäußert, wie dies in Kulturinstitutionen der Fall ist. Dies macht deutlich, wie eingeschränkt soziale Theorien des Handelns und der Kommunikation für das heutige moderne Management im Theater anwendbar sind.

Eine wesentliche Kernaussage bleibt jedoch von diesen Entwicklungen unberührt: um als Manager zu wirken, bedarf es der Anschlussfähigkeit des Handelns aller Mitarbeiter an die Besonderheiten des jeweiligen Systems. Dies macht deutlich, dass die von der Politik oft eingeforderte instrumentelle Gleichschaltung von Theatern mit städtischen Wirtschaftsbetrieben nicht möglich ist, weil die Besonderheiten des Theatersystems, die Merkmale, mit denen sich Theater und Orchester von „normalen" Wirtschafts- und Dienstleistungsbetrieben unterscheiden, eine solche instrumentelle Einebnung nicht möglich machen. Für das Theater und sein Management müssen Sonderwege und geeignete Instrumente gefunden werden.

Andererseits ist zu beobachten, dass Theater unter betrieblichen Aspekten und in Übergangsperioden relativ autonom von ihren Leitungen und Aufsichtsgremien existieren können. Die langjährige, eingespielte Zusammenarbeit der Abteilungen führt zu einem systemischen Zusammenhalt, in dem neue Leiter nicht zwingend in Funktion gehen müssen. Im besten Falle organisiert sich das Theater selbst und formt seine Manager so, dass es als System reibungslos weiter funktionieren kann. Organisatorische Reformen sind deshalb nur mit größter Überzeugungsarbeit und Ausdauer zum Erfolg zu bringen. Sie scheitern sonst – wie überall – an traditionellem Denken, verkrusteten Strukturen, unflexiblen Arbeitszeiten und Dienstplänen.

---

128 LUHMANN, Niklas, Soziale Systeme, Grundriß einer allgemeinen Theorie, Frankfurt, 1984.
129 PARSONS, Talcott, The Structure of Social Action, New York, 1937.

2.4.2 Die klassische Organisations- und Managementlehre

2.4.2.1 Aktuelle Grundlagen

Drucker und Mintzberg

In der Managementdebatte konkurrierten lange Zeit zwei grundsätzliche Ansätze, die Rolle des Managers betreffend. So ordnet Peter F. Drucker den Manager als „Dirigenten eines Symphonieorchesters" ein, der Visionen entwickelt und Führungskraft zeigt[130], während Mintzberg davon ausgeht, dass „sich Strategien bilden können, ohne formuliert zu werden. Sie sind eher Ergebnis eines informellen Planungsprozesses"[131]. Vor allem Mintzberg hat sich im Rahmen seiner Beschreibung der Teile einer Organisation – der strategischen Spitze als oberste Führungsebene, des betrieblichen Kerns, der Mittellinie, die Führung und Kern verbindet, der Technostruktur und des Hilfsstabes für eine Überprüfung der Gegebenheiten des Theaters – immer wieder dort angeboten, wo andere Organisationstheorien die Struktur des Theaterbetriebes nicht fassen konnten. Daraus abgeleitet entwickelt Mintzberg sein Modell der *Organisationskonfigurationen*, von denen die Einfachstruktur mit Spitze und Kern auf den komplexen Theaterbetrieb nicht anzuwenden ist. In der Profibürokratie ist der Betriebliche Kern der wichtigste Bestandteil, während die Leitung repräsentative und koordinierende Aufgaben wahrnimmt. Die Adhokratie weist nach Mintzberg schließlich die komplexeste Struktur auf, die durch Innovationen, ständige Veränderungen und Verschmelzung ihrer Organisationsteile geprägt ist. Hier werden „Experten" eingesetzt, die keiner festen Struktur zuzuordnen sind, sondern – wie Schauspieler, Regisseure – in wechselnden Teams arbeiten.[132]

Mintzberg beschreibt das System der *Organisationskonfigurationen* als offen:

„Nicht alle Organisationen wahren in der Gestaltung ihrer Strukturen Konsistenz in unserem Sinne. Vielmehr entscheiden sie sich für Mischstrukturen, die Merkmale von mehr als einer Konfiguration aufweisen…Jeder Organisationsteil strebt die Struktur an, die seinen besonderen Bedürfnissen am besten Rechnung trägt, sieht sich aber gleichzeitig mit der Notwendigkeit einer Anpassung an die – für die Organisation insgesamt – angemessenen Struktur konfrontiert; letztlich kommt dann eine Art Kompromiss zustande."[133]

---

130 DRUCKER, Peter F., Die fünf entscheidenden Fragen des Managements, Wiesbaden, 2009.
131 MINTZBERG, Henry, Structure in 5's: A Synthesis of the Research of Organization Design, in: Management Science 26/3, S. 322-341, 1980.
132 VON COSSEL, Friederike, Mintzberg im Theater, Bielefeld, 2010.
133 MINTZBERG, Henry, Die Mintzberg-Struktur, Organisationen effektiver gestalten, Landsberg, 1991, S. 381/383.

3.4 Ausblick

Phase 1a – (heute)

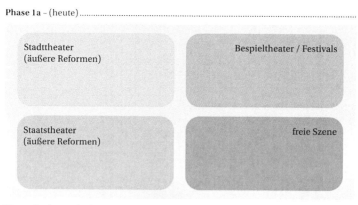

Phase 1b – (x + 5 Jahre)

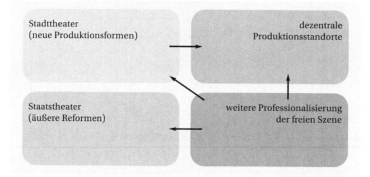

Phase 2 – (x + 15 Jahre)

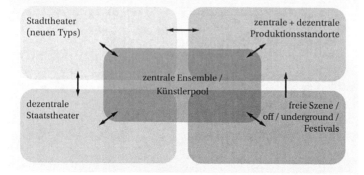

Übersicht 3: Das Modell der doppelten Transfomation

2.4.2.4 Managementinstrumente

Dabei bedient sich der Theaterbetrieb neben den von Malik genannten klassischen Instrumenten Sitzung, Bericht, Budgetierung, Kostenrechnung und Leistungsbeurteilung[137] auch moderner Managementinstrumente, die in modifizierter Form anwendbar sind. Nach einer Umfrage des Manager-Magazins[138] unter klassischen Unternehmen wurden folgende zehn Managementinstrumente als derzeit wichtigste ermittelt; in einer zweiten Spalte soll dargestellt werden, wie ihr Einsatz in Kulturunternehmen, insbesondere Theatern, definiert werden kann:

Wirtschafts-unternehmen	Kulturunternehmen	Bemerkungen
Benchmarking	Systematischer Vergleich der Ergebnisse eines Theaters oder zwischen verschiedenen Theatern	Systematischer Vergleich von Produkten, Dienstleistungen und Prozessen im eigenen Unternehmen und mit anderen Unternehmen
Strategische Planung	Langfristige Strategie eines Theaters	Leitbild, Unternehmensstrategie
Leitbildentwicklung	Kultur-, Bildungs- und ästhetischer Auftrag	Wesentlicher Auftrag des Unternehmens
Kundenmanagement	Umgang mit und Bindung von Besuchern/Nichtbesuchern	Kundenbeziehungsmanagement
Outsourcing	Auslagerung von Betriebsprozessen	Widerspricht dem Manufakturgedanken, i. d. R. unwirtschaftlich
Balanced Scorecard	Zielsystem	Vision, Strategie, Perspektiven, Aktivitäten
Kundensegmentierung	Unterteilung nach Alter, Genre, Bindung zum Theater	Erfolgt in den Besucherabteilungen
Reengineering	Veränderung von Produktionsprozessen	Übernahme von Prozessen der freien Szene
Kernkompetenz	Konzentration auf Kernprozesse (Aufführungen)	Im Moment zu starker Focus auf Nebenprozessen
Fusionen und Übernahmen	Im Rahmen von Krisen	Kein Zukunftskonzept für Theater

Tabelle 32: Die wichtigsten Managementinstrumente im Vergleich

---

137 MALIK, Fredmund, Strategien des Managements komplexer Systeme, Bern, 2006.
138 Manager-Magazin, Die wichtigsten Managementinstrumente, Heft 10/2009.

Im Folgenden sollen mit der Strategischen Planung und der Balanced Scorecard zwei Instrumente vorgestellt und deren Anwendbarkeit auf den Theaterbetrieb überprüft werden.

Strategische Planung

Strategische Planung beinhaltet den Prozess der Entwicklung einer Strategie bzw. eines Planes, um ein definiertes Ziel mit genau definierten Ressourcen (insbesondere Budgets) zu erreichen. Strategische Planungen können das gesamte Unternehmen oder einzelne Funktionsbereiche wie Finanzen, Controlling, Personal oder Marketing betreffen. Wichtig ist dabei die Definition von Produkten (Theateraufführungen) und zusätzlichen Dienstleistungen (Kartenverkauf, Marketing, Vermietung, Catering, Hausführungen), die die Wertschöpfung und den Absatz definieren. Im eigentlichen Sinne umfasst Strategische Planung zunächst die gesamte Wertschöpfungskette – im Falle des Theaters die Kernprozesse – sowie die Führungsinstrumente für Entwicklung (Konzeption) und Produktion.

Instrument	Anwendung im Theater
Mission	• Aufführung von Schauspiel, Oper, Tanz/Ballett, Konzerten und Kinder- und Jugendtheaterprogrammen
Strategisches Leitbild (Beispiele)	• Kulturauftrag für die Menschen der Region • Bildungsauftrag für die Kinder und Jugendlichen • Ästhetischer Auftrag für die Weiterentwicklung szenischer Ästhetiken
Unternehmensstrategie (Beispiele)	• Rezeption des Publikumsanspruchs • Entwicklung und Umsetzung eines künstlerisch-ästhetischen und eines inhaltlichen Leitmotives • Neuinterpretation von Klassikern • Förderung junger Regie- und Darstellertalente • Gegenwartstheater • Förderung junger Autoren und Komponisten • Förderung zeitgenössischer Oper
Operatives Management	• Umsetzung in Einzelproduktionen
Wirtschaftsplanung/ Jahresbudget	• Finanzielle Untersetzung

Tabelle 33: Strategische Planung von der Mission zum Jahresbudget

2.4 Organisation und Management im Theater

Balanced Scorecard (BSC)

Die *Balanced Scorecard* basiert auf den Überlegungen von Kaplan und Norten[139], die die Untersuchung eines Unternehmens aus verschiedenen Perspektiven eingeführt haben. Die BSC ist ein Konzept zur Umsetzung einer Unternehmensstrategie. Sie beginnt bei der Vision und Strategie des Unternehmens und definiert auf dieser Basis kritische Erfolgsfaktoren (KEF). Kennzahlen werden so aufgebaut, dass sie die Zielsetzung und Leistungsfähigkeit in kritischen Bereichen fördern. Dabei werden folgende Perspektiven untersucht:

- *Finanzperspektive:* Wie sehen uns unsere Gesellschafter?
- *Kundenperspektive:* Wie sehen uns unsere Kunden/Besucher/Zuschauer?
- *Prozessperspektive:* In welchen Prozessen müssen wir uns auszeichnen, welche müssen wir verbessern, um Erfolg zu haben?
- *Lern- und Innovationsperspektive:* Wie stärken wir unsere Fähigkeit, uns zu verändern und zu verbessern?

Entwicklung einer Balanced Scorecard

Zunächst gilt es, eine Vision zu identifizieren: Wohin soll sich das Theater entwickeln? Mit der Definition einer Strategie legt man fest, wie dieses Ziel erreicht werden soll. Im nächsten Schritt werden Perspektiven und kritische Erfolgsfaktoren definiert, Maßnahmenpläne erstellt und Berichtssysteme entwickelt.

Vision	Wirtschaftlichkeit	Zuschauerzahlen steigern	Einnahmeergebnis steigern	Künstl. Erfolg	Motivation
Strategie	Kosteneffizienz/ Ressourceneinsatz	Stammzuschauer stärker binden/ Neue Zuschauer	Besser Disponieren	Entwicklung neuer ästh. und künstl. Formate	Entwicklung der Potentiale der Mitarbeiter
Perspektiven	Gesellschafter/ Aufsichtsrat	Zuschauer	Prozesse	Inszenierung Repertoire Regiestile	Ensemble- u. Personalentwicklung
Kritische Erfolgsfaktoren	Jahresergebnis	Zuschauerzahlen	Auslastung verbessern	Resonanz	Resonanz
Kennzahlen	Einnahmen	+ 20.000	> 80%	Medien	Mitarbeiter
Aktivitäten	Controlling	Marketing	Disposition	Inszenierung	Personalentwicklung

Tabelle 34: Balanced Scorecard für ein Theater

---

[139] KAPLAN/NORTON, Balanced Score Card, Stuttgart, Stuttgart, 1997.

Zusammenfassung

Moderne Managementinstrumente haben sich zu Beginn des 20. Jahrhunderts entwickelt und seitdem in verschiedenen Ausprägungen Einzug in die Wirtschaft gehalten. Entscheidend sind dabei drei Aspekte geblieben:

- die Art der Arbeitsteilung und die darauf basierende Gestaltung der Prozesse und der Organisationsstruktur;
- die Führung des Unternehmens;
- der Einsatz der Ressourcen, und hierbei insbesondere der Mitarbeiter.

Kulturelle Institutionen, insbesondere Theater, folgen meist keinem einheitlichen Managementsystem. Was den Aufbau und die Reform der Organisation betrifft, können Anleihen bei Luhmann und Mintzberg, im Management bei Drucker und neueren Theoretikern genommen werden. Eine Reihe in jüngerer Zeit entwickelter Instrumente, wie die Balanced Scorecard, besitzen – in unterschiedlichem Maße – Potentiale für eine Anwendung im Theaterbetrieb. Die damit verbundenen Übertragungsprozesse haben Auswirkungen auf die betriebswirtschaftlichen Aspekte und damit auf die Produktionsweisen im Theater.[140]

2.4.3 *Leitungs- und Kommunikationsmodelle*

Das Organigramm, das die Organisationsstruktur einer Institution, in unserem Falle eines Theaters, reflektiert, ist der Spiegel der Institution. An ihm lassen sich die wesentlichen Funktionen, Schalt- und Verbindungsstellen zwischen den einzelnen Bereichen des Theaters, die Zuordnung von Aufgaben und Verantwortung und die Zuständigkeiten im Rahmen der verschiedenen Prozesse ablesen. Deshalb ist das Studium eines Organigramms eine wesentliche Voraussetzung für das Verständnis einer Institution, ebenso wie das Organigramm von den Theaterleitungen und den Aufsichtsgremien regelmäßig auf seine Aktualität überprüft werden muss. Bei Luhmann und Mintzberg haben wir gelernt, dass sich Organisationen verändern und Subsysteme mit eigener Struktur bilden. Deshalb ist ein Organigramm im Zweifelsfall nur eine Momentaufnahme, bei vielen Theatern sogar nur ein Idealbild, das wenig zu tun hat mit der betrieblichen Wirklichkeit.

---

140 JÜRGENS, Ekkehard, Managementtechniken im Kulturbetrieb, in: KLEIN, Kompendium Kulturmanagement, 2004, S. 15ff.; SCHNECK, Ottmar, Management-Techniken. Einführung in die Instrumente der Planung, Strategiebildung und Organisation, Frankfurt/N.Y., 1996.

2.4 Organisation und Management im Theater

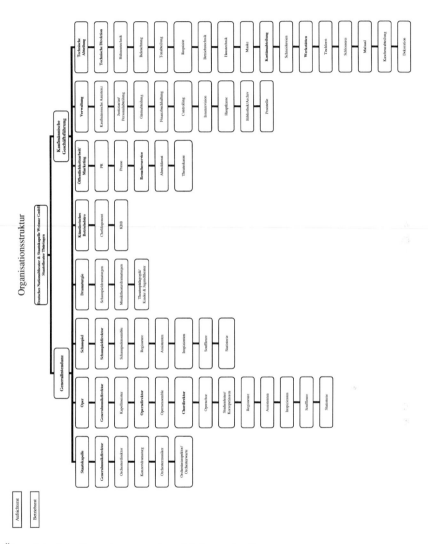

Übersicht 2: Organigramm eines Mehrspartentheaters

Im klassischen Organigramm eines Mehrspartentheaters finden wir neben Intendanz und Geschäftsführung als unmittelbarer operativer Leitungsebene fünf weitere Funktionsebenen, die alle gleichermaßen von herausgehobener Bedeutung für den Theaterbetriebes sind:

Übergeordnet finden wir die *Gesellschafter*: die Kommune (Stadttheater) oder das Bundesland (Staatstheater). Bei den meisten Staatstheatern ist neben dem Bundesland auch die Stadt im Gesellschafterausschuss vertreten, in der sich das Theater befindet. Die Gesellschafter überwachen die Arbeit der Aufsichtsgremien und sichern die strategische Ausrichtung wie auch die Finanzierungsstruktur.

Von den Gesellschaftern berufen werden die *Aufsichtsgremien*. Im Falle eines Eigenbetriebes sind dies der Werkausschuss, bei einer GmbH der Aufsichtsrat und bei einer Stiftung der Verwaltungsrat. Die Aufgaben dieser Gremien, die sich im Wesentlichen aus politisch bestellten Mandatsträgern (Stadträte, Oberbürgermeister, Ministerialbeamte) zusammensetzen, bestehen in der Überwachung und Kontrolle der Arbeit der Theaterleitung und in der Abberufung und Bestellung der Intendanten.

Hier besteht jedoch Reformbedarf. Vor dem Hintergrund der sich verändernden Rahmenbedingungen und Anforderungen an die Steuerung und strategische Positionierung eines Theaters bedürfte es in den Überwachungsgremien einer größeren wirtschaftlichen und fachlichen Expertise. Die entsandten Politiker mit einer zumeist hohen Kulturaffinität haben weitreichende Erfahrungen und stellen ein wichtiges Bindeglied zwischen Theater und Politik im Rahmen der Sicherung der Finanzierung dar. Eine Ergänzung um privat- und steuerrechtliche Kenntnisse, aber auch um Theaterexpertise würde vor allem die Aufsichtsgremien in einen echten Beratungsmodus überführen, der bis heute fehlt.

Auf der ersten Ebene finden wir die *Theaterleitung*, zumeist bestehend aus Intendant und Geschäftsführer, die das gesamte operative Geschäft verantworten. Ihr direkt untergeordnet sind die *Direktoren*. Auch in den Fällen, in denen sie nicht selbst zum leitenden Direktorium oder zur unmittelbaren Theaterleitung gehören, werden sie regelmäßig von der Leitung in allen Fachfragen konsultiert. In einem Mehrspartenhaus gehören hierzu die Spartenleiter, Chefdramaturg, Künstlerischer Betriebsdirektor, Technischer Direktor, Verwaltungs-, Marketing- und Vertriebsdirektor. Je nach Funktionsaufteilung können weitere Leiter in das erweiterte Leitungsgremium aufgenommen werden.

Eine weitere wichtige Ebene sind die *Mitarbeitervertretungen*. Je nach Gesellschaftsform verfügt das Theater über eine Personalvertretung (z.B. Regie-, Eigenbetrieb) oder einen Betriebsrat (z.B. GmbH). Die Wahl, Zusammensetzung und Aufgaben der Vertretungen sind im Personalvertretungs- bzw. im Betriebs-

2.4 Organisation und Management im Theater

verfassungsgesetz geregelt. Beide räumen den Vertretungen ein Mitspracherecht bei allen Personalfragen und Dienstplanungen ein. Nicht nur deshalb ist eine regelmäßige und sachliche Kommunikation mit dem Betriebsrat, zum Beispiel in Monatsgesprächen, sinnvoll. Ergänzend zu den Mitarbeitervertretungen und diese oftmals auch komplettierend, spielen im Theater die *Ensemblevertretungen* oder *Spartenvorstände* eine herausgehobene Rolle. Sie werden von den Ensembles gewählt und fungieren als Sprecher gegenüber der Leitung des Hauses.[141]

Funktionsebene	Vertreter	Aufgaben
Gesellschafter	Stadt, Land	Bereitstellung Finanzierungsmittel, Eigentümer, Dienstaufsicht
Aufsichtsgremium	Aufsichts-, Verwaltungsrat, Werkausschuss	Überwachung, Kontrolle, Beratung, strategische Entscheidungen
Theaterleitung	Intendant/ Geschäftsführer	Leitung, operatives Geschäft
Direktoren	Spartendirektoren, Chefdramaturg, Betriebsdirektor, Technischer Direktor, Direktion Vertrieb/Marketing	Leitung der Sparten und Bereiche
Mitarbeitervertretung	Personal- oder Betriebsrat	Mitbestimmung bei Personalauswahl, Dienstplanung
Ensemblevertretungen	Vorstände im Schauspiel- und Opernensemble, im Chor und Orchester	Vertretung der Anliegen der Ensembles gegenüber der Leitung

Tabelle 35: Leitungs- und Funktionsebenen

2.4.3.1 Leitungsmodelle

Das Theater ist bis in die späten 90er Jahre eine stark autokratisch geprägte Institution gewesen. Ausgehend von der Rolle des „allwissenden", alles dirigierenden und verantwortenden Intendanten haben die Theater Leitungs- und Kommunikationsmodelle entwickelt, die sich auf den oder die Einzige an der Spitze der Institution ausrichten. Damit war das Theater neben dem mittelständischen, patriarchal geführten Familienbetrieb einer der wenigen Unternehmenstypen, die eine stark autokratische Führung aufweisen.

Aufgrund der sich ändernden Rahmenbedingungen, der neuen Anforderungen an das Theater und der zunehmenden Komplexität des Betriebes, kann diese Rolle schon seit längerem nicht mehr von einem Intendanten allein ausgefüllt werden. Vor allem in den letzten fünf Jahren hat eine jüngere Generation von Intendanten

---

141 Weiterführende Lektüre: Deutscher Bühnenverein, Berufe am Theater, Köln, 2006.

mit hohen kommunikativen und sozialen Kompetenzen einen Ablösungsprozess eingeleitet. Zwar gibt es immer noch Intendanten, vor allem jene, die selbst in die Schule autokratischer Vorgänger gegangen sind, die ihren Alleinvertretungsanspruch durchsetzen wollen, sehr bald aber an der Komplexität der Aufgaben und der Prozesse scheitern. Es ist also bereits hier, an der Leitstelle des Theaters, ein Wandlungsprozess zu verzeichnen, der sich beispielhaft durch eine Veränderung, Vervielfältigung und schließlich Verschiebung der Leitungsmodelle auszeichnet.

Das Intendantenmodell

Immer noch werden die meisten Theater in Deutschland durch einen Intendanten mit Alleinstellungsanspruch geführt. Zumeist ist der *Intendant* ein Regisseur oder Dramaturg, der die künstlerische Ausrichtung des Hauses festlegt, durchsetzt und verantwortet. Zugleich trägt er gemeinsam mit dem Geschäftsführer oder Verwaltungsdirektor die administrative Verantwortung für das Theater.

Der Intendant wird meist für den Zeitraum von fünf Jahren von den Gesellschaftern auf Vorschlag des Aufsichtsgremiums gewählt. Die Auswahlverfahren und -kriterien sind so vielfältig wie die Struktur und die Ausrichtung der verschiedenen Theater. Oftmals wird ein erfahrener Leiter gesucht, der sich künstlerisch in den Bereichen ausgezeichnet hat, in denen das Theater seine Schwerpunkte setzt oder zukünftig setzen will – als Regisseur oder Dramaturg im Schauspiel oder in der Oper, in Mehrspartenhäusern im besten Falle mit Erfahrungen in allen relevanten künstlerischen Bereichen. In seltenen Fällen kann auch ein Chefdirigent und Generalmusikdirektor in den Rang eines Intendanten berufen werden. Dies ist an der Hamburger Staatsoper mit der Ernennung von Simone Young und an der Leipziger Oper mit der Berufung von Markus Poschner erfolgt. Hier stellt sich die Frage, in welcher Form die durch Probenarbeit, Konzerte und Gastspiele stark eingebundenen Dirigenten die administrativen Aufgaben des Intendanten tatsächlich übernehmen können, ohne Abstriche an der eigenen künstlerischen Arbeit zu machen.

Bei der Auswahl spielen verschiedene Kriterien eine Rolle: bereits erlangte Expertise bei der Leitung eines Theaters, künstlerische Erfahrungen als Regisseur, Dramaturg oder Produzent und im Management. Viele Auswahlgremien wünschen sich einen Kandidaten mit überregionaler Ausstrahlung, der einen künstlerischen Neuaufbruch verspricht. Immer öfter müssen die Kandidaten jedoch krisenerprobt sein, sich intensiv mit politischer Lobbyarbeit und der Akquise von Projekt- und Sponsoringmitteln auskennen.

2.4 Organisation und Management im Theater

Systemwechsel bei Intendantenwechsel

Oftmals wird ein Intendantenwechsel für Strukturänderungen durch die Gesellschafter oder für Veränderungen der Machtbefugnisse neuer Intendanten genutzt. Als am Erfurter Mehrspartentheater 2002 die Nachfolge über den scheidenden Intendanten getroffen werden musste, befand sich die Stadt bereits in Verhandlungen mit dem Land und der Stadt Weimar über eine Schließung der Schauspielsparte und des Kinder- und Jugendtheaters. Während in Weimar eine Fusion und engere Zusammenarbeit abgelehnt und alle Sparten am Haus erhalten wurden (siehe Weimarer Modell), wickelte der neue Erfurter Intendant in einer seiner ersten Amtshandlungen Schauspiel und Kinder- und Jugendtheater ab. Kluge und erfahrene Intendanten lassen sich deshalb vor Amtsantritt in ihren Dienstverträgen die Höhe der künftigen Finanzierung, die Tarifsteigerungen und den Verzicht der Gesellschafter auf Kürzungen und Strukturveränderungen festschreiben, was ihnen andernfalls ein Rücktrittsrecht bei Zahlungsausgleich des Vertrages garantiert. Auch andere Formen von Strukturveränderungen sind bei Intendantenwechseln möglich, so hat sich der neue Schauspielintendant des Frankfurter Schauspiels zusätzlich zur Intendanz noch die Geschäftsführung für seinen Bereich vertraglich sichern lassen, die bis dahin allein vom Geschäftsführenden Intendanten wahrgenommen wurde. Der Kieler Intendant, wiederum, hat mit seiner Ernennung die bis dahin nicht existierende Funktion eines Generalintendanten für sich vertraglich regeln lassen, was ihm weitreichende Machtbefugnisse sicherte.

Die Rolle des Geschäftsführers

Im Zuge der Umwandlung vieler Theater in Eigenbetriebe, GmbH und Stiftungen sind die Anforderungen an die Leitung vor allem in wirtschaftlicher, rechtlicher und administrativer Hinsicht deutlich gewachsen. Nur wenige Intendanten können sich mit diesen Aspekten tiefgründig auseinander setzen, da ihre vornehmste Aufgabe in der künstlerischen Leitung, in der Auswahl der Regieteams, der Zusammenstellung der Ensembles und des Spielplanes und nicht selten der eigenen Inszenierungstätigkeit besteht. Deshalb sind den Intendanten Kaufmännische oder Verwaltungsdirektoren beigeordnet, deren Funktionsverständnis jedoch lange Zeit dem der kommunalen Verwaltungen der Städte entsprach, in die die Theater bis zur Entstehung der ersten Eigenbetriebe eingebettet waren. Mit diesem Verständnis, durch das Theater wie administrative Abteilungen einer Stadt (oftmals als Abteilung 41) geführt wurden, lag das Augenmerk auf dem klassischen Aufgabenportfolio eines Verwaltungsbeamten und nicht eines unternehmerisch handelnden Leiters. Inzwischen haben sich Bild und Rolle des Verwaltungsdirektors deutlich verändert. Neue, jüngere, gut ausgebildete Direktoren übernehmen zunehmend die Verantwortung für die administrativen Aufgaben in den Theatern.

Die echte und die unechte Doppelspitze

Mit der Umwandlung vieler Theater in eine GmbH mussten Intendanten auch die Rolle des Geschäftsführers übernehmen. Um den Intendanten bei seinen Aufgaben zu entlasten, wurde an vielen Häusern eine zweite Geschäftsführerstelle eingerichtet, die den kaufmännischen Bereich umfasst. Die Kaufmännischen Geschäftsführer oder auch Geschäftsführenden Direktoren verantworten darin die Bereiche Finanzen, Personal, Rechtsfragen, Marketing und Vertrieb sowie Technik.

Die Gesellschafter haben im Gesellschaftsvertrag genau festgelegt, wie die Arbeitsbereiche der beiden Leiter des Hauses voneinander abgegrenzt sind, welche Berührungspunkte und Schnittstellen es gibt, in welchen Gebieten Einzel- und in welchen Arbeitsfeldern nur gemeinsame Entscheidungen möglich sind. Dies hängt auch davon ab, ob die Organisationsstruktur eine echte Doppelspitze vorsieht, in der Intendant und Kaufmännischer Direktor gleichgestellt sind, also die wesentlichen Entscheidungen gemeinsam und gleichberechtigt treffen und verantworten, oder ob in letzter Instanz auch der Kaufmännische Direktor dem Intendanten unterstellt ist (unechte Doppelspitze), wie dies in Gera bis zur Insolvenz der Fall war, wo der Verwaltungsdirektor in Personalunion die Funktion des Persönlichen Referenten des Intendanten innehatte, also unmittelbar dessen Weisungen befolgen musste.

Das Direktorium

Das Direktorium hat am deutschen Theater eine besondere Tradition. Waren die Demokratisierungsbemühungen, beispielhaft an der Berliner Schaubühne um 1970 unter Peter Stein, noch von dem Gedanken einer starken Partizipation aller, also auch der Schauspieler und der Techniker geprägt, so sind Direktoriumsmodelle seit 1990 deutlich weniger partizipativ. So wurde am Berliner Ensemble zwischen 1992 und 1998 ein Direktorium mit unterschiedlicher Zusammensetzung und Erfolg eingeführt. Die Überlegungen bestanden damals darin, einen künstlerischen Leiter (als quasi Intendant), einen Regisseur, einen Autor/Dramaturg und einen Kaufmännischen Direktor als gleichberechtigte Direktoren agieren zu lassen. Das Modell funktionierte am Berliner Ensemble aufgrund der verschiedenen Interessen der wenig um Ausgleich bemühten Persönlichkeiten nicht, was auch durch die ständig wechselnde Zusammensetzung deutlich wurde. Als Klaus Peymann 1999 das Berliner Ensemble übernahm, rücküberführte er es in ein Intendantenmodell.

2.4 Organisation und Management im Theater

Heute finden wir an drei Häusern beispielhaft die Funktionsweise von Direktorien:

1. In Stuttgart führen mit Jossi Wieler (Oper), Hasko Weber (Schauspiel), Reid Anderson (Ballett) und Marc-Oliver Hendriks (Geschäftsführung) vier Direktoren/Intendanten miteinander, aber mit unabhängigen Verantwortungsbereichen, erfolgreich die vier großen Sparten und Geschäftsbereiche des Staatstheaters Stuttgart.
2. In Bremen hat sich nach der Ablösung des Intendanten Pierwoß als Übergangsmodell bis zum Antritt des Intendanten Börgerding im Jahr 2013 ein Interimsdirektorium aus Geschäftsführer und Spartenchefs gebildet, das gemeinsam das Theater führt.
3. In Lübeck schließlich hat man 2004 unter Leitung des Geschäftsführenden Direktors ein Direktorium etabliert, dem weiterhin der Opern- und der Schauspielchef angehören, um den bis dahin geltenden Allmachtsanspruch eines Generalintendanten einzuschränken, während in der Nachbarstadt Kiel mit der Einführung der Generalintendanz genau das Gegenmodell wieder eingeführt wurde, was die Wechselfälle und die Unübersichtlichkeit der Theaterstruktur eines Bundeslandes, in diesem Fall Schleswig-Holstein, deutlich macht.

Auch wenn es diese latenten Gegenbewegungen immer wieder geben wird, werden sich vor dem Hintergrund der Anforderungen an einen modernen Theaterbetrieb die echte Doppelspitze und das Direktorium weiter durchsetzen.

Sondermodell Opernstiftung

Die *Berliner Opernstiftung* ist ein Sondermodell, ein politisches Konstrukt des rot-roten Senats der 2000er Jahre, das mit dem Ziel eingerichtet wurde, in Berlin drei Opernhäuser zu erhalten, aber dafür langfristig nur die Summe für zwei Häuser aufzubringen. Die drei Häuser (Staatsoper, Komische und Deutsche Oper) sind inzwischen mit dem Staatsballett und den Zentralen Werkstätten in einer Stiftung verbunden, der ein Generaldirektor vorsitzt, der jedoch nur eingeschränkte Entscheidungsbefugnisse hat. So bleibt die künstlerische, personelle und budgetäre Verantwortung bei den Intendanten der Häuser und des Balletts, während der Generaldirektor immer stärker in eine repräsentative und koordinierende Funktion gekommen ist. Auch die Sparmaßnahmen haben kaum gegriffen. Das Modell muss als gescheitert angesehen werden, nicht zuletzt, weil es versucht, mit künstlichen Strukturen einen bereits existierenden Verwaltungsapparat zu doppeln.

2.4.3.2 Kommunikationsmodelle

Wie kommuniziert man in einem so differenzierten Betrieb, in dem die Mitarbeitergruppen aus den handwerklichen und meisten technischen Bereichen bereits um 6 Uhr ihre Arbeit aufnehmen und ihren Dienst am Nachmittag beenden, während die Probenprozesse in der Regel zwischen 10 und 14 Uhr und an vorstellungsfreien Abenden zwischen 18 und 22 Uhr stattfinden, in einem Betrieb, in dem an Samstagen, Sonn- und Feiertagen gearbeitet wird und sich alle Mitarbeiter parallel in verschiedenen Inszenierungen bewegen?

Die wesentliche Grundvoraussetzung hierfür ist ein Vertrauen in das entstehende künstlerische Produkt. Die Leitung hat mit ihrer Entscheidung für einen Spielplan, Regieteams und Besetzungen ihr Votum dafür ausgesprochen, dass der Produktionsprozess funktionieren wird und eine erfolgreiche Premiere zu erwarten ist. Dies ist einer der Kernbereiche der Leitungsarbeit, über dessen Absichten und Fortschritte die Mitarbeiter regelmäßig und in verschiedenen Besprechungen informiert werden müssen (siehe Tabelle).

Medium	Inhalte	Personelle Zusammensetzung
Konzeptionsgespräche	Inhalt, Besetzung, Termine, Finanzierung	Leitung, Dramaturgie, Regieteam
Werkstattgespräche	Dekoration, Kostüme, Technische Ausstattung	Technischer Direktor, Regieteam, Dramaturg, Assistenten
Bauprobe	Technische Ausstattung, Bühnenraum, Licht, Ton	Technischer Direktor, Beleuchtungs- und Tonabteilung, Werkstätten
Technische Einrichtung	Wie oben	Wie oben
Konzeptionsprobe	Inhalt, Konzeption, Text, Musik für Ensemble	Regieteam, Dramaturg, Schauspieler/ Sänger
Probenprozess (Probenbühne)	Proben mit Ensemble	Regieteam, Dramaturg, Sänger/ Schauspieler
Komplettproben	Proben mit Dekoration und Kostümen	Alle Beteiligten + Mitarbeiter der Werkstätten und Maske
Hauptproben (Bühnenproben)	Wie oben	Wie oben
Generalprobe und Premiere	Wie oben	Wie oben
Stück im Repertoire	Wie oben	Wie oben

Tabelle 36: Kommunikation im Rahmen einer Inszenierung

2.4 Organisation und Management im Theater

Über die engere Kommunikation im Rahmen einer Inszenierung hinaus gibt es noch eine Reihe weiterer Kommunikationsprozesse auf Leitungsebene (Direktoriumssitzungen), in denen die strategischen Fragen des Theaters besprochen werden, sowie zur Spielplanung, in denen der Spielplan in seiner Struktur für eine ganze Saison diskutiert, später monatsweise verabschiedet und in den Monats-, Wochen- und Tagesplänen konkretisiert wird.

Eine sehr wichtige Ebene betrifft die Kommunikation zwischen Leitung und Mitarbeitern. Diese hängt im Wesentlichen vom persönlichen Führungsstil des Intendanten bzw. der Geschäftsführung ab. Es gibt Intendanten, die einen sehr direkten Umgang mit ihren Mitarbeitern pflegen, andere, die aus einer sehr distanzierten, präsidialen Rolle ihren Mitarbeitern nur in größeren Versammlungen begegnen und ihre Kommunikation über ihre Referenten abwickeln. Dabei spielt oftmals auch die Größe eines Hauses eine Rolle. Ein Intendant in einem kleinen Stadt- oder Landestheater wird andere Möglichkeiten des Zugangs und der Kommunikation finden als sein Kollege an einem großen Staatstheater mit mehreren hundert Mitarbeitern.

Allen gleich ist jedoch, dass wichtige Anliegen in Vollversammlungen, meist von der Bühne, kommuniziert werden. Vollversammlungen, die dienstlichen Charakter tragen, werden mindestens einmal im Jahr, zumeist zu Beginn der Spielzeit von der Theaterleitung einberufen. Intendant und Geschäftsführer begrüßen die Mitarbeiter, stellen in ihren Reden die wichtigsten Aspekte, Herausforderungen und Probleme der kommenden Spielzeit dar, begrüßen anschließend die neuen Mitarbeiter und beglückwünschen die Jubilare. Vollversammlungen werden jedoch auch für weitere Anlässe genutzt. So werden die Mitarbeiter über den Spielplan der kommenden Saison informiert, zeitgleich mit der Veröffentlichung des Spielzeitheftes, des neben dem Internet wichtigsten Kommunikations- und Dokumentationsmediums eines Theaters.

In besonderen Fällen, zum Beispiel bei einem anstehenden Intendantenwechsel, bei der Vorstellung eines neuen Intendanten, in kritischen finanziellen Situationen, bei anstehenden Kürzungen, Spartenschließungen oder Umwandlungen in andere Betriebsformen, werden von der Theaterleitung ebenfalls Versammlungen einberufen.

2.4.4 Planungsmodelle

Die Planung ist nach der Konzeption und vor der Produktion die zweite Phase im Produktionsprozess des Theaters (s. Abschnitt 2.2). In der Planungsphase werden alle wichtigen Entscheidungen getroffen, bevor die eigentliche Inszenierung und die sie begleitenden Werkstattprozesse beginnen. Am Theater finden wir Planungsprozesse in fast allen Bereichen. In diesem Abschnitt sollen die wichtigsten Planungsaufgaben in den Bereichen der Spielplanung und Disposition, der Personalplanung, der Technischen und Werkstattplanung sowie der Finanzplanung vorgestellt werden.

2.4.4.1 Spielplanung und Disposition

Spielplanung und *Disposition* sind das Herzstück der Theaterplanung. Sie sind mit allen anderen Planungssystemen verbunden.

Die *Disposition*, die sich in lang-, mittel- und kurzfristige Elemente unterteilen lässt, ist der Basisplan des Theaters. Hier verschränken sich konzeptionelle, Planungs-, Produktions- und Präsentationsphase der verschiedenen Stücke in ihren verschiedenen Entstehungsphasen mit den personellen Anforderungen an die Besetzungen, den Einsatz von Assistenten, Chor und Orchester, wie auch Technik, Requisite und Maske. Nicht zuletzt werden mit der Disposition auch Proben- und Spielorte fixiert.

Ein *Spielplan* entsteht in der Regel in vier Grundphasen.

Phase 1 – Konzeption:

Diskussion der zu spielenden Stücke vor dem Hintergrund des künstlerischen Profils, der Ensembleentwicklung, der Zuschauernachfrage, der personellen, finanziellen und logistischen Ressourcen. Beteiligt sind in dieser Phase, die beim Schauspiel etwa ein Jahr, bei Oper und Konzert bis zu zwei Jahren vor Spielplanlegung einsetzt, neben Intendanten und Geschäftsführer alle Spartendirektoren.

Phase 2 – Spielplanlegung:

Positionierung und Bestimmung der Premierenfolge der zu spielenden Stücke im Rahmen ihrer Gewichtung im Gesamtspielplan, Entscheidung für Haupt- und Nebenproduktionen, und damit jeweiliger Ressourceneinsatz und Werbeaufwand, Festlegung der Regieteams – insoweit nicht bereits in Phase 1 geschehen –, der Besetzungen, der durchlaufenden Abonnements. Drucklegung im Rahmen eines Spielzeitheftes. Verabschiedung des Spielplanes in einer Leitungssitzung, Vorstellung und Veröffentlichung vor den Mitarbeitern und der Presse etwa 4 – 6 Monate vor Beginn der Spielzeit.

Phase 3 – Jahresdisposition:

Verfeinerung des Spielplanes durch Ergänzung der Proben- und Bühnenzeiten sowie der Spieltermine im Abonnement und Repertoire, abhängig vom Potential des

2.4 Organisation und Management im Theater 123

Stückes bei den Zuschauern, gemessen an der zu erwartenden Auslastung und den Einspielergebnissen. Abstimmung des Jahresplanes in einer Leitungssitzung. Nutzung als internes Dokument und als Vorlage für die Monatspläne.

Phase 4: Monats-, Wochen- und Tagesplanung:
Verabschiedung der Monatspläne als Vorlage für das zu veröffentlichende Monatsprogramm (Leporello), sowie die Wochen- und Tagespläne. Verabschiedung und Veröffentlichung der Wochenpläne am Freitag um 14 Uhr, Veröffentlichung der Tagespläne jeweils am Vortag um 14 Uhr als verbindlicher Dienstplan für alle künstlerischen Angestellten.

2.4.4.2 Personalplanung

Bei der *Personalplanung* am Theater unterscheiden wir zwischen verschiedenen Instrumenten. Der Gesamtpersonalplan eines Theaters, der auch Stellenplan genannt wird, ist ein Instrument der Personalabteilung, in der alle Stellen, ihre Besetzung und Dotierungen (Vertragseinstufungen bzw. Gagen) ebenso festgehalten sind wie die Vertragsdauer, das voraussichtliche Datum des Ausscheidens des derzeitigen Stelleninhabers (durch Fluktuation, Nichtverlängerung, Kündigung, Verrentung) und schließlich die Option der Wiederbesetzung.

Ein Teil der Personalplanung, der die Besetzung der Stücke wie auch die personelle Planung der Proben und Vorstellungen betrifft, findet sich in der Disposition wieder.

Ein weiteres, modernes Instrument ist das der *Personalentwicklung*. Hier geht es darum, aus den Gesprächen mit den Mitarbeitern persönliche Entwicklungsabsichten und -potentiale herauszufiltern und gleichzeitig Entwicklungsnotwendigkeiten des Theaters hinsichtlich seiner zukünftigen Personalstärke und den erforderlichen Qualifikationen zu erfassen und diese umzusetzen.

Stelle/ Funktion	Name	Qualifikation	Zukünftige Qualifikation	Weiterbildung Entwicklung	Datum des Ausscheidens	Wiederbesetzung
Betriebstechniker	xx	Elektrotechniker	Eletrotechnik IT	IT	31.7.2020	Offen
Sängerin	yy	Sopran	Dramatischer Sopran	Möglich	31.7.2013	Dram. Sopran
Sänger	zz	Bariton	Bass	Nicht möglich	31.7.2012	Bass

Tabelle 37: Ausschnitt eines Personalentwicklungsplanes am Theater

Erläuterungen zu *Tabelle 37:*

Die drei Beispiele aus dem Bereich der Personalentwicklung zeigen nicht nur wie heterogen ein Theater zusammengesetzt ist, sondern auch, wie unterschiedlich bestimmte Karrieren vor dem Hintergrund der eigenen Qualifikation und der Ansprüche des Theaters verlaufen können.

Im ersten Fall handelt es sich um einen Betriebstechniker, der mit der Qualifikation Elektrotechniker eingestellt wurde. Inzwischen hat sich herausgestellt, dass auf dieser Stelle zukünftig immer mehr Anforderungen im Bereich IT gestellt werden. Eine Weiterbildung wird angeboten, die der Techniker auch nutzt. Da er einen TVöD-Vertrag hat, endet dieser 2020 mit Vollendung des dann 67. Lebensjahres. Ob die Stelle wiederbesetzt werden wird, ist aufgrund der Langfristigkeit und der möglichen technologischen Veränderungen nicht absehbar.

Anders verhält es sich mit den beiden Sängerstellen. Im Ensemble befinden sich mehrere Sängerinnen im Stimmfach Sopran. Aufgrund von Spielplanumstellungen in den folgenden Spielzeiten wird anstelle eines lyrischen ein dramatischer Sopran gesucht. Wenn die Sängerin das Potential dazu hat, ihre Stimme verbunden mit einem Wechsel ins dramatische Fach ausbilden zu lassen, besteht für sie eine große Möglichkeit, weiter am Haus zu bleiben. Sollte dies nicht möglich sein, versucht man, sich einvernehmlich zu trennen.

Im dritten Fall ist ein Stimmfachwechsel vom Bariton zum Bass, der in der kommenden Spielzeit benötigt wird, aufgrund der stimmlichen Disposition des Sängers ausgeschlossen. Gleichzeitig hat der Sänger in der Stimmführung und Textsicherheit erhebliche künstlerische Mängel. Das Haus wird eine Nichtverlängerung aussprechen und die Stelle in der darauf folgenden Spielzeit mit einem Bass wiederbesetzen.

2.4.4.3 Technische und Werkstattplanung

Die technische Planung betrifft im Wesentlichen die Dienstplanung der technischen Abteilungen für den Proben- und Vorstellungsprozess. Betroffen sind hiervon:

- die *Bühnentechnik:* für den Auf- und Abbau der Dekorationen (Bühnenbild) und szenische Verwandlungen während der Aufführungen;
- die *Beleuchtung*: für die Einrichtung der Lichttechnik und das „Fahren" der Beleuchtung (Lichtwechsel) während der Proben und Vorstellungen;
- die *Tontechnik*: für die Einrichtung der Tontechnik für Proben und Vorstellungen, die Mikrofonierung und Verstärkung, die Einspielung von Musik während Proben und Vorstellungen;
- die *Videotechnik:* für die Herstellung von Videomaterial für Proben und Vorstellungen, aber auch für Live-Übertragungen als szenischer Bestandteil der Aufführungen;
- die *Requisite:* für die Herstellung, Beschaffung und Bereitstellung von Requisiten für Proben und Vorstellungen;
- die *Maske:* für die Herstellung von Masken und Perücken im Probenprozess sowie den Maskendienst vor und während der Vorstellungen;

2.4 Organisation und Management im Theater

- die *Ankleiderinnen:* für die Bereitstellung der Proben- und Vorstellungskleidung für alle Künstler sowie deren anschließende Reinigung und Verwahrung.

Die einzelnen Dienste werden in der Dienstplanung festgehalten.

Die *Werkstätten* unterliegen einer gesonderten Planung. Nachdem die *Bauprobe* erfolgt ist, während der die Dekoration in Originalmaßstäben auf der Bühne nachgestellt wurde und die Zeichnungen sowie Figurinen zur Herstellung von Dekorationen und Kostümen vorliegen, werden diese in den hauseigenen Werkstätten angefertigt. Termin hierfür ist die *Technische Einrichtung*, zu der alle Dekorationsteile erstmals auf der Bühne zu einem Bühnenbild zusammengestellt werden.

2.4.4.4 Finanz- und Wirtschaftsplanung

Wesentliche betriebswirtschaftliche Aspekte der Finanzplanung sind bereits im Abschnitt 2.3 ausgeführt worden. An dieser Stelle soll der Gedanke der Finanzplanung aufgenommen werden, der parallel zu den Kernprozessen des Theaters greift. Während im Rahmen von Verhandlungen mit den Gesellschaftern die Höhe der Zuwendungen für einen Zeitraum der kommenden zwei bis fünf Jahre verhandelt und vertraglich fixiert wird, beginnen begleitend zur Konzeptionsphase und zur Erstellung des Spielplanes theaterintern die Gespräche über die Höhe der Budgets für die jeweilige Sparte bzw. die einzelne Inszenierung. Grundlage hierfür ist der Wirtschaftsplan:

Position	Plan	Ist	Abweichung	Hochrechnung
Personalkosten fest	15,0	15,2	0,2	15,2
Gäste	1,0	1,3	0,3	1,3
Material Inszenierungen	0,8	0,7	-0,1	0,7
Betriebskosten	0,9	1,0	0,1	1,0
Kommunikation	0,2	0,2	0	0,2
Reisen/Übernachtungen	0,2	0,4	0,2	0,4
Sonstige	1,0	0,9	-0,1	0,9
Gesamt	19,1	19,7	0,6	19,7
Einnahmen Karten	2,1	2,4	+0,3	2,4
Sonstige Einnahmen	0,2	0,4	+0,2	0,4
Zuwendungen	17,0	17,0	0	17,0
Einnahmen gesamt	19,3	19,8	+0,5	19,8
Saldo	+ 0,2	+ 0,1	- 0,1	+ 0,1

Tabelle 38: Grobgliederung eines Wirtschaftsplanes (in Mio. Euro)

Der Wirtschaftsplan, dem bereits ein Ergebnis vorliegt, zeigt, wie knapp die Kalkulation ist und wie schwer die Entwicklungen in den einzelnen Positionen zu prognostizieren sind. So wurden die Personalkosten in beiden Positionen, bei den fest Angestellten und den Gästen, überzogen. Insgesamt wurde der Wirtschaftsplan um 600 TEUR überzogen. Da sich aber die Einnahmen gut entwickelten und sowohl bei den Karten wie auch den sonstigen Einnahmen ein besseres Ergebnis erzielt werden konnte, als in der Planung vorgesehen, konnte ein ausgeglichenes Ergebnis erzielt werden. Nicht berücksichtigt sind hier die Abschreibungen, die in der Gewinn- und Verlustrechnung (2.3.3) aufgenommen werden und das Ergebnis noch einmal verändern.

Der Wirtschaftsplan kann auch als *Hochrechnung* genutzt werden. So werden im Laufe des Jahres die einzelnen Ergebnisse monatsweise abgetragen und mit einem Prognosewert versehen, aus dem sich erkennen lässt, ob der Wirtschaftsplan in seinen einzelnen Positionen eingehalten wird.

Position	Plan	Ist Juni	%	Hochrechnung
Personalkosten fest	15,0	7,6	51	15,2
Gäste	1,0	0,7	70	1,4
Material Inszenierungen	0,8	0,4	50	0,8
Betriebskosten	0,9	0,4	44	0,8
Kommunikation	0,2	0,1	50	0,2
Reisen/Übernachtungen	0,2	0,2	100	0,4
Sonstige	1,0	0,5	50	1,0
Gesamt	19,1	9,9	52	19,8
Einnahmen Karten	2,1	1,0	48	2,0
Sonstige Einnahmen	0,2	0,2	100	0,4
Zuwendungen	17,0	8,5	50	17,0
Einnahmen gesamt	19,3	9,7	50	19,4
Saldo	+ 0,2	- 0,2	%	- 0,4

Tabelle 39: Grobgliederung einer Hochrechnung (Halbjahr)

Erläuterung: Die Hochrechnung zeigt, dass sich bereits Überziehungen bei den Personalkosten in der Mitte des Jahres abzeichnen, während sich die Karteneinnahmen nur durchschnittlich entwickeln. Zu diesem Zeitpunkt bestand die Gefahr, den Wirtschaftsplan nicht einzuhalten. Erst mit deutlich besseren Umsätzen bei den Kartenverkäufen in der 2. Jahreshälfte konnte gegengesteuert werden.

2.4 Organisation und Management im Theater

Das Verfahren der Finanzplanung ist also dreistrangig, es vereint die Verhandlung, die Erstellung des Wirtschaftsplanes und die interne Budgetierung.

Phase	Ziele, Inhalte	Partner
Verhandlung	Sicherung der Finanzierung des Theaters für 2 bis 5 Jahre	Gesellschafter
Wirtschaftsplanung	Erstellung eines Wirtschaftsplanes auf Grundlage der zur Verfügung stehenden Mittel und den Erfahrungswerten der Vorjahre unter Annahme von Teuerungsraten bei Preisen, Löhnen und Gehältern	Erstellung des Wirtschaftsplanes durch die Geschäftsführung, Vorlage beim Aufsichtsgremium und den Gesellschaftern
Interne Budgetierung	Erstellung der Budgets für die Sparten, sowie für Betriebskosten, Materialkosten und Inszenierungsaufwand	Verhandlungen mit den Spartendirektoren und Abteilungsleitern, Zuweisung der Budgets

Tabelle 40: Phasen der Finanzplanung

2.4.4.5 Vertriebsplanung

Die Vertriebsplanung ist ein vernachlässigtes Instrument. Der Vertrieb, über den letztlich die Einnahmen gesteuert werden, wird oftmals zu spät und zu unsystematisch geplant. Wichtige Instrumente, die eingeführt werden müssen, sind Tendenzberichte, in denen der Vertriebsleiter einmal wöchentlich allen Leitungsmitgliedern die Vorverkaufszahlen der einzelnen Stücke der nächsten acht bis zwölf Wochen zukommen lässt. Auf dieser Basis werden notwendige Werbemaßnahmen und veränderte Stückansetzungen besprochen. Die Vertriebsplanung muss zudem klare Vorgaben für die Zahl der zu verkaufenden Karten nach Sparten und Besuchersegmenten beinhalten, die zum Ende der Spielzeit überprüft werden.

Auch die Altersstruktur der Besucher gibt deutliche Signale: bei den Erwachsenen wurden die meisten Besucher verloren, während die Senioren als Besucher zahlenmäßig deutlich hinzugewonnen wurden – ein Ausdruck der demografischen und sozialen Rahmenbedingungen, eine wachsende Zahl an Rentnern und immer mehr konkurrierende Freizeitangebote für die arbeitstätigen Erwachsenen, die wiederum selbst über immer weniger Freizeit verfügen. Die Vertriebsplanung (siehe Tabelle) ist deshalb in sich segmentiert. Jedes der drei Segmente – Abo/Stammbesucher, Gattungen und Alterskategorien – hat dabei dieselbe Zielgröße an Zuschauern (in diesem Fall 150.000).

Kategorie	Jahresplanung	Ist	Differenz
Abo	40.000	37.000	- 3.000
Stammbesucher	90.000	88.000	- 2.000
Neukunden	20.000	15.000	- 5.000
Oper	35.000	37.000	+ 2.000
Schauspiel	45.000	35.000	- 10.000
Konzert	45.000	45.000	0
Tanz	10.000	8.000	- 2.000
Kinder- und Jugend	12.000	10.000	- 2.000
Sonstige	3.000	5.000	+ 2.000
Kinder (bis 14)	15.000	16.000	+ 1.000
Jugendliche (21)	25.000	20.000	- 5.000
Erwachsene	60.000	47.000	- 13.000
Senioren	50.000	57.000	+ 7.000
Gesamt jeweils	150.000	140.000	- 10.000

Tabelle 41: Vertriebsplanung

Erläuterung: Das Gesamtziel an Zuschauern wurde nicht erreicht. Die Ziele bei Abonnenten und Stammpublikum wurden leicht verfehlt, deutlicher verfehlt wurde die Werbung von Erstbesuchern. Bei den Sparten ergibt sich ein gemischtes Bild, die deutlichsten Verluste hat das Schauspiel zu verzeichnen, während alle anderen Sparten im Bereich der Planung geblieben sind, überproportional gewachsen sind die sonstigen Angebote (Einführungen, Lesungen, offene Proben, Hausführungen).

2.5 Ressourcen und Management

Das Weimarer Modell

Das Weimarer Theater und seine Staatskapelle standen 2002/2003 vor der Situation, dass die Landesregierung im Einvernehmen mit den beiden Nachbarstädten Erfurt und Weimar eine Fusion des Erfurter und Weimarer Theaters plante, um zukünftig Personalkosten zu sparen. Kern des Modells war, in Erfurt das Schauspiel und das Kinder- und Jugendtheater zu schließen und das Musiktheater zu stärken, während Weimar in Zukunft auf sein Musiktheater verzichten sollte. Durch wechselseitige Gastspiele sollte das Angebot in beiden Sparten für die Zuschauer erhalten bleiben.

Weimar, traditionell nicht nur eine Schauspiel-, sondern auch eine Musikstadt, machte sich im Rahmen einer Bürgerbewegung für den Erhalt des Theaters und gegen eine Fusion stark, so dass – während der Erfurter Stadtrat die Abwicklung des Schauspiels beschloss und umsetzte – der Weimarer Stadtrat die Fusion ablehnte

2.5 Ressourcen und Management

und die Theaterleitung beauftragte, ein Modell zum Erhalt des Theaters bei Deckelung aller Kosten für den Zeitraum von sechs Jahren (2003 – 2008) zu entwickeln. Das Modell hatte folgende Bestandteile:

- Bestellung eines neben dem Intendanten gleichberechtigten Geschäftsführers;
- Umwandlung des städtischen Eigenbetriebes in eine GmbH;
- Entwicklung und Verhandlung eines finanziellen Ausgleichsmodells, insbesondere für die Personalkosten der kommenden sechs Jahre.

Während die Bestellung des Geschäftsführers zügig erledigt wurde, war die Umwandlung des städtischen Eigenbetriebes in eine GmbH mit einigen Herausforderungen verbunden. Neben der Bestellung der Organe der GmbH (Aufsichtsrat, Geschäftsführer) mussten sehr schnell ein Gesellschaftsvertrag, eine Geschäftsordnung für die Geschäftsführung und für den Aufsichtsrat erstellt werden. Gleichzeitig mussten die GmbH mit einer Kapitaleinlage (250 TEUR) ausgestattet und das Vermögen (Anlagen etc.) in einer Eröffnungsbilanz ermittelt werden. In diesem Zuge wurde die Entscheidung getroffen, dass die Theaterimmobilie im Besitz der Stadt verbleibt und nicht an die GmbH übertragen wird. Gleichzeitig mussten alle Mitarbeiter des Eigenbetriebes dem Übergang zur GmbH zustimmen.

Parallel zur Gründung der GmbH und den ersten Aufsichtsratssitzungen, in denen von der Geschäftsleitung neue betriebswirtschaftliche und organisatorische Instrumente vorgestellt wurden, fanden die Verhandlungen mit den Gewerkschaften über eine Deckelung der Personalkosten für die kommenden sechs Jahre statt. Zog man die Tariferhöhungen von durchschnittlich 2 % p. a. in Betracht, handelte es sich dabei um einen Lohnverzicht von ca. 15 % in den kommenden Jahren. Um diesen Lohnverzicht auszugleichen, wurde das 13. Gehalt, die sogenannte Zuwendung, für alle Mitarbeiter eingefroren. Von diesem Sockelbetrag wurden die Tariferhöhungen gezahlt, abgezogen und die Restzuwendung ausbezahlt. Da die Tariferhöhungen von Jahr zu Jahr kumulierten, wurde auch der Sockel geringer. Letztlich reichten die Mittel jedoch bis zum Jahr 2008. Als Ausgleich wurde ein Fonds eingerichtet, der alle zum Beispiel durch Gastspiele oder zusätzliche Einnahmen erwirtschafteten „Überschüsse" sammelte, aus denen hälftig der Sockelbetrag aufgefüllt und hälftig die Kapitalrücklagen der GmbH gestärkt wurden. Gleichzeitig wurde für die abgeschmolzenen Zuwendungen ein Freizeitausgleich gewährt.

Wichtigste Ergebnisse waren:

- dass alle Sparten und alle Stellen erhalten wurden,
- dass alle Mitarbeiter Gage bzw. Lohn erhielten, der tariflich angepasst war und das Haus deshalb auf dem Gagenmarkt wettbewerbsfähig blieb,

- dass das Nationaltheater zum 1.1.2009 in ein Staatstheater mit 79%iger Beteiligung des Landes umgewandelt und damit der Wiedereinstieg in den Tarif vollzogen wurde,
- dass in den Verhandlungen über die Zukunft der Thüringer Theaterstruktur der Erhalt des Nationaltheaters und der Staatskapelle als Staatstheater mit einer Finanzierungserhöhung für die Jahre 2013-2016 gesichert werden konnte.

2.6 Infrastruktur und Management

Marode Theatergebäude und Spielstätten gefährden nach Überzeugung der Deutschen Orchestervereinigung (DOV) den Bestand der Theater und Orchester in Deutschland. Seit Wochen, heißt es in einem Schreiben der DOV von Anfang August, sei das Stadttheater in Schleswig wegen Einsturzgefahr geschlossen, das Volkstheater Rostock bereits vor Monaten vom TÜV gesperrt worden, beim Theater Augsburg bestehe ein Sanierungsstau. Viele Kommunen haben in den vergangenen Jahren die Bauunterhaltung für ihre Aufführungsstätten stark vernachlässigt. Image, Zuschauer und Einnahmen gehen verloren, aber auch der Personalbestand wird gefährdet, da sich die Auftrittsmöglichkeiten reduzieren.[142]

Eine Hauptursache ist, dass zumeist nur über die Betriebszuschüsse und den Ausgleich der kommenden Tariferhöhungen und viel zu selten über die Höhe der Investitionen für den Erhalt der Theater gesprochen und verhandelt wird. Aufgrund des großen Investitionsstaus bei der Mehrzahl der deutschen Theater ist es erforderlich, eine präzise, langfristige Investitionsplanung vorzunehmen, die nicht nur die Bausubstanz, sondern auch die dringend erforderlichen technologischen Erneuerungen in den Bereichen IT, Bühnen-, Ton- und Beleuchtungstechnik erfasst. Investitionen sollten prinzipiell nicht aus den für den Theaterbetrieb vorgesehenen Mitteln finanziert werden, allenfalls kleinere Instandhaltungen und Reparaturen. Wie geht man aber damit um, wenn die Gesellschafter bzw. die Besitzer der Theaterimmobilie (zumeist die Kommunen) nicht in der Lage oder nicht Willens sind, die hierfür notwendigen Finanzierungen bereitzustellen? Eine weitere Schwierigkeit besteht darin, dass viele Theater zwei Gesellschafter haben, das jeweilige Bundesland und die Kommune, die jeweils hälftig – oder in dem im Gesellschaftsvertrag festgelegten Verhältnis – nicht nur die Betriebskosten, sondern auch jede weitere Finanzierung tragen müssen. Ist einer der beiden Gesellschafter, ob aus haushalterischen oder politischen Gründen, nicht in der Lage zu finanzieren, entfällt auch der Anteil des anderen Gesellschafters, und das Theater geht

---
142 OPERNWELT: Marode Theatergebäude, Heft 9/2010, S. 86.

2.7 Managementinstrumente, ihre Implementierung und Umsetzung

„leer" aus. In diesen Fällen müssen den Gesellschaftern und den Aufsichtsgremien die Szenarien offen gelegt werden, die im Falle unzureichender oder zeitlich verschleppter Modernisierung eintreten können:

- Gefährdung der Betriebssicherheit und/oder des Brandschutzes;
- Gefährdung der Mitarbeiter und der Zuschauer;
- Betriebs- und Spielunfähigkeit, Einnahmen- und Imageverlust;
- Schließung der Immobilie mit allen daraus folgenden Konsequenzen.

2.7 Managementinstrumente, ihre Implementierung und Umsetzung

In den vorliegenden Abschnitten sind eine Reihe von Managementinstrumenten vorgestellt worden, die in den letzten Jahren in unterschiedlicher Form und Ausdifferenzierung ihren Einzug in die Theater gehalten haben, aufgrund veränderter Rahmenbedingungen, akuter Finanzkrisen, politischen Drucks oder der Voraussicht der Theaterleiter. Die Gründe sind weitaus weniger ausschlaggebend als die Art und Weise der Einführung und Durchsetzung der Instrumente. Dabei muss auf zwei Dinge geachtet werden: zum einen hat jedes Theater seine Besonderheiten. Die Übertragung von Instrumenten von einem Theater auf das nächste kann deshalb nur nach entsprechender Anpassung erfolgen. So wird das Personalmanagementsystem im Staatstheater A andere Anforderungen stellen als an das Stadttheater B. Ein zweiter wichtiger Aspekt ist die Pflege der Instrumente. Dies beinhaltet auch ihre Weiterentwicklung. Managementsysteme sind insofern nicht nur offene, sondern auch sich entwickelnde Systeme, die ihre Nachhaltigkeit dann entfalten, wenn mit ihnen und immer weiter an ihnen gearbeitet wird.

Nicht alle Theater haben die Ressourcen, um Managementinstrumente in gleicher Qualität und Geschwindigkeit zu entwickeln. Dennoch sollte ein Theaterleiter ständig über den wirtschaftlichen und personellen Stand seines Hauses informiert sein, im Rahmen einer Zustandsbeschreibung, die über einige wenige, aussagekräftige und jederzeit abrufbare Indikatoren erfolgen kann.

Indikator	Beschreibung	Auswertungspotentiale
Auslastung	Verhältnis der angebotenen zu verkauften Plätzen	Lauf einer Inszenierung
Liquidität	Zahlungsfähigkeit	Ständige Kontrolle
Deckungsbeitrag	Grad der Deckung der variablen Kosten durch die Einnahmen	Stück, Sparten, gesamte Inszenierungen
Preisentwicklung	Material, bezogene Leistungen wie Gas, Wasser, Energie	Angebotseinholung und Preisvergleiche auf dem Markt
Personalplan	Stellenbesetzung	Potential Neubesetzungen und neue Stellenprofile
Krankenstand	Zahl der Kranken je Abteilung	Motivationsgrad
Medienresonanz	Zahl der Presseabdrucke je Neuinszenierung	Mediale Reichweite des Theaters
Zahl der Verträge pro Spielzeit	Erfassung aller Neuverträge im Personalbereich	Fluktuation, Verhältnis von Gast- und Festverträgen

Tabelle 42: Indikatorenmodell zur schnellen Lageeinschätzung

3. Zukunftsfragen – Die Transformation der Theatersysteme

Vor dem Hintergrund der finanziellen und strukturellen Krisenprozesse in der deutschen Theaterlandschaft haben sich einzelne Reformmodelle herausgebildet. Ihr Erfolg und ihre Durchsetzung sind im Wesentlichen davon abhängig, inwieweit die Theater in der Lage sind, reale Transformationsprozesse einzuleiten und umzusetzen. Auf einer weiteren Ebene, die die Theater- und Orchesterstruktur des jeweiligen Bundeslandes betrifft, muss dieser Transformationsprozess strukturell reflektiert und begleitet werden. Wir sprechen deshalb von einer doppelten Transformation, die den einzelnen Theaterbetrieb und das Theatersystem des Bundeslandes umfasst. Ihr Erfolg bedingt sich wechselseitig.

Der Prozess der Transformation umfasst folgende Schritte:

1a Das einzelne Theater vollzieht eine Wandlung in seiner Darstellung nach außen; dies ist bei Rechts- und Betriebsformänderungen in einigen Fällen bereits geschehen, führt aber weiter in der Veränderung aller Beziehungen nach außen (Besuchermanagement, Lobbyarbeit, Pressearbeit, Kooperationen).

1b Das Theater als Organisation vollzieht zudem interne Wandlungsprozesse, die sich im Wesentlichen auf strukturelle und produktionsbezogene Aspekte konzentrieren: Schwerpunkte bilden das Personal- und Ensemblemanagement, das zunehmend an Gewicht gewinnt, aber auch die Veränderung der internen Produktionsprozesse.

2 Während jedes Theater seinen individuellen Reformprozess durchläuft, wird sich die gesamte Theater- und Orchesterlandschaft strukturell verändern, dabei werden nicht nur die wesentlichen Aspekte des deutschen Theatersystems (Repertoire, Ensemble, Stadttheater), sondern auch die öffentliche Finanzierung und Förderung auf sehr unterschiedliche Weise in Frage gestellt, verändert und weiterentwickelt.

Der Reformprozess läuft in verschiedenen Phasen ab, er wird keineswegs synchron vollzogen. Die momentane Schwäche der Kulturpolitik besteht darin, keine zentrale Steuerung dieser Prozesse zum Beispiel auf Länderebene vorzunehmen. Dort werden zwar Kulturentwicklungspläne und Strukturanpassungsprogramme für die einzelnen Theaterlandschaften entwickelt, doch finden die maßgeblichen

Reformen in den Theatern weitgehend eigenständig und zumeist als Reaktion auf einschränkende Rahmenbedingungen statt.

Das Kapitel wird Reformmodelle vorstellen und Ausblicke auf eine heterogenere und differenziertere Theaterlandschaft geben als wir sie heute kennen, die in bestimmten Modellfällen Anleihen in Theatersystemen benachbarter Länder nimmt – wie die Beispiele Belgien und die Niederlande zeigen.

Exkurs: Das flämische und niederländische Theatersystem

Das belgische, präziser das flämische Theatersystem, momentan selbst von herben finanziellen Einschnitten bedroht, ist möglicherweise ein Modell, das sowohl künstlerische als auch organisatorische Reformelemente enthält, die – auf das deutsche Theatersystem bzw. einzelne Theater übertragen – Wege aus der momentanen Krise aufzeigen könnten. Belgiens Theatersystem steckte selbst bis etwa Mitte der 80er in einer großen künstlerischen Krise, es war stark an das deutsche Theatersystem angelehnt, ohne jedoch auf ein so reiches Repertoire zurückgreifen zu können. Zu diesem Zeitpunkt begannen eine Reihe begabter flämischer Künstler, unter ihnen Jan Lauwers, Ivo von Hove, Luk Perceval, Alain Platel, Anna Teresa De Keersmaeker und Jan Fabre, ihre Theaterprojekte jenseits der Stadttheaterinstitutionen vorzustellen und eigene Produktionsstrukturen zu schaffen. Während in Deutschland ebenfalls eine starke freie Szene entstand, sind die freien Künstler in Belgien jedoch innerhalb weniger Jahre ins Zentrum des Theaterschaffens und der Institutionen vorgerückt. Unterstützt wurden sie von Theatermachern und Managern, die die geeigneten Produktionsstrukturen schufen.

1982 wird das ehemals sozialistische Gewerkschaftshaus Vooruit in Gent in ein Kultur- und Theaterzentrum umgewandelt, 1983 nutzt Frie Leysen das leer stehende Antwerpener Musikkonservatorium um und gründet das Produktionshaus deSingel, im selben Jahr wird das Theater Stuk in Leuven neu organisiert, 1986 wird das Kunstcenter Monty in Antwerpen gegründet, das einheimischen Künstlern Produktionsmöglichkeiten und Aufführungsorte anbietet, 1987 wird das Kaaitheater Brüssel, bis dahin ein Festivalhaus, von Hugo de Greef zu einem durchgängig bespielten Theaterhaus umgewandelt. Seitdem konnte sich aus einem reformresistenten Theatersystem eines der spannendsten Produktionssysteme Europas entwickeln, das zudem in den vergangenen Jahren ausreichend finanzielle Förderung seitens der Städte und Regionen erhielt.

> „Derzeit werden neben den drei Stadttheatern in Brüssel, Gent und Antwerpen 19 Kunstcenter, etwa 50 Gruppen, einzelne Projekte und eine Reihe sogenannter „Werkplaatse" (Studios und Ateliers) gefördert. In Deutschland völlig unvorstellbar: Sie alle bewerben sich regelmäßig bei

der gleichen Stelle unter gleichen Bedingungen um die Subventionen.... Alle vier Jahre, das nächste Mal zum Stichtag 1. Oktober, müssen dafür alle Kunstschaffenden ihre Arbeit der vergangenen Jahre evaluieren und in einem Dossier darlegen, was sie in den nächsten Jahren zu tun beabsichtigen und warum."[143]

Hier spielt der Gedanke der (Selbst)Evaluierung der künstlerischen Ergebnisse eine besondere Rolle, die später im Bereich der Exzellenzförderung wiederkehrt.

Gleichzeitig hat sich das flämische Stadttheatersystem radikal geändert, inzwischen arbeitet nur noch das NTGent mit einem eigenen Ensemble, während die anderen ehemaligen Stadttheater, das Toneelhuis in Antwerpen und das KVS in Brüssel, als reine Produktionsorte für die Gruppen agieren. Aber auch das NTGent öffnet seine Türen für andere Gruppen und Koproduktionen. Im Toneelhuis hat der dortige Intendant Guy Cassiers, statt ein eigenes Ensemble zu gründen, fünf Künstler verschiedener Herkunft – Choreografen, Performancekünstler, Theatermacher – eingeladen, am Haus zu arbeiten und dort ihre Arbeiten zu präsentieren.

„Diversität bei Zugängen und Umsetzungen, bei Formen und Inhalten wird großgeschrieben – auch das Stadttheater hat sich in Flandern klar an der Kunst und den Kunstcentern der Achtziger und Neunziger orientiert."[144]

Dabei gibt es zwei weitere wesentliche Merkmale, die das flämische vom deutschen System unterscheiden: in Flamen wird kollektiv und relativ hierarchiefrei gearbeitet, die Macht eines Künstlerischen Leiters oder Intendanten ist mit der eines alleinherrschenden deutschen Theaterleiters nicht zu vergleichen, was den künstlerischen Mitarbeitern und assoziierten Gruppen mehr Mitspracherechte bei der Verwirklichung ihrer Ideen gibt. Zudem gehört es zum Arbeitsprinzip flämischer Gruppen, dass nicht nur koproduziert wird, sondern dass die Produktionen innerhalb des Landes und international auf Tour gehen. Gastspiele deutscher Theater und deutscher Produktionen sind mittlerweile so teuer und schwerfällig, dass sich der Gastspielbetrieb in Deutschland, wenn er nicht etwa durch hochdotierte Festivals (Theatertreffen in Berlin, Stückemarkt in Heidelberg) oder Festivalkoproduktionen (Salzburg, Ruhrtriennale, Berliner Festspiele) nochmals subventioniert wird, kaum noch stattfindet.

Ähnlich funktioniert auch das niederländische Theatermodell, das zwar vor drastischen Kürzungen steht, aber immer noch über eine produktive Theaterlandschaft verfügt, die sich im Wesentlichen aus einigen wenigen staatlichen Theatern und 22 Produktionshäusern zusammensetzt, die die Bereiche Schauspiel, Musik, Tanz, Performance und Jugendtheater mit je einem eigenen Schwerpunkt abdecken. Auch in den Niederlanden schreiben jede Gruppe und jeder Leiter eines Produkti-

---

143 KÜHL, Christiane, Wir Glückspilze, in: Theater Heute, 10/2011, S. 32.
144 Ebd., S. 34.

onshauses alle vier Jahre einen neuen Antrag zur Mittelbewilligung aus dem niederländischen Kulturfonds. Die Bühnen, die Presenters genannt werden, werden finanziell von den Städten getragen, während die Gruppen und Einzelkünstler, die Producers (besser: Perfomers), Geld aus dem Ministerium erhalten.

Mit den neuen Kürzungsbestrebungen soll die niederländische Theaterlandschaft jedoch drastisch reduziert werden: auf acht große Theatergruppen und ein Opernhaus.[145]

Merkmale	D	BEL	NL
Theatersystem	Stadt- und Staatstheater; Freie Szene separat	Mehrheitlich Theaterhäuser, die von der Freien Szene genutzt werden	Spezialisierte Produktionshäuser (Drama, Musik, Tanz, Perfomance)
Produktionssysteme	Innerhalb der Theater, Repertoire	En suite, in den Theaterhäusern und sog. Ateliers	En suite, in den 22 Produktionshäusern
Förderung	Kontinuierlich von Stadt und Land	Alle 4 Jahre Eigenevaluierung und Neubeantragung bei Stadt und Region	Alle 4 Jahre, kürzere Fristen für Gruppen und Einzelprojekte, Presenters (Stadt), Producers (Land)
Präsentationsformen	In den Theatern, Gastspiele aus Kostengründen selten	In den Theaterhäusern, dann auf Tournee	In den Produktionshäusern, dann auf Tournee
Koproduktionen	Vereinzelt zwischen größeren Theatern und Festivals	Grundlage des Theatersystems	Grundlage des Theatersystems
Zukunftspotentiale	Reformen, ständige Bedrohung durch Kürzungen	Kürzungen, aber System wird nicht in Frage gestellt	Reduzierung der Zahl der geförderten Institutionen durch Kürzungen

Tabelle 43: Theatersysteme in D, BEL und NL im Vergleich

Die deutschen Theater können aus der Analyse des flämischen und niederländischen Theaters einige Aspekte in ihre Zukunftsüberlegungen übernehmen:

- Die Kreativität geht von den Gruppen aus, denen in Theater- oder Produktionshäusern Proben- und Präsentationsmöglichkeiten gegeben werden.
- Das Stadttheatersystem wird auf neue Misch- und Hybridformen umgestellt, in denen die produzierende Gruppe und nicht das ständige Ensemble das Primat haben, die produzierenden Häuser kommen dabei immer mehr in die Lage von Kuratoren oder Produzenten.

---

145 VANACKERE, Annemie, Mehr Kunst für Henk und Ingrid, im Interview mit Theater Heute, 10/2011, S. 36.

- Die Teilung zwischen Produzenten (den Häusern) und den Gruppen führt ähnlich wie beim Film zu einem stärkeren Selektions- und Konkurrenzprinzip und damit zu mehr Innovation und Qualität.
- Die Überprüfung der Förderung alle vier Jahre führt zu einer stärkeren Reflexion der eigenen Arbeit und dessen, was man künstlerisch in den kommenden Jahren erreichen will.
- Das System beruht auf En-Suite-Produktionen, bei denen Gastspiele und Koproduktionen systemischer Bestandteil sind.
- Die Produktionen sind technisch anspruchsvoll, aber so ausgestattet, dass mit einem überschaubaren technischen Stab gereist werden kann.
- Die künstlerische Arbeit erfolgt stark teamorientiert.

3.1 Phase 1a – Die äußere Transformation

Die Reformprozesse des deutschen Theatersystems haben bereits eingesetzt. Sie beziehen sich, was die äußeren Aspekte betrifft, auf die Wahl ihrer Rechts- und Betriebsformen, die Beziehungen zu ihren Gesellschaftern und zur Politik wie auch zu ihren Besuchern und Nichtbesuchern. Der vorliegende Abschnitt, den wir als Phase 1 der Transformation beschreiben, soll zeigen, in welchen Bereichen welche Reformschritte unternommen worden sind und in welchen Bereichen sie noch ausstehen.

3.1.1 Rechts- und Betriebsformänderungen

Rechts- und Betriebsformänderungen haben in den vergangenen Jahren zu erheblichen Veränderungen der Theaterbetriebe geführt. Die Transformation der Theatersysteme hat mit der Änderung der Rechtsformen bereits einen ersten Schritt unternommen. Viele Theater haben ihre Umwandlung eines städtischen Regiebetriebes in einen selbständigeren Eigenbetrieb oder in eine GmbH bereits vollzogen, bei anderen steht der Rechtswechsel unmittelbar bevor. Dabei geht es in erster Linie um:

- eine größere Autonomie und Handlungsfreiheit in der operativen Arbeit, und damit verbunden um die Möglichkeit, Reformen und Veränderungen struktureller Prozesse relativ selbständig einzuleiten;
- die Möglichkeit der Änderung der internen Organisationsform (Organigramm) gemäß den Ansprüchen des Theaterbetriebes;
- die Einführung betriebswirtschaftlicher und unternehmensorientierter Managementprozesse;

- ein verbessertes finanzielles und personelles Management;
- die Öffnung für Kooperationen und neue Produktionsformen.

3.1.2 Außenbeziehungen

Die Außenbeziehungen beschreiben die Beziehungen des Theaters zu seinen Aufsichts- und Verwaltungsgremien, zur Politik, zu den Besuchern, den Medien, aber auch zu potentiellen Kooperationspartnern. Sie beinhalten auch die Öffnung der Theater. In diesem Bereich sind in den letzten Jahren in der deutschen Theaterlandschaft erste wichtige, ausbaufähige Schritte unternommen worden.

Beziehungen zu Gesellschaftern und Aufsichtsgremien

Das bisherige Verhältnis der Theater, insbesondere der Theaterleitungen, zu ihren Gesellschaftern und Aufsichtsgremien ist sehr stark durch ein Verhältnis der Kontrolle und Überwachung geprägt. Das Daten- und Zahlenmaterial, das von den Theatern für die Aufsichtsgremien und die Gesellschafter zusammengestellt und in den meist vierteljährlich stattfindenden Sitzungen präsentiert werden muss, wird immer umfangreicher. Haben früher kurze Berichte über die wichtigsten Eckdaten der wirtschaftlichen Entwicklung und der Bericht des Intendanten über die künstlerische Entwicklung des Hauses ausgereicht, werden heute monatlich mehrseitige Dossiers für die Aufsichtsgremien angefertigt, in denen der Stand der Wirtschafts-, Finanz-, Investitions- und Personalplanung wie auch die gesamte Situation der Besucher- und Einnahmenentwicklung rekapituliert werden. Im Endeffekt artikulieren sich Aufsichts- und Verwaltungsräte mehrheitlich als übergeordnete Controllingabteilungen, jedoch kaum als fachliche Partner und Berater der Theaterleitungen, wenn es um strategische Zukunftsfragen geht. So wird in den Sitzungen minuziös über Abweichungen von Positionen im Wirtschaftsplan diskutiert, anstatt gemeinsam Lösungsmöglichkeiten bei finanziellen Engpässen, sinkenden Besucherzahlen, strukturellen Problemen und fehlenden Investitionen zu entwickeln. Natürlich ist vor allem in den Kultus- oder Kulturministerien (je nach Ministeriumszuschnitt der Bundesländer) Expertise in den Fachabteilungen vorhanden, aber ehrenamtliche kommunale Stadträte bedürften einer stärkeren fachlichen Ausrichtung, damit in den Sitzungen eine tiefgründige Auseinandersetzung und Beratung für die Theaterleitungen angeboten werden kann. Es darf nicht vergessen werden, dass die Aufsichtsräte auch für die Fehler der Geschäftsführung mithaften.

3.1 Phase 1a – Die äußere Transformation

Besucher- und Nichtbesuchermanagement

Wie bereits erwähnt, spielt neben dem Besuchermanagement die Ansprache und Gewinnung von Nichtbesuchern eine besondere Rolle für die Zukunft jedes Theaters. Aus diesem Grunde ist es wichtig, dass die Theater ihre Besucherstämme genau analysieren, Profile anlegen und Potentiale einschätzen. Aus diesen Potentialeinschätzungen heraus wird das gegenwärtige Publikum in verschiedene Gruppen aufgeteilt, die jeweils eine eigene, besondere Ansprache erhalten: Abonnenten, regelmäßige oder sporadische Besucher. Hier gilt es, den Besucherstamm durch Zusatzangebote noch fester an das Theater zu binden.

Voraussetzung für die Gewinnung von Nichtbesuchern ist wiederum die Nichtbesucher-Befragung, mit der Gründe für den Nichtbesuch untersucht werden. In einem zweiten Schritt sollen passende Angebote entwickelt werden.

Presse und Öffentlichkeitsarbeit

Auch die Presse- und Öffentlichkeitsarbeit ist ein wesentliches Instrument der Außenbeziehungen. Mit ihr werden – ergänzend zur Lobbyarbeit – nicht nur die Vision und das Programm eines Theaters, sondern auch die anstehenden Reformen und Transformationsprozesse kommuniziert. Dabei spielen vier Aspekte eine besondere Rolle:

- Die enge Kooperation mit der lokalen Presse ist vor allem für die Rolle des Theaters als Stadttheater von großer Bedeutung; eine dichte Berichterstattung über die Vorstellungsrezensionen hinaus schafft Identität in der einheimischen Bevölkerung und informiert über wichtige Zukunftsaspekte.
- Die überregionalen Feuilletons und die Berichterstattungen in den Theaterzeitungen dienen vor allem der Reputation des Theaters und seiner Regisseure, sie sind dennoch von Bedeutung, denn sie strahlen auf das Theater zurück und werden deutlich auch von der einheimischen Bevölkerung und den Politikern wahrgenommen.
- Das Internet und die Neuen Medien sind seit einigen Jahren unverzichtbares Medium der Kommunikation und Öffentlichkeitsarbeit geworden; hier sollten, abgestimmt auf den Typ des Theaters, neueste Entwicklungen genau analysiert und nachvollzogen werden.
- Eine immer größere Rolle spielt es, die eigene Theaterarbeit in Fachartikeln sichtbar zu machen, Einblicke in die Arbeit des Theaters und die Lösung bestimmter Problemstellungen zu geben.

Vernetzung, Kooperationen und Koproduktionen

Wie wir am Beispiel der Theatersysteme in Belgien und den Niederlanden deutlich gesehen haben, werden die Aspekte Vernetzung, Kooperation und Koproduktion, will sich das deutsche Theatersystem ernsthaft aus der Krise heraus reformieren, an Bedeutung gewinnen. Vernetzung findet zumeist aufgrund persönlicher Beziehungen zwischen den Theatermachern statt, aus denen heraus dann Kooperations- und Koproduktionsideen entstehen. Hier fehlt für die Zukunft eine bessere Systematik:

- Wie ist der Stand der *Vernetzung* meines Theaters mit anderen Theatern, Theatermachern, freien Gruppen, Produzenten, Festivals, anderen Kultureinrichtungen, und welche Potentiale kann ich für meine zukünftige Arbeit daraus erschließen?
- Welche dieser Vernetzungskontakte sind für die zukünftige Ausrichtung meines Theaters von Bedeutung, wie muss ich sie pflegen, welche zusätzlichen Vernetzungen muss ich anstreben?
- Sind *Kooperationen* eine Form der Zusammenarbeit, die das Theater künstlerisch weiter entwickeln und dabei gleichzeitig finanziell entlasten? Welche Kooperationen waren bisher erfolgreich, welchen Lerneffekt haben wir erzielt? Was müssen wir besser machen? Welches sind, gemessen an unserem künstlerischen Anspruch, potentielle Partner für uns? Was können wir aus der Analyse gelungener Kooperationen auf Landes- und internationaler Ebene lernen und selbst umsetzen?
- Mit welchen Formen der Koproduktion haben wir bisher welche Erfahrungen gesammelt, was können wir besser, was wollen wir anders machen? Welche Koproduktionspartner entsprechen künstlerisch unserem Wunschprofil? Können wir damit neue Wege in der Produktion durch einfachere Organisationsstrukturen, verbesserte Möglichkeiten für Gastspiele, eine bessere Vernetzung mit der freien Szene und nachhaltigere Kooperationen gehen?

3.2 Phase 1b – Die Transformation der internen Prozesse

Weitaus komplexer ist die Transformation der internen Prozesse. Wir haben in den vorangegangenen Kapiteln die Kernprozesse des Theaters untersucht, mit seinen vier Bestandteilen Konzeption, Planung, Produktion und Präsentation, die auch bei allen weiteren Überlegungen Ausgangspunkt und Nucleus sein müssen. Die internen Prozesse mit Reformpotential lassen sich im Wesentlichen auf sechs Bereiche konzentrieren: (1) neue künstlerische Formate, (2) neue Betriebsmodelle,

3.2 Phase 1b – Die Transformation der internen Prozesse

(3) neue Leitungsmodelle, (4) neue Produktionsmodelle und veränderte interne Abläufe, (5) ein neues Personal- und Ensemblemanagement und schließlich (6) die Veränderung der Organisationsstruktur und des Systems Theater. Bei all diesen Prozessen ist darauf zu achten, dass die im vorangegangenen Abschnitt aufgezeigten äußeren Transformationen stattgefunden haben oder zeitgleich stattfinden und sich damit wechselseitig ergänzen.

3.2.1 Neue künstlerische Formate

Eingangs haben wir von einer notwendigen *Komplementarität* zwischen künstlerischen und organisatorischen Prozessen am Theater gesprochen. Sie ist die Grundvoraussetzung für den Betrieb und seine Zukunftsfähigkeit. Wird an diesem Prinzip festgehalten, können auch die großen internen Reformprojekte ins Auge gefasst werden. Deshalb soll in diesem Abschnitt mit einem kurzen Abriss wichtiger Veränderungen bei den künstlerischen Formaten begonnen werden, die einen nicht unwesentlichen Einfluss auf zukünftige Produktionsformen am Theater haben.

Bürgerbühne

Die *Bürgerbühne* ist eine Erweiterung des aus dem Kinder- und Jugendtheater kommenden Theaterclubs, der Laien die Möglichkeit gibt, unter Anleitung von Hausregisseuren eigene Stücke zu produzieren und zu präsentieren. Am Staatsschauspiel Dresden hat sich unter Leitung von Miriam Tscholl ein Pilotprojekt der Bürgerbühne des Deutschen Stadttheaters entwickelt. Inzwischen wirken mehr als 100 Laien verschiedenster Altersgruppen in eigenen Projekten, aber auch Inszenierungen mit Ensemblemitgliedern mit. Dies hat mehrere Implikationen:

- Das Theater rückt näher an die Bürger der Stadt, damit wird der Stadttheatergedanke gestärkt, die Bühne wird zum Theater der Stadt.
- Die Bürgerbühne gibt durch die Entwicklung eigener Stoffe, aber auch im Zusammenspiel mit den professionellen Schauspielern des Ensembles, wichtige künstlerische Impulse, wie dies etwa auch beim Post-Migrations-Theater oder sogenannten Flüchtlingsprojekten passiert: alte Ensemblerituale werden aufgebrochen, neue Themen fließen ein, das künstlerische Verständnis ändert und das Theater öffnet sich.
- Letztlich ist die Bürgerbühne auch eine Lobby für das Theater.

Parallel zur Entstehung der Bürgerbühnen gibt es die oben bereits genannten Projekte mit Migranten und Flüchtlingen. Die Auseinandersetzung mit diesen neuen Einflüssen ist nicht nur für das Theater und sein Ensemble, sondern auch für die Zuschauer mit Veränderungen, neuen Seh- und Darstellungsweisen verbunden.

Auf einer anderen Ebene finden in vielen Theatern bereits bürgerbühnenähnliche Inszenierungen statt. Ein Beispiel ist das Methusalem-Projekt des Deutschen Nationaltheaters Weimar, ein Liederabend mit Laien im Rentenalter, die nicht nur ihre Lebensgeschichten präsentieren, sondern eine neue künstlerische Form der Dokumentation des eigenen Lebens im Rahmen eines Liederabends finden.

Sitcoms

Der aus dem amerikanischen Fernsehen entlehnte Begriff der Vorabendserien wird im Theater verwandelt. Die Theater Heidelberg und auch das Deutsche Theater Berlin haben damit begonnen, jenseits des Repertoires auf den großen Bühnen kleine Formate anzubieten, in denen beispielsweise Fernsehserien oder Schlagershows nachgespielt werden. Viele dieser Formate haben sich zu eigenständigen Produktionen entwickelt, die von der Improvisation der Spieler leben, die sich für einen Abend zusammenfinden und diesen mit knappen szenischen Vorlagen gestalten.

Short Tracks und Snapshots

Kurzformen der Inszenierung: Regisseure erhalten meist einen noch unfertigen Text eines Autors oder inszenieren auf einer Grundidee innerhalb einer Woche einen kurzen Theaterabend. Im Gegensatz zur klassischen Produktionsweise wird auf ausgedehnte Probenzeiten, Dekorationen und Technik weitgehend verzichtet. Es geht darum, die Flexibilität von Produktionsweisen zu testen und damit dem Theater neue Impulse zu geben. Die künstlerischen Impulse sind sehr unterschiedlich, und sicher sind schwere Klassiker nur bedingt als Short Tracks umzusetzen, aber szenische Abende zu zeitgenössischen Themen ohne elaborierte Textgrundlage fordern vor allem die Inspiration des Regisseurs in gleichberechtigter Zusammenarbeit mit seinen Schauspielern.

Aus der Performance kommend setzt sich eine Präsentationsform durch, die Ausschnitte aus Stücken zeigt und ausarbeitet. Ähnlich den Short Tracks wird unter minimalistischen Bedingungen geprobt, auf der Grundlage eines Textteiles, eines Musikstückes, einer Filmszene oder einer Fotografie.

Visualisierung/Bühnenbild

Wesentliche Veränderungen gibt es auch bei der Nutzung der technischen Möglichkeiten eines Theaters zur Inszenierung eines Bühnenbildes. Immer öfter verzichten Bühnenbildner auf aufwendige Dekorationen und Verwandlungen und statten die ansonsten karge Bühne mit Lichteffekten und Videosequenzen aus. Hier haben sich in den letzten Jahren renommierte Licht- und Videokünstler in der Theaterszene etabliert, die Oper, Tanz und Schauspiel gleichermaßen beeinflussen.

3.2 Phase 1b – Die Transformation der internen Prozesse

Interdisziplinarität und Performance

Hier sei beispielhaft auf zwei internationale Gruppen verwiesen, die Needcompany und Alain Platel, die seit Jahren interdisziplinär mit Gruppen aus Tänzern, Schauspielern, Sängern, Musikern arbeiten, die auf der Bühne in ihren Rollen oftmals auch fachfremde Aufgaben übernehmen. Der Einfluss macht auch vor deutschen Bühnen nicht halt, zumindest hat er die freie Szene längst erreicht, in der sich viele der dort interdisziplinär agierenden Künstler als Performer verstehen.

3.2.2 Neue Betriebsmodelle

Ausgangspunkt neuer betriebswirtschaftlicher Modelle sind die im vorangegangenen Abschnitt aufgeführten Änderungen der Rechtsform, die das Theater als Betrieb und Unternehmen sichtbarer machen. So lange das Theater – zum Beispiel als städtischer Regiebetrieb oder eng gekoppelter, nicht autonom agierender Eigenbetrieb – als Amt oder Abteilung einer Kommune verstanden wird, ist auch die Einführung neuer betriebswirtschaftlicher Instrumente ein verschenkter Kraftaufwand. Voraussetzung ist also die Umwandlung in eine Rechtsform, die – weitgehend – rechtliche und wirtschaftliche Autonomie gewährt.

Sind die grundlegenden, im vorangegangenen Kapitel vorgestellten betriebswirtschaftlichen und Managementinstrumente in den Theatern eingeführt, geht es in einer zweiten Phase darum, diese den Anforderungen an den Betrieb anzupassen und ihre Potentiale für die Begleitung von Reformprozessen auszuloten.

Hier lassen sich zukünftig zwei Richtungen ausmachen:

- die Veränderung klassischer Management- und Leitungsmodelle;
- die damit verbundene Änderung der Organisationsstruktur.

3.2.3 Neue Leitungsmodelle

Das Intendantenmodell wird in der zukünftigen Theaterlandschaft eine starke Veränderung erfahren. Das Management der Theater und ihrer Produktionsprozesse wird immer komplexer werden und deshalb eine Leitungsstruktur erforderlich machen, die künstlerische, administrative, produktionsleitende und Querschnittsaufgaben auf mehrere Schultern verteilt. Es ist vor allem die Politik, die sich noch immer einen Repräsentanten als alleinigen Ansprechpartner einer Kulturinstitution wünscht, die Wirklichkeit hat diesen Wunsch längst eingeholt. Gerade an großen Staatstheatern sind die Intendanten gezwungen, in erster Linie zu präsidieren und repräsentative Verpflichtungen wahrzunehmen. Die eigentlichen künstlerischen und Managementaufgaben werden längst auf Direktorenebene verhandelt.

So ist auch das Direktorium das Zukunftsmodell für das Management eines Theaters. Es kann je nach Schwerpunkt eine andere Zusammensetzung haben, sollte aber – aus Gründen einer leichteren Entscheidungsfindung – mindestens aus drei, höchstens aus sechs Direktoren bestehen.

Alte Funktion	Direktorium	Aufgaben
Intendant (alleinleitend oder in Doppelspitze mit GF)	Künstlerischer Direktor	Ensemble, Spielplan, Regieteams
Verwaltungsdirektor, Geschäftsführer	Geschäftsführender Direktor (GFD)	Management des Betriebes, Lobbyarbeit, Gremien und Finanzen
	Produktionsdirektor (Leitender Produzent)	Management der Produktionsabläufe
Künstlerischer Betriebsdirektor und/oder Leiter Betriebsbüro	Planungsdirektor	Leitung aller Planungsprozesse
Generalmusikdirektor	Generalmusikdirektor	Orchester, Musikalischer Spielplan
Leiter Marketing und Vertrieb	Marketingdirektor	Werbung, Öffentlichkeitsarbeit, Presse, Vertrieb

Tabelle 44: Das Direktorium

Verändert hat sich vor allem die erste Leitungsebene: Haben ihr bisher der Intendant, oder im Zuge einer Doppelspitze Intendant und Geschäftsführer, angehört, weitet sich nun die Leitungsarbeit auf bis zu sechs Direktoren aus, von denen die Funktion des Produktionsdirektors – oder Leitenden Produzenten – neu eingeführt wird (ein Modell, das dem Bereich der Filmproduktion entlehnt ist und an der Schaubühne Berlin erfolgreich umgesetzt wird) und der Künstlerische Betriebsdirektor als zukünftiger Planungsdirektor nicht nur die Spielplanung und Disposition, sondern alle Planungsprozesse verantwortet. In kleineren Häusern könnten die Funktionen des Künstlerischen Direktors und Leitenden Produzenten sowie des Geschäftsführenden und Planungsdirektors zusammengelegt werden. Dass die bisher oftmals getrennt agierenden Leiter der Bereiche Marketing und Vertrieb zukünftig in einer Direktorenposition zusammengeführt und in das Leitungsdirektorium berufen werden, soll die Bedeutung dieses Aufgabenbereiches deutlich machen.

Anzustreben ist, dass rein künstlerische Positionen, wie die der Chefdramaturgen oder der Spartendirektoren, zukünftig von übergreifenden Managementaufgaben befreit werden, um sich auf die künstlerischen Aufgaben, insbesondere die Betreuung der Inszenierungen und der Ensembles, konzentrieren zu können.

3.2 Phase 1b – Die Transformation der internen Prozesse

Mit dem Direktorium wird sich auch das meist streng hierarchisch gegliederte Organisationssystem (Organigramm) des Theaters verändern, da mindestens zwei Direktoren – für Planung und für Produktion – Querschnittsaufgaben wahrnehmen und die Organisation zukünftig verstärkt einem Matrixmodell folgt, in dem Weisungsbefugnis und fachliche Verantwortung in einigen Bereichen von jeweils zwei Direktoren (siehe markierte Felder) wahrgenommen werden.

	Künstl. Direktor			GMD		GFD	Marketing	
	Dramaturgie	Schauspiel	Oper	Orchester	Management	Technik	Marketing	Vertrieb
Planung		X	X	X		X		
Produktion	X	X	X	X		X		

Tabelle 45: Modell einer Matrixorganisation

3.2.4 Neue Produktionsmodelle

Mit der neuen Organisationsstruktur wird sich nicht nur die Hierarchie deutlich verändern: Während es neue Ansprechpartner für die Produktionen gibt, den erst in wenigen Häusern eingeführten Produktionsleiter, der die produzierenden, organisatorischen und assistierenden Aufgaben für jeweils eine Produktion koordiniert, mit dem Regieteam und der Leitung abstimmt, bleibt die Ensemble- und Abteilungsverantwortung vorerst noch bei den jeweiligen Leitern. Zukünftig werden jedoch auch weitere Schnittstellen entstehen, im Bereich der Technik, der Planung, des Marketing und der Verwaltung, die jeweils mit dem Produktionsleiter immer wieder neu zusammengesetzte – je nach Umfang der Produktion kleinere oder größere – Produktionsteams bilden. Dadurch werden die Produktionsabläufe nicht nur variabler, sondern viel schneller. Lange Dienstwege über Hierarchien, wie sie jetzt üblich sind, werden dann durch kurze Teambesprechungen ersetzt, deren Ergebnisse, wenn sie den vorgesteckten Rahmen nicht überschreiten, kurz mit den jeweiligen Direktoren rückgekoppelt werden.

Damit wird das Produzentenmodell in den Theatern verankert. Nicht mehr der Chef- oder der produktionsführende Dramaturg, auch nicht mehr der Regieassistent, sind für den reibungslosen Ablauf der Produktion von der Konzeption bis zur Präsentation verantwortlich. So erfolgt die Budgetierung zukünftig zwar noch immer spartenbezogen, aber innerhalb der jeweiligen Sparte bekommt jeder Produzent ein eigenes produktionsbezogenes Budget, über das er ebenso Rechenschaft ablegen muss wie über die von ihm gemeinsam mit der Disposition realisierte Stückansetzung. Der Produzent wird gemessen an der Reibungslosigkeit der Produktionsphase, an der Realisierung des künstlerischen Erfolges und der Einhaltung der Budgets.

Ein weiteres Modell ist das der *Produktions- oder Theaterhäuser*. Hier sprechen wir von zwei Formen, zum einen von Theaterhäusern mit zum Teil noch festen Ensembles und Personal, die ihr Theater anderen freien Gruppen zur Produktion und Präsentation öffnen und diese bei der Konzeption und technischen Umsetzung unterstützen. Aus dieser Öffnung können sich kontinuierliche Zusammenarbeiten und Koproduktionen ergeben, die für die freien Gruppen auch eine erleichterte, weil finanziell besser abgefederte Gastspiel- und Tourneetätigkeit möglich machen. Die großen öffentlichen Theater füllen wiederum ihre Spielpläne mit interessanten Neuproduktionen, neuen ästhetischen Handschriften und der Vernetzung mit einer lebendigen und äußerst produktiven freien Szene.

Die zweite Form betrifft reine *Theaterhäuser* als Produktionsorte jenseits öffentlicher Theater, die sowohl von diesen als auch von freien Gruppen als Proben- und Vorstellungsräume genutzt werden. In diesem Rahmen entstehen nicht nur neue, ästhetisch herausfordernde, unter vereinfachten Bedingungen produzierte Inszenierungen der öffentlichen Häuser, sondern auch eine Vernetzung der Arbeit der Gruppen, die schließlich zu einer engen physischen Zusammenarbeit der Ensembles mit der Freien Szene führen kann, die – mit einem Blick in die Zukunft – zu temporären Verschmelzungen der Ensembles führen könnte, aus denen heraus Stadt- wie freie Theater jeweils ihre Schauspieler, Sänger und Musiker für die einzelnen Inszenierungen auswählen.

3.2.5 Personal- und Ensemblemanagement

All diese Veränderungen setzen ein neues Personal- und Ensemblemanagement voraus. In den vorangegangenen Abschnitten ist über die Bedeutung des Personalmanagements gesprochen worden. In den Reformphasen kommt der Personalarbeit noch einmal eine besondere Bedeutung zu. Sie beginnt damit, die Ideen der Leitung bei der Umstellung der Organisation zu unterstützen und Stellen einzurichten, die wie die des Produzenten als Querschnittsaufgaben im Haus angesiedelt sind und für alle wichtigen personellen Belange ihre Ansprechpartner benötigen.

Mit den Reformen soll auch eine höhere Flexibilität im Personalbereich erzielt werden. Dienstpläne müssen zukünftig Freiräume für kurzfristige Änderungen bei Proben und Vorstellungen erlauben. Sie müssen auch den künstlerischen Prozessen, insbesondere in Zusammenarbeit mit der freien Szene, Rechnung tragen. Hier werden größere Veränderungen auf Bühnentechnik, Beleuchtung, Ton und Requisite zukommen. Ihre Einstufung sollte zukünftig als technisch-künstlerische Mitarbeiter des Hauses mit einem NV-Bühne Vertrag erfolgen.

Die Ensemblearbeit muss besser geplant werden. Bisher waren Spartenchefs und Dramaturgen bemüht, die Inszenierungen zumindest in den Produktionsphasen so anzusetzen, dass die meisten Ensemblemitglieder mit einer Beschäftigungsaufgabe berücksichtigt wurden. Zukünftig wird es darum gehen, die Potentiale der Künstler und ihre Entwicklungsabsichten ins Spiel zu bringen. Ensembleleiter, also Spartendirektoren oder Chefregisseure, werden in Zukunft die Aufgabe von Ensemblemanagern übernehmen müssen, in denen sie nicht erst im Moment der Besetzung fehlende Vakanzen oder Entwicklungsmöglichkeiten feststellen, sondern indem das Ensemble der ausschlaggebende Punkt für die Entwicklung einer Spielplanposition wird.

3.2.6 Organisationsreformen

All diese in Kürze angerissenen und bei weitem unvollständigen Aspekte einer Theaterreform werden das System Theater und seine Organisation sukzessive verändern. Zwar ist das Theater eine der ältesten Institutionen der Welt, aber gleichzeitig auch eine der wandelbarsten, wie wir in den letzten Abschnitten festgestellt haben. Mit neuen Leitungsmodellen und Betriebsabläufen sind die wesentlichen organisatorischen Grundlagen für eine Reform gelegt. Das Produzentenmodell, das auf eine Matrixorganisation des Theaters drängt, wird zu einer Vereinfachung und Beschleunigung der Abläufe führen.

Dabei ist zu berücksichtigen, dass jedes Theater einen anderen Weg gehen wird und jeweils auch eine unterschiedliche Unterstützung durch die eigene Belegschaft, die Gesellschafter und ihre Aufsichtsstrukturen erhält. Deshalb ist es von besonderer Bedeutung, dass die Reformen auf Ebene der Theater durch Reformen der Theatersysteme des Bundeslandes begleitet und unterstützt werden. Nur wenn diese ausreichend Mittel zur Verfügung stellen, damit Stadttheater und freie Szene gemeinsam probieren und Stücke entwickeln und Theaterhäuser entstehen können, die zumindest eine minimale technische Ausstattung und Personal haben, das technische und administrative Hilfestellung leistet, können diese Modelle Erfolg haben. Noch viel wichtiger ist die politische Unterstützung. Hält die Kulturpolitik am Status Quo der Theaterlandschaft fest, der aufgrund der prekären finanziellen Struktur keine Entwicklungspotentiale mehr hat und mit zunehmender Preis- und Tarifentwicklung immer weiter in eine Position der Krisenverwaltung gedrängt wird, wird auch das deutsche Theatersystem keine Reformchance besitzen. Einzelnen Theatern wird es immer wieder gelingen, sich Freiräume zu schaffen und neue Formen zu erproben, aber eine Übertragung auf das Gesamtsystem findet dann nur sehr eingeschränkt statt und wird die akuten Krisenprozesse nicht aufhalten.

3.3 Phase 2 – Die Transformation der Theater- und Orchesterlandschaft

Politik und Theatersysteme können die in den beiden vorangegangenen Abschnitten vorgestellten Reformprozesse durch zwei wesentliche Elemente begleiten:

- die Umstellung auf ein neues Fördersystem und
- die Öffnung der Theaterstrukturen der einzelnen Bundesländer.

Hierbei muss die Kulturpolitik eine aktivierende und steuernde Rolle spielen.

3.3.1 Das Modell der Theater- und Orchester-Exzellenz

Auf der ersten Ebene könnte ein völlig neuer, bis dahin aus theaterpolitischen Gründen sakrosankter Gedanke der Verteilung von Subventionen umgesetzt werden, der die Höhe der Zuwendungen durch die öffentliche Hand nicht wie bisher hierarchisch (Staatstheater, Landesbühnen, Stadttheater, Freie Szene), politisch (Wahlkreise) oder als Ergebnis geschickter Lobbyarbeit aufschlüsselt, sondern einen neuen Verteilungsmodus entwickelt, der sich an verschiedenen Parametern der Zukunftsfähigkeit dieser Institutionen bemisst. Hier könnte man den Gedanken der Exzellenz aus dem Hochschulbereich übertragen.[146]

Ein erster, skizzenhafter Vorschlag könnte folgendes Fragespektrum umfassen:

1. Gibt es ein Konzept der Zukunftsfähigkeit, das sich verbindlich über mehrere Intendanzperioden erstreckt, in Form eines Leitbildes, nach dem die Leitungsteams ihre Arbeit ausrichten? Wer überwacht die Einhaltung? In welcher Form wird das Thema intern und extern kommuniziert und spielt in Marketingstrategien eine Rolle?
2. Haben die Theater umfassende Reformen in Angriff genommen hinsichtlich der Verbesserung ihrer Strukturen, Prozesse, des Managements und der Berichterstattung? Liegen ein Reformplan oder eine Strategie des Wandels vor?

---

146 Die Exzellenzinitiative des Bundes und der Länder zur Förderung von Wissenschaft und Forschung an deutschen Hochschulen ist ein 2005/06 erstmals ausgelobtes Förderprogramm in Deutschland. Sie ist aufgeteilt in die drei Förderlinien „Zukunftskonzepte" (Entwicklung der Gesamtuniversität), „Exzellenzcluster" (Förderung der Forschung eines Themenkomplexes) und „Graduiertenschule". S. a. KLEIN (2007: 319f.). Klein beschreibt die Notwendigkeit der Exzellenz der Kulturbetriebe allerdings aus der Perspektive des Qualitätsmanagements, was außer Frage steht, nicht aus der Sicht eines Kriteriums für eine neue Förderpolitik.

3.3 Phase 2 – Die Transformation der Theater- und Orchesterlandschaft

Sind die Reformen bereits vorangeschritten, und wo bedürfen sie besonderer Unterstützung?

3. Haben die Theater programmatisch und mit neuen Formaten auf den Standort und auf die demografischen und sozialen Veränderungen reagiert?
4. Werden innovative Wege der Besucherbindung gewählt? Welche Formen der Einbindung von Nichtbesuchern werden entwickelt? Liegen Analysen und Konzepte vor?
5. Wie innovativ arbeitet das Theater an der Schnittstelle zur Gesellschaft, zu anderen Künsten, zur Stadt mit besonderen Formaten, aber auch mit der Erschließung von neuen Spielorten?
6. Finden neue Produktionsformen Eingang in den Theaterbetrieb, zum Beispiel aus benachbarten Bereichen (Film) oder Theatersystemen (Niederlande, Belgien)? Inwieweit sind diese integrierbar? Inwiefern verändern sie oder entwickeln sie das deutsche Produktionssystem im Theater weiter?
7. Spielen Personal- und Ensembleentwicklung eine besondere Rolle, aber auch die Ausbildung in den wichtigen, nur noch an den Theatern erhaltenen Berufen?
8. Welche Rolle spielt die technologische Entwicklung im Zusammenspiel mit dem Erhalt der Kernsubstanz des Theaters (Gebäude, Bühne, historische Bausubstanz)?
9. In welcher Form sind Vernetzungen und Kooperationen künstlerisch, ökonomisch und organisatorisch sinnvoll? Hat das Theater feste Kooperationspartner, oder arbeitet es bereits in einem Netzwerk? Wie weit öffnet es sich der Freien Szene als Koproduzent?

Daraus könnte folgende Exzellenzmatrix entwickelt werden, die die wesentlichen Aspekte des Zukunftsprofils der Theater und Orchester, die Instrumente zur Erreichung der Exzellenz wie auch des Monitoring der Umsetzung der Reformen und letztlich die Mittel der Förderung enthält.

Aspekt	Instrumente/ Monitoring	Förderung
Zukunftsfähigkeit	Konzept Zukunftsfähigkeit; Kommunikation; Innerbetrieblicher Wandel; Organisationskultur	Pilotmittel für Erstellung der Konzepte; Exzellenzmittel für Umsetzung und Fortschritt des Konzeptes
Verbesserte Strukturen und Prozesse, Management, Berichterstattung	Strategie Reformplan	Pilotmittel für Erstellung der Strategien und Pläne; Exzellenzmittel für Reformen
Standort I: Demografischer und Sozialer Wandel	Neue Formate Neue Programme	Anschubfinanzierungen, Exzellenzmittel für neue Formate und Programme
Standort II: Besucherbindung, Besucherdifferenzierung, Nichtbesucher	Analysen Neue Programme	Pilotmittel für umfassende Analysen und Befragungen, Exzellenzmittel Umsetzung
Standort III: Schnittstelle zur Gesellschaft	Neue Formate, Neue Spielstätten, Kooperationen	Pilotmittel und Anschubfinanzierung; Exzellenzmittel Umsetzung
Produktionsformen	Entwicklung neuer Produktionsformen, Produktionshäuser	Anschubfinanzierung für Pilotphasen; Exzellenzmittel für Implementierung
Personal- und Ensembleentwicklung	Konzept zur Personal- und Ensembleentwicklung; Ausbildungskonzepte	Pilotmittel für Erstellung; Exzellenzmittel Umsetzung
Vernetzungen und Kooperationen	Kooperationspartner, Feste Netzwerke	Pilotmittel zur Entwicklung, Exzellenzmittel Umsetzung
Technologie und Substanz	Erhalt der Kernsubstanz; technologische Entwicklung	Pilotmittel Konzepterstellung; Exzellenzmittel Umsetzung
Rechtliche Rahmenbedingungen	Einheitstarifverträge, Arbeitszeitflexibilisierung	Gesetzgebung, Erleichterung administrativer Verfahren

Tabelle 46: Die Exzellenzmatrix des Deutschen Theatersystems

Auf der Grundlage dieses zukunftsorientierten Modells würden die Theater eines Bundeslandes ihren Gesellschaftern zukünftig nicht mehr nur über das finanzielle Ergebnis des Wirtschaftsjahres, die Zahl der Zuschauer und gespielten Vorstellungen und die Einspielquote berichten, sondern darüber hinaus über eine Reihe qualitativer Faktoren und den Stand der Einhaltung bestimmter zukunftsgerichteter Masterpläne, mit denen sie den eigenen Reformprozess sichtbar machen. So können die Bundesländer Theater mit großem Reform- und Zukunftspotential über eine Grundfinanzierung hinaus zusätzlich fördern und damit Innovationen und neue, nachhaltige Modelle finanziell belohnen. Die zusätzlichen Mittel könnten graduell vergeben werden:

3.3 Phase 2 – Die Transformation der Theater- und Orchesterlandschaft

- Pilotmittel für die Entwicklung entsprechender Konzepte
- Anschub- und Projektfinanzierungen
- Exzellenzmittel für die mehrjährige Umsetzung der Konzepte

Da Theater, insbesondere Opern- und Konzerthäuser, langfristig planen, müsste in den Haushaltsansätzen und den Vergabeverfahren für die zusätzlichen Mittel ein entsprechender Vorlauf berücksichtigt werden.

Was auf die Theater und Orchester zukommt, ist die Identifizierung von Reformpotentialen, die Entwicklung entsprechender Pläne und deren Umsetzung. Die Politik muss diese Prozesse nicht nur finanziell fördern und belohnen, sondern aktiv – ohne Einmischung in inhaltliche und künstlerische Fragen – begleiten, zum Beispiel durch die Herbeiführung einheitlicher Tarifsysteme an den Theatern, die Vereinfachung administrativer Verwaltungsverfahren und eine stärkere Zusammenarbeit zwischen kommunaler und Landespolitik. So können die finanziell an ihre Grenzen stoßenden, eingefahrenen Theatersysteme der Bundesländer eine völlig neue Entwicklung nehmen, wenn die öffentlichen mit den freien Theatern, die großen Staats- mit den kleinen Stadttheatern auf Basis innovativer und zukunftsfähiger Ideen und Konzepte um zusätzliche Exzellenzmittel konkurrieren.

3.3.2 Modelle für neue Theaterstrukturen auf Landesebene

Die Ausgangsfrage ist, ob der in Gang zu setzende und zu steuernde Transformationsprozess der Theater als Institutionen wie auch als System weiterhin von den prägenden Prämissen des deutschen Theatersystems ausgehen soll: Repertoiresystem, feste Ensembles, Stadttheater, Manufaktur. Diese Frage ist schon aus dem Grunde nicht präzise zu beantworten, weil die Reformpfade, die die Theater einschlagen werden, sehr unterschiedlich sein werden. Nur durch eine stärkere Differenzierung des deutschen Theatersystems wird dieses seine Zukunft sichern. Der bisherige Status, dass jedes Bundesland mehrere Staats-, Landes- und Stadttheater und die dazugehörigen Orchester unterhält und dabei sehr oft die produktive und auf höchstem Niveau arbeitende Freie Szene vergessen wird, wird in dieser Form nicht mehr aufrecht zu erhalten sein. Es wird Theater geben, die das Repertoiresystem in Frage stellen werden. Es wird zu Verbünden zwischen Theatern im Rahmen der oben geschilderten Kooperationen (nicht Fusionen) kommen, in denen sich mehrere Theater eines Landes Ensembles teilen bzw. diese Ensembles zu Landesensembles und künstlerischen Pools zusammenschließen, aus denen sich wiederum neue Gruppen bilden, die an verschiedenen dezentralen freien oder öffentlichen Produktionsstandorten arbeiten. Und es wird Theater geben, die den alten ‚Stadttheaterstatus' in Frage stellen, sich spezialisieren und auf die Zusammenarbeit mit freien Gruppen, mit Kindern und Jugendlichen, mit Migranten, Gefängnisinsassen, Laien oder Senioren konzentrieren, und damit den Stadttheatergedanken völlig neu definieren.

In vielen Fällen haben die Theater bereits erste Transformationsprozesse eingeleitet, ihre Rechtsformen gewandelt, um ihre wirtschaftlichen und organisatorischen Abläufe, die Nutzung ihrer Ressourcen (Personal, Geld, Material, Zeit, Räume) und die Kommunikation mit Aufsichtsgremien und Gesellschaftern transparenter zu gestalten. Haben alle Theater und Orchester diese erste Phase der Transformation durchlaufen, die auch ein mentales Umdenken innerhalb der Häuser, insbesondere ihrer Leitungen, umfasst, und die eine neue Verschränkung künstlerischer und Managementaspekte erfordert, können Reformprozesse in der Gesamtstruktur des Theater- und Orchestersystems ausgelöst werden. Alle bis dahin unternommenen politischen Versuche, einem rechtlich, betriebswirtschaftlich und organisatorisch heterogenen Theatersystem eines Bundeslandes eine neue Theaterstruktur zu „verordnen", müssen scheitern. So sind die Versuche in Mecklenburg-Vorpommern einzuordnen, einer heterogenen Theaterlandschaft eine Holding überzustülpen, die als ‚großer Wurf' bereits in der Planung gescheitert ist und sich nun erst einmal nur auf die Theater Parchim und Rostock ausdehnt[147/148].

Vielmehr werden sich in den Ländern auf Basis eigener Exzellenzinitiativen Theatersysteme entwickeln, die aus folgenden Komponenten bestehen könnten:

- spezialisierte Stadttheater neuen Typs;
- dezentrale Staatstheater, die ihre Aufgaben an verschiedenen Orten ihres Bundeslandes wahrnehmen;
- zentrale und dezentrale, voll ausgestattete Produktionsstandorte für freie und öffentlich finanzierte Produktionen;
- eine innovative, vernetzte Freie Szene;
- ein zentraler Künstlerpool für alle Produktionsbereiche, aus dem sich immer wieder feste Gruppen und Ensembles herauskristallisieren.

3.4 Ausblick

Unter all diesen Bedingungen wird sich auch das Bild der Theater- und Orchesterleiter weiter wandeln. Künstlerpersönlichkeiten, welche die Theater- und Orchesterlandschaft bis in die Mitte der 90er Jahre teils autoritär, teils patriarchal ge-

---

[147] Schweriner Volkszeitung, Parchims Theater endgültig gerettet, vom 3.1.2011.
[148] KASCH, Georg, Willkommen in der Dschungelliga, in: Theater heute 11/2011.

3.4 Ausblick

prägt haben, werden immer mehr durch Direktionsteams abgelöst, die weiterhin das Primat der Kunst, insbesondere aber das Zukunftspotential der Institutionen im Auge haben. Viele neue Aufgaben und Aspekte sind hinzugekommen, von denen die Reaktion auf die Rahmenbedingungen, die Identifizierung von Reformpotentialen und die Entwicklung der Theater und Orchester zu zukunftsfähigen Institutionen zu den essentiellsten gehören.

Insbesondere deshalb ist die Ausbildung von Kulturmanagern in ihrer Spezialisierung auf Theater, Orchester, Festivals und die Freie Szene heute wichtiger als noch vor Jahren, in denen die institutionellen Strukturen und ihre „Köpfe" die Entwicklung und Ausprägung von Fachkenntnissen und Kompetenzen selbst übernommen haben, was zu einem über Jahrzehnte kaum hinterfragten Anforderungsspektrum an das „klassische Theatermanagement" geführt hat. Innerhalb dieser autopoietischen Systeme, die jahrelang auf Selbsterhaltung und Selbstregeneration drängten, waren Reformüberlegungen nicht oder nur begrenzt umsetzbar. Heute müssen diese dringend notwendigen Impulse zur Veränderung der Institutionen, wie auch der gesamten Theater- und Orchesterlandschaft, von jungen Menschen kommen, die in ihrer Ausbildung ein breites Spektrum an ästhetischem Wissen und Repertoirekenntnissen erworben haben, gleichzeitig alle wesentlichen Instrumente in den Bereichen Wirtschaft, Recht, Marketing und Planung beherrschen, gut ausgebildete soziale und kommunikative Kenntnisse besitzen und diese mit unverstelltem Blick einzubringen wissen. Theater und Orchester sind Organisationen, die aufgrund permanenter finanzieller Unsicherheit und existenzieller Bedrohungen durch Kürzungen, Schließungen und Fusionen hochsensibel sind und auf Reformabsichten erst einmal mit Abwehr reagieren und von den Vorteilen von Veränderungen überzeugt werden müssen.

Wesentlich ist die Entwicklung von Kommunikationsinstrumenten, in und mit denen für die notwendigen Veränderungen geworben werden kann, ergänzt durch moderne Personalentwicklungskonzepte, in denen der einzelne Mitarbeiter seinen Platz im Rahmen dieser Reformprozesse erhält und die Veränderungen aktiv mitentwickelt.

Hinzu kommt, dass der Blick für den Reformbedarf und das Reformpotential der Kulturinstitutionen weiter geschärft werden muss. In der Ausbildung und im Beruf stehen deshalb die Analyse der aktuellen Rahmenbedingungen und ihrer permanenten Veränderungen ebenso im Mittelpunkt wie die Untersuchung relevanter Krisenfälle und bereits erfolgreicher Reformmodelle. Daraus können passgerechte Erfolgsszenarien entwickelt werden, denn es darf nicht außer acht gelassen werden, dass die Übertragbarkeit von Modellen aufgrund der unterschiedlichen Standortbedingungen und der Spezifik jedes einzelnen Theaters nur begrenzt ist.

Ebenso wichtig ist es, eine geschärfte analytische Sicht auf die – auch globalen – Faktoren zu entwickeln, die die deutsche Kulturlandschaft wie auch das Agieren der Kulturpolitik beeinflussen. Was bedeuten Veränderungen im europäischen Rechtssystem, welche Auswirkungen haben globale Finanzkrisen, wie sind Konjunkturen und Rezessionen der internationalen und der deutschen Wirtschaft einzuschätzen, welche Auswirkungen hat die Veränderung der demografischen und sozialen Strukturen und Milieus?

Das Leitmotiv ist die *Zukunftsfähigkeit*. Das Projekt „Theater der Zukunft", das mit den Studenten des Studiengangs Theater- und Orchestermanagement an der Hochschule für Musik und Darstellende Kunst in Frankfurt entwickelt wird, verfolgt einen unversperrten Blick auf die Optionen und Potentiale, die den deutschen Theatern und Orchestern einschließlich der freien Theaterszene offen stehen. In Kombination mit der noch immer dichtesten und kreativsten Theater- und Orchestersubstanz weltweit und ergänzt durch eine dringlich zu erneuernde kulturpolitische Agenda, für die noch stark geworben werden muss, sind dies gute Voraussetzungen für eine zukunftsfähige Theater- und Orchesterlandschaft in Deutschland.

Funktionen	Theater (Orchester)	Instrument	Verantwortlich
Identifizieren der Aufgaben	Neue Produktion	Spielplan	Leitung
Prüfen der Angemessenheit	Spielplan Erwartungen der Zuschauer; Ensemble; Ressourcen	Budget	Leitung PR Besucherdienst
Planung und Beschaffung der Ressourcen und Infrastruktur	Schauspieler, Stück, Regieteam, Dekoration, Kostüme, Bühne, Zeitplan	Budget	Leitung Regieteam Technischer D. Betriebsdirektor
Realisierung der Arbeiten	Proben Werkstattarbeiten	Proben- und Werkstattplan	Regieteam Ltr. Werkstätten
Überwachung und **Kontrolle** der Arbeiten	Proben Werkstätten	Budget, Zeitplan	Leitung Techn. Direktor
Prüfung der Arbeitsprodukte, Bewertung Ergebnisse	Endproben, Technische Einrichtung, Kritik	Budget, Zeitplan	Leitung Techn. Direktor
Korrekturen	Korrekturen	Budget, Zeitplan	Leitung Regie, Dispo
Prüfung des Endergebnisses	Premiere, Zuschauer, Presse	Repertoire, Zahl der Vorstellungen und Besucher	Leitung
Erkenntnisse	Auswertung in Leitungsrunden	Neuer Spielplan, Budget	Leitung

Tabelle 31: Management-Prozess im Theater

Andrea Hausmann beschreibt Organisation und Führung als wichtige Handlungsgerüste und Managementfunktionen:

> „*Organisation:* Im Zuge der Organisation geht es um die Herstellung geeigneter struktureller Voraussetzungen (Handlungsgerüst). Hierzu werden adäquate Aufgabeneinheiten (Abteilungen, Stellen) geschaffen, die mit Kompetenzen und ggf. Weisungsbefugnissen auszustatten und sowohl horizontal als auch vertikal zu verknüpfen sind....
> *Führung:* Im Mittelpunkt dieses Tätigkeitsbereiches steht die zielorientierte Ausrichtung der Einzelhandlungen innerhalb der Gesamtorganisation. Unter anderem durch Maßnahmen der Motivation, der Kommunikation und der Koordination, d.h. durch Führung im engeren Sinne wird versucht, die Mitarbeiter zu zieladäquater Aufgabenerfüllung zu veranlassen."[136]

---

136 HAUSMANN, Andrea: Kunst- und Kulturmanagement, Wiesbaden, 2011, S. 28

2.4.2.2 Der moderne Managementbegriff

Was ist Management?

Management – institutionell betrachtet – ist ein weitgehend vernetzter *Bereich* in Organisationen, ein System von Personen verschiedener Abteilungen und Stäbe, die den Leitungs- und Entscheidungskern des Unternehmens darstellen. Nur im Grenzfall kleinerer Betriebe handelt es sich dabei um eine Person – wie dies in einigen Theatern mit allein vertretenden Intendanten der Fall ist. Meist sind es Leitungsgremien, die sich aus mehreren Personen zusammensetzen, der Vorstand, die Geschäftsführung, das Direktorium. Hier laufen nicht nur alle Informationen zusammen und werden zu Situationsdarstellungen verdichtet, hier ist auch das Bewusstsein für kommerzielle, finanzielle und programmatische Risiken am meisten entwickelt. Management ist gleichzeitig eine *Funktion*, ein spezifischer Aufgabenbereich, für den es jeweils verantwortliche Spartendirektoren und Abteilungsleiter gibt. Wichtig ist, dass zwischen diesen Bereichen ein Informationsfluss hergestellt wird. Management ist letztlich eine *Methode* der Entscheidungsfindung und -umsetzung.[134] Der Autor Fredmund Malik unterscheidet zwischen Grundsätzen, Aufgaben und Werkzeugen des Managements:

> „Im *Grundsatz* sollte ein Managementprozess ergebnisorientiert, ganzheitlich und konstruktiv sein. Der Manager hat sich dabei auf das Wesentliche zu konzentrieren. Die *Aufgaben* gehen parallel mit der Phase des Managementprozesses einher und orientieren sich daran. Sie können auch als Management-Funktionen bezeichnet werden, beispielsweise Planen, Organisieren, Koordinieren, Diskutieren, Berichten und Kontrollieren. Als *Instrumente* gelten: Sitzung, Bericht, Arbeitsgestaltung, Persönliche Arbeitsmethodik, Budgetierung, Kostenrechnung und Leistungsbeurteilung.[135]

2.4.2.3 Managementfunktionen

Der Managementprozess im Theater orientiert sich am klassischen Zyklus der Zielsetzung, Planung, Realisierung und Kontrolle. Hinzu kommen Organisation und Führung, die während aller vier Prozesse eine wichtige begleitende Funktion ausüben:

---

134 BAECKER, Dirk, Organisation und Management, 2003; BLEICHER, Knut, Das Konzept integriertes Management, 2004; DRUCKER, Peter F., Was ist Management?, 2002; MALIK, Fredmund, Strategie des Managements komplexer Systeme, 2006; RAHN, Horst-Joachim/ OLFERT, Klaus, Unternehmensführung, 2008; SIMON, Walter, Moderne Managementkonzepte A-Z, Gabel, 2002; BADELT/MEYER/SIMSA, Handbuch der Nonprofit-Organisationen, Strukturen und Management, 1998; VON ECKARDSTEIN/KASPER/MAYRHOFER, Management: Theorie – Führung – Veränderung, 1999.

135 MALIK, Fredmund, Strategien des Managements komplexer Systeme, 2006.

Anhang:
Glossar – Die 100 wichtigsten Begriffe im Theatermanagement

Aufsichtsgremium: Die Aufgaben dieser Gremien, die sich im Wesentlichen aus politisch bestellten Mandatsträgern (Stadträte, Oberbürgermeister, Ministerialbeamte) zusammensetzen, bestehen in der Überwachung und Kontrolle der Arbeit und in der Abberufung und Bestellung der Theaterleitung. Im Falle eines Eigenbetriebes sind dies der Werkausschuss, bei einer GmbH der Aufsichtsrat und bei einer Stiftung der Verwaltungsrat.

Auslastung: Die Auslastung ist eine relative Größe; sie besagt, wie viele der angebotenen Plätze von den Zuschauern genutzt werden. Im Durchschnitt liegt die Auslastung deutscher Theater bei etwa 75%, das heißt, ein Viertel aller Plätze wird nicht verkauft. Allerdings schwankt die Auslastung der Theater von Ort zu Ort oder selbst innerhalb einer Stadt, so variieren die Auslastungen der fünf Berliner Schauspielhäuser zwischen 85% am Deutschen Theater und 60% an der Volksbühne. Alleinstehend ist die Auslastung jedoch als Vergleichszahl wertlos. Es muss in Betracht gezogen werden, wie groß der Theatersaal im Vergleich mit denen anderer Häuser, vor allem aber in Relation zu den potentiellen Zuschauern der Stadt und der Region ist. Für die Theaterleitung ist die Auslastung jedoch eine wichtige Größe. Anhand ihrer Entwicklung, der saisonalen Zyklen und der stückbedingten Veränderungen und abhängig von der Resonanz des Publikums, kann die Leitung eines Hauses das Potential eines Stückes einschätzen und entsprechend die Ansetzungen planen.

Baumol's Disease (Baumolsche Kostenkrankheit): Die Theaterhaushalte werden durchschnittlich mit 82% öffentlichen Mitteln gefördert, während nur 18% aus Eigeneinnahmen erwirtschaftet werden. Zwar gibt es vielseitige Bestrebungen der Theater und der Orchester, die eigenen Einnahmen durch verstärktes Marketing, Preiserhöhungen und Sponsorenakquise zu erhöhen, doch ist die Produktivität der Theater nur begrenzt, und die Personalkosten wachsen nicht zuletzt aufgrund der steigenden Tariflöhne überproportional. Baumol und Bowen haben dieses Phänomen bereits 1966 in ihrer Analyse der amerikanischen Theater festgestellt.

Das Produktivitätsdilemma wird seitdem auch Baumol's Disease oder Baumolsche Kostenkrankheit genannt.

Bauprobe: Nachstellung der Entwürfe des Bühnenbildners in Originalmaßstäben auf der Hauptbühne unter Verwendung von Hilfsmitteln; Grundlage für die Präzisierung der Entwürfe und der Werkstattzeichnungen, auf deren Basis das Bühnenbild gebaut wird. Erstmals wird das originale Bühnenbild komplett zur Technischen Einrichtung auf die Bühne gebracht.

Besucherbindung: Langfristige Bindung der Besucher an das Theater/Orchester durch verschiedene Maßnahmen des Marketing und des direkten Dialogs.

Betriebskosten: Kosten, die beim betrieblichen Unterhalt, in erster Linie durch Energie- und Wasserverbrauch sowie Kommunikation entstehen. Ihr Anteil am Gesamtbudget eines Theaters beträgt ca. 10%.

Betriebsrat: Die gewählte Personalvertretung in Gesellschaften, die dem Betriebsverfassungsgesetz (BetrVG) unterliegen, in erster Linie Gesellschaften mit beschränkter Haftung (GmbH). Betriebsräte werden nach festgelegtem Wahlverfahren aus den Reihen der Mitarbeiter gewählt. Sie sind Ansprechpartner der Geschäftsleitung in allen mitbestimmungsrelevanten Feldern des Betriebes (Personaleinstellung, Dienstpläne, Arbeitsschutz und Arbeitssicherheit).

Bespieltheater: Theater ohne eigenes Ensemble, das durch Gastspiele anderer Bühnen bespielt wird.

Bilanz: Gegenüberstellung der Vermögenswerte einer Gesellschaft und ihrer Finanzierung, unterteilt in Aktiva und Passiva. Sie geht aus der Doppelten Buchführung hervor. Beide Bilanzseiten weisen die gleiche Bilanzsumme aus. Die Bilanz wird zum Ende eines Wirtschaftsjahres erstellt und bei mittleren und größeren Kapitalgesellschaften (GmbH, Aktiengesellschaften) von einem Wirtschaftsprüfer geprüft.

Bühnenbild: Gesamtheit der Dekorationsteile auf der Bühne, in denen die szenischen Abläufe der Inszenierung stattfinden. Im Laufe der Jahrhunderte haben sich der Anspruch an das Bühnenbild und seine Ästhetik deutlich gewandelt. Diente es im antiken und elisabethanischen Theater vor allem den Auf- und Abtritten der Schauspieler sowie den Verwandlungen, später der Dekoration und Untermalung, hat es in der Gegenwart eine künstlerische Selbständigkeit erzielt, die durch eine eigene Ästhetik und zunehmenden Einsatz medialer Techniken die Inszenierung künstlerisch ergänzt.

Controlling: Umfasst die Sammlung und Aufbereitung von Daten, die es den Entscheidungsträgern eines Theaters möglich machen, die betriebswirtschaftliche Situation einzuschätzen und entsprechend der Zwischenergebnisse Handlungen einzuleiten, mit dem Ziel, die in der Planung vorgegebenen Kennzahlen zu erreichen. Wichtig ist der Aspekt, dass Controlling ein fortlaufender Prozess ist, dessen Ergebnisse in bestimmten zeitlichen Abständen in Berichten zusammengefasst werden, um ein kontinuierliches Bild des Theaters, vor allem aber getroffene Entscheidungen nachzeichnen zu können.

Direktorium: Leitungsmodell, bei dem nicht ein Intendant, oder Intendant und Geschäftsführer bzw. Verwaltungsdirektor, sondern ein Gremium aus mehreren Direktoren (z. B. Operndirektor, Schauspieldirektor, Geschäftsführer) ein Theater leiten. Es ist insofern ein Zukunftsmodell, als es die Komplexität der Anforderungen an die Leitung eines Theaters reflektiert und die Aufgaben auf mehrere verantwortliche Funktionen verteilt.

Disposition: Die Disposition, die sich in lang-, mittel- und kurzfristige Elemente unterteilen lässt, ist der Basisplan des Theaters. Hier verschränken sich konzeptionelle, Planungs-, Produktions- und Präsentationsphase der verschiedenen Stücke in ihren verschiedenen Entstehungsphasen mit den personellen Anforderungen an die Besetzungen, den Einsatz von Assistenten, Chor und Orchester, wie auch Technik, Requisite und Maske. Nicht zuletzt werden mit der Disposition auch die Proben- und Spielorte fixiert.

Doppik: Doppelte Buchführung.

Effizienz: Verhältnis zwischen erreichtem Erfolg und Mitteleinsatz (siehe auch Wirtschaftlichkeit).

Eigenbetrieb: Die momentan wichtigste Rechtsform des Theaterbetriebes. Das Theater ist organisatorisch selbständig, aber als Betrieb der Kommune oder des Landes keine eigene Rechtspersönlichkeit. Weitergehend als beim Regiebetrieb wird das Theater jedoch außerhalb der Hoheitsplanung von Stadt und Land eigenständig durch den Intendanten verwaltet. Er wird zunehmend von der GmbH als Rechtsform abgelöst.

Eigeneinnahme: Anteil der Einnahmen eines Theaters, der durch Kartenverkäufe und Abonnements erwirtschaftet wird.

Einspielquote: Anteil der Eigeneinnahmen am Gesamtbudget des Theaters. Die Einspielquote der öffentlichen Theater in Deutschland liegt derzeit bei durchschnittlich 18%, der größte Teil des Budgets wird jedoch durch Zuwendungen der Träger (Kommune und Land) finanziert. Man spricht deshalb auch von einem hohen Grad der Subventionierung der öffentlichen Theater in Deutschland.

Ensemble: Gemeinschaft aller Künstler einer Sparte an einem Theater. Differenziert nach den jeweiligen Gattungen spricht man von einem Schauspiel-, einem Opern- und einem Ballettensemble. Auch der Chor und das Orchester bilden eigene Ensembles. Ensembles wählen aus ihrer Mitte Ensemblevertreter oder Spartensprecher – im Chor und Orchester Vorstände –, die gegenüber der Theaterleitung die Belange ihres Ensembles vertreten.

Ensemblemanagement: Zukunftsaufgabe der Spartendirektoren, Hausregisseure oder eigens eingesetzter Ensemblemanager vor dem Hintergrund einer zukünftig stärkeren Zusammenarbeit von Ensembles der Stadttheater und freier Gruppen im Zuge entstehender Theater- und Produktionshäuser. Dabei geht es darum, die Potentiale und Möglichkeiten der Künstler viel stärker als im heute gängigen Repertoirebetrieb zu berücksichtigen, Spielplanpositionen zu entwickeln und auch den Austausch und die Zusammenarbeit zwischen Künstlern unterschiedlicher Herkunft zu koordinieren.

Exzellenz: Schlüssel für eine neue Verteilung der Subventionen, die sich an Parametern der Zukunftsfähigkeit eines Theaters oder Orchesters bemisst. Darin werden Reformen, Innovationen und neue Produktionsformen, die zu einer Exzellenz des Theaterbetriebes führen, zusätzlich zu einer gesicherten Grund- oder Basisfinanzierung mit einer Exzellenzförderung honoriert.

Formate: Sind neben den klassischen Stücken oder Inszenierungen in Schauspiel, Oper, Ballett/Tanz und Konzert zusätzliche oder begleitende Sonderveranstaltungen, wie zum Beispiel Hausführungen, Stückeinführungen, Lesungen, offene Proben, Werkstätten, Bürgerbühnen oder neue künstlerische Formen.

Finanzierungsstruktur: Herkunft der finanziellen Mittel des Theaterbetriebes, die sich zum größten Teil aus Mitteln öffentlicher Haushalte (Stadt und Land, ca.

80 %), eigenen Einnahmen aus Kartenverkäufen und Abonnements (durchschnittlich 18 %), Einnahmen aus zusätzlichen Geschäften (Vermietung, Verpachtung, Verkauf und Verleih von Technik und Kostümen) sowie zu einem sehr geringen Teil aus Spenden und Sponsoring zusammensetzt.

Föderalismus: Der Föderalismus ist als Organisationsprinzip des Staates im Grundgesetz verankert. Er sieht die Hoheit der Bundesländer bei Bildungs- und Kulturaufgaben vor. Daraus hat sich auch die Verantwortung der Städte und Länder für die Theater und Orchester abgeleitet.

Freie Szene: Umfasst freie Theatergruppen, subventionierte Produktionsorte (Kampnagel, HAU 1,2,3, sophiensäle, Radialsystem u. a.), kuratierte Festivals und international agierende Gruppen und Ensembles mit überregionaler Ausstrahlung sowie freie Gruppen in kleineren und mittleren Städten mit geringer Projektförderung.

Gesamtbudget: Summe der zur Verfügung stehenden Mittel für den Theaterbetrieb eines Wirtschaftsjahres, die in einem Wirtschaftsplan abgebildet werden. Die Herkunft der Mittel wird durch die Finanzierungsstruktur des Theaters bestimmt.

Geschäftsführung: Der Geschäftsführung obliegt die administrative, kaufmännische und künstlerische Gesamtverantwortung für das Theater. Sie kann auf eine oder mehrere Personen (Intendant, Kaufmännischer Geschäftsführer) verteilt sein. Zu den Aufgaben zählen die Vertretung der Gesellschaft, die Erstellung und Umsetzung des Spiel- und Konzertplanes, die laufende Betriebsführung, die Personalplanung und die Aufstellung des Wirtschaftsplanes und des Jahresabschlusses. Die Geschäftsführung der GmbH wird vom Aufsichtsrat beaufsichtigt.

Gesellschaft mit beschränkter Haftpflicht (GmbH): Ist eine Kapitalgesellschaft mit eigener Rechtspersönlichkeit, die mit ihrem Vermögen unbeschränkt haftet. Eine Haftung der Gesellschafter besteht nur gegenüber der Gesellschaft, sie ist begrenzt auf die Erbringung der Einlagen und etwaiger Nachschüsse. Ihr Stammkapital beträgt mindestens 25.000 Euro, wobei die Beteiligung für die verschiedenen Gesellschafter verschieden hoch sein kann. Die Theater-GmbH verfügt über ein eigenes Betriebsvermögen und ist insoweit auch konkursfähig. Die Gesellschaft wird von einem oder mehreren Geschäftsführern geleitet. Theater-GmbH werden in der Regel von einem, von den Gesellschaftern entsandten Aufsichtsrat überwacht und kontrolliert.

Gesellschafter: Sind die Eigentümer des Theaters, in Fällen der öffentlichen Theater sind dies die Gebietskörperschaften (Kommunen) und/oder das jeweilige Bundesland. Bei den meisten Staatstheatern ist neben dem Bundesland auch die Stadt im Gesellschafterausschuss vertreten, in der sich das Theater befindet. Die Gesellschafter bestellen den Aufsichtsrat, überwachen die Arbeit der Aufsichtsgremien, genehmigen die Wirtschaftsplanung und den Jahresabschluss und sichern die strategische Ausrichtung wie auch die Finanzierung des Theaters.

Gewinn- und Verlustrechnung: Gegenüberstellung der Aufwendungen und Erträge eines Wirtschaftsjahres zur Ermittlung des Jahresgewinnes oder -verlustes.

Gleichgewicht, optimales: Zwischen den künstlerischen und betrieblichen Aspekten eines Theaters (siehe komplementärer Ansatz).

Haustarifverträge: Zwischen Theaterleitung und Gewerkschaften ausgehandelter Tarifvertrag für ein Theater oder Orchester, der vom geltenden Flächentarifvertrag in bestimmten Punkten abweichen kann. Der Haustarifvertrag wurde eingeführt, um es Theatern zu ermöglichen, bei gedeckelten Zuschüssen der öffentlichen Hand von der Zahlung der Tariferhöhungen des Flächentarifvertrages entbunden zu werden und damit das Personal des Theaters in seiner Stärke zu erhalten.

Intendant: Künstlerischer Leiter eines Theaters oder Orchesters, der die künstlerische Ausrichtung festlegt, durchsetzt und verantwortet. Zugleich trägt er gemeinsam mit dem Geschäftsführer oder Verwaltungsdirektor die administrative Verantwortung für das Theater. Der Intendant wird meist für den Zeitraum von fünf Jahren von den Gesellschaftern auf Vorschlag des Aufsichtsgremiums gewählt.

Investitionen: Beinhalten die Finanzierung langfristiger Wirtschaftsgüter, die für den Theaterbetrieb von größter Relevanz sind. Dazu gehören alle Anlagegüter, insbesondere die technischen Anlagen, aber auch die Theaterimmobilie mit ihrer Ausstattung.

Jahresabschluss: Wirtschaftlicher Abschluss des Jahres bestehend aus Bilanz, Gewinn- und Verlustrechnung und Lagebericht der Geschäftsführung. Der Jahresabschluss wird in der Regel durch einen externen Wirtschaftsprüfer geprüft und testiert, vom Aufsichtsrat zur Kenntnis genommen und von der Gesellschafterversammlung genehmigt.

Kameralistik: Kameralistische Haushalts- und Buchführung.

Komplementärer Ansatz: Ausgleich zwischen den Anforderungen des Künstlerischen Betriebes und dem modernen Management des Theaters, der durch eine Gleichgewichtung beider Bereiche in der Besetzung der Leitungspositionen sowie in der operativen und strategischen Arbeit zu erreichen ist (siehe optimales Gleichgewicht).

Konzeption: Erster von vier Kernprozessen im Theater. *Die Konzeption* umfasst die Entwicklung einer Stückidee, die Zusammenstellung eines künstlerischen Teams, die Erstellung einer Position im Spielplan, mit Titel, Regisseur, Premierendatum, und die künstlerisch-konzeptionelle Vorbereitung des Probenprozesses durch das Regieteam.

Die Konzeption kann verschiedene Ausgangsmodelle haben: Oftmals entstehen Stückideen und Spielplanpositionen im Austausch zwischen Dramaturgie und Regisseuren. Während die Dramaturgie als geistiges Zentrum eines Theaters bei der Stückauswahl auf verbindende Linien zwischen den verschiedenen Stücken einer Spielzeit, auf Leitmotive, auf die Entwicklung des Repertoires und die zu erwartende Nachfrage der Zuschauer achtet, gehen Regisseure oftmals von einer Grundidee, einem Thema, einem bestimmten Autor oder einem speziellen Stück aus, mit dem sie sich auseinandersetzen wollen. Während in dieser personellen Zusammensetzung die Spielplanpositionen diskutiert werden, kommt ein weiterer wesentlicher Aspekt hinzu: das Ensemble und die Besetzung.

Krise: Wir unterscheiden zwischen künstlerischer, wirtschaftlicher und struktureller Krise am Theater. Während die *künstlerische Krise* zum Theaterprozess gehört, weil der Inszenierungsprozess nicht zwangsläufig in einem für alle Beteiligten und die Zuschauer gleichermaßen befriedigenden künstlerischen Ergebnis münden muss und einer subjektiven Bewertung unterliegt, ist die *wirtschaftliche Krise* an objektiven Kriterien messbar. Im Regelfall handelt es sich dabei um gravierende Abweichungen vom Wirtschaftsplan durch Fehlkalkulationen, Kostenüberschreitungen und/oder Einnahmenverluste. Bei Theater-GmbH kann dies zu hohen Fehlbeträgen und zur Insolvenz oder Nachschusspflicht der Gesellschafter führen. Im Theater spricht man aufgrund der immer höher werdenden Personalkostenanteile (in der Spitze bis zu 85 %) von einer *strukturellen Krise*, weil mit zunehmenden Personalkosten im Zuge von Tariferhöhungen auch die finanziellen Spielräume für die künstlerischen Produktionen immer kleiner und die Auswirkungen von Inszenierungsausfällen immer gravierender werden. Die strukturelle

Krise ist allerdings weitergehender: Sie beschreibt, dass die vorhandenen Organisationsstrukturen den immer größeren Anforderungen an die Theater nicht mehr gerecht werden und Reformen bedürfen.

Krisenmanagement: Bezeichnet die erforderlichen Handlungen, die das Theater durch Einsparungen, Strukturänderungen etc. wieder aus der Krise führen. Hierzu können Masterpläne erstellt werden, die kurz-, mittel- und langfristige Maßnahmenkataloge definieren.

Künstlerischer Ansatz: Entwicklung neuer ästhetischer Ausdrucksformen und Interpretationen, die zum *künstlerischen Erfolg* führen sollen. Dieser wiederum unterliegt subjektiven Geschmackskriterien und ist nicht messbar. Hilfsgrößen sind der Zuspruch des Publikums, die Wahrnehmung durch die Medien und die Einladung zu Festivals.

Künstlerische Betriebsdirektion: Planungsbüro des Theaters, in dem die Spielplanung sowie die Proben- und Vorstellungsdisposition in Abstimmung mit der Theaterleitung und den Spartendirektoren zentral verwaltet wird.

Landestheatersysteme: Die Systeme der 16 Bundesländer sind grundsätzlich verschieden strukturiert. Zwar verfügen nahezu alle Bundesländer über Staats-, Stadt- und Landestheater sowie eine mehr oder minder stark ausgeprägte Freie Szene, dennoch gibt es erhebliche Unterschiede zum Beispiel bei der Finanzierung öffentlicher Theater und in der Gesamtstruktur. So hat Hessen aus Gründen der Dezentralisierung drei Staatstheater, während die meisten Bundesländer nur über ein bis zwei verfügen. Die Finanzierungsanteile des Landes in NRW liegen bei ca. 15 %, während sie in den anderen Bundesländern zwischen 40 und 50 % liegen. Während man in Mecklenburg-Vorpommern auf eine Fusionierung aller Theater in einer Holding, in Brandenburg und Sachsen-Anhalt auf einer generellen Ausdünnung des Theatersystems setzt, hat Thüringen eine Differenzierung in Theater mit regionaler und überregionaler Bedeutung vorgenommen.

Länderfinanzausgleich: Ein von der Bundesrepublik Deutschland eingerichtetes Ausgleichssystem, durch das die einkommensstarken Bundesländer (derzeit Bayern, Baden-Württemberg, Hessen und Hamburg) an die einkommensschwachen Bundesländer Gelder transferieren. Das System ist an den Solidarpakt Aufbau Ost (Phase II) gekoppelt, der im Jahre 2019 auslaufen wird.

Landestheater (Landesbühnen): Um die Grundversorgung vor allem in den ländlichen Regionen und den Kleinstädten zu sichern, wurden in vielen Bundesländern sogenannte Landesbühnen in Trägerschaft mehrerer Städte, zumeist im Rahmen eines Zweckverbandes, gegründet. Ziel ist es, mehrere Städte mit Theaterproduktionen zu versorgen. Demgegenüber stehen das klassische Stadttheater und das Staatstheater.

Liquidität: Liquidität beschreibt die Zahlungsfähigkeit des Theaters, unabhängig davon, ob es in der Rechtsform einer GmbH, einer Stiftung, eines Eigen- oder Regiebetriebes geführt wird. Mit der Liquiditätsanalyse wird der Bestand und der Bedarf an finanziellen Mitteln festgestellt, so dass die Leitung sich ein Bild darüber machen kann, ob die Institutionen bei den zu erwartenden Zahlungsströmen zahlungsfähig bleibt. Bei GmbH ist die Liquidität darüber hinaus auch rechtlich ein wesentliches Kriterium für das Fortbestehen der Gesellschaft. Während für Eigen- und Regiebetriebe die jeweiligen Kommunen und Bundesländer finanzielle Nachschusspflicht haben, also eventuelle Defizite und finanzielle Schieflagen durch zusätzliche Zuschüsse ausgleichen müssen, bleibt die GmbH im Wesentlichen für sich selbst verantwortlich, auch wenn ihr in schwierigen finanziellen Situationen die Gesellschafter ebenfalls finanziell beispringen können.

Lobbyarbeit, auch **Lobbyismus** genannt: Betrifft in der Kulturpolitik in erster Linie das Werben der Kulturinstitutionen bei den verantwortlichen Politikern der verschiedenen Ressorts (Finanzen) um Wahrnehmung und ausreichende Berücksichtigung bei zukünftigen finanziellen Zuwendungen. Wichtiges Instrument zur Zukunftssicherung vor allem in Zeiten sinkender politischer Legitimation von Kultur.

Management: Ist ein *Bereich* in betriebswirtschaftlichen Leitungssystemen, ein System von Personen verschiedener Abteilungen und Stäbe, die den Leitungs- und Entscheidungskern des Unternehmens darstellen. Nur im Grenzfall eines sehr kleinen Betriebes handelt es sich dabei um eine Person – wie dies in einigen Theatern mit Intendanten mit Alleinvertretungsanspruch der Fall ist. Meist sind es Leitungsgremien, die sich aus mehreren Personen zusammensetzen: der Vorstand, die Geschäftsführung, das Direktorium. Management ist gleichzeitig eine *Funktion* und eine *Methode* der Entscheidungsfindung und -umsetzung.

Management- und Transformationsmuster, spezifische: Die auf die Bedingungen des Theaters und des jeweiligen Theatersystems im Bundesland abgestellt sind.

Managementprozesse: Umfassen die Aufgaben: Planen, Organisieren, Realisieren, Führen und Kontrollieren.

Managementinstrumente: Sind vielfältige Instrumente zur Durchsetzung der Managementprozesse. Im Theater finden zum Beispiel die Strategische Planung, Leitbildentwicklung und Kundenmanagement Anwendung.

Manufaktur: Begriff für das Theater als moderner Manufakturbetrieb, in dem von der Idee über die Herstellung der Dekorationen und Kostüme in den eigenen Werkstätten und die Proben bis zur Premiere alle Prozesse aus einem Haus kommen.

Mittelbewirtschaftung: Erstellung der Wirtschaftspläne und Einzelbudgets, Einspeisung der Mittel in die Betriebsprozesse, Kontrolle und Berichterstattung über die Mittelverwendung.

Musiktheater: Das Musiktheater ist eine der wichtigsten Sparten des Theaterbetriebes. Sie wird in der Regel von einem Operndirektor (für künstlerische und szenische Fragen) gemeinsam mit dem Generalmusikdirektor (für musikalische Fragen) geleitet. Ihm gehören die Sänger des Opernensembles und des Chores, die Studienleiter und Repetitoren, die Regisseure und Spielleiter sowie die Assistenten an. In einigen Theatern, in denen das Orchester keine rechtliche Selbständigkeit besitzt, gehört auch dieses unmittelbar zum Musiktheater.

Öffentliches Theater: Der Begriff definiert alle Theater in öffentlicher Trägerschaft, im Gegensatz zu freien oder privaten Theatern.

Organigramm: Das Organigramm definiert die Organisationsstruktur des Theaters und mit ihr die wichtigsten Leitungs- und Stabsfunktionen. Wir unterscheiden zwischen hierarchisch strukturierten Theatern mit Linienorganisation – jeder Abteilung und jedem Bereich ist ein Leiter zugeordnet – und moderneren Theatern, v. a. der Freien Szene, mit einer Matrixorganisation, in der zunehmend von einzelnen Mitarbeitern und Abteilungen Querschnittsaufgaben wahrgenommen werden (Produktionsleiter).

Organisation: Bezeichnet den Aufbau eines Theaters oder Orchesters, der sich grafisch im Organigramm niederschlägt. Gleichzeitig ist Organisation eine Funktion im Managementprozess.

Personalentwicklung: Ist die strategische Entwicklung des Personals und der Ensembles eines Theaters vor dem Hintergrund der anstehenden Herausforderungen (künstlerische, technologische, demografische). Sie kann durch einen Personalentwicklungsplan begleitet werden, der die individuelle Qualifizierung und zukünftig erforderliche Entwicklung der Mitarbeiter fixiert und kontinuierlich fortschreibt. Hier geht es darum, aus den Gesprächen mit den Mitarbeitern persönliche Entwicklungsabsichten und -potentiale herauszufiltern und gleichzeitig Entwicklungsnotwendigkeiten des Theaters hinsichtlich seiner zukünftigen Personalstärke und den erforderlichen Qualifikationen zu erfassen (siehe auch Ensembleentwicklung).

Personalkosten: Ist die Summe der Löhne und Gehälter der fest angestellten Mitarbeiter eines Theaters, einschließlich aller Nebenkosten, sowie der Gagen für Gäste.

Personalmanagement: Ist das Management des Personals eines Theaters durch die Leiter der Sparten und Abteilungen in Zusammenarbeit mit der Personalabteilung.

Personalplanung: Bei der Personalplanung am Theater unterscheiden wir zwischen verschiedenen Instrumenten. Der Gesamtpersonalplan eines Theaters, der auch Stellenplan genannt wird, ist ein Instrument der Personalplanung, in dem alle Stellen, ihre Besetzung und Dotierungen (Vertragseinstufungen bzw. Gagen) ebenso festgehalten sind, wie die Vertragsdauer, das voraussichtliche Datum des Ausscheidens des derzeitigen Stelleninhabers (durch Fluktuation, Nichtverlängerung, Kündigung, Verrentung) und schließlich die Option der Wiederbesetzung. Ein Teil der Personalplanung, der die Besetzung der Stücke wie auch die personelle Planung der Proben und Vorstellungen betrifft, findet sich in der Disposition wieder.

Personalrat: Ist die gewählte Personalvertretung in Theaterbetrieben, die dem Personalvertretungsgesetz unterliegen, in erster Linie alle Einrichtungen des öffentlichen Dienstes, Regie- und Eigenbetriebe. Personalräte werden nach festgelegtem Wahlverfahren aus den Reihen der Mitarbeiter gewählt. Sie sind Ansprechpartner der Theater- bzw. Werksleitung in allen mitbestimmungsrelevanten Feldern des Betriebes (Personaleinstellung, Dienstpläne, Arbeitsschutz und Arbeitssicherheit, u. a.).

Planung: Setzt unmittelbar mit oder nach der Konzeption ein. Sie umfasst wesentliche dispositionelle Aufgaben, wie die Planung des Einsatzes von Schauspielern, Sängern, Musikern sowie technischem und Assistenzpersonal im Proben- und Aufführungsprozess und den Einsatz des Technischen Personals und der Werkstätten für den Bau der Dekorationen und die Herstellung der Kostüme. Gleichzeitig plant die Marketingabteilung alle notwendigen Werbemaßnahmen, um in den kommenden Wochen das Publikum auf die anstehende Premiere vorzubereiten.

Präsentation: Vierter und letzter Kernprozess am Theater, beinhaltet die Aufführung eines Stückes bzw. Werkes vor Publikum.

Preis: Ist der üblicherweise in Geldeinheiten ausgedrückte Wert eines Gutes. Solange der Wert nicht realisiert wird, stellt er nur eine *Preisforderung* des Anbieters bzw. ein *Preisgebot* des Nachfragers dar. Erst wenn sich Anbieter und Nachfrager im Verhandlungsprozess auf einen bestimmten Wert einigen und einen Kaufvertrag schließen, entsteht der realisierte *Preis*. Im Theater sprechen wir vom Preis einer Theaterkarte. Natürlich haben auch alle Dienstleistungen, Material und Personal, die für den Produktionsprozess des Theaters benötigt werden, einen Preis.

Preiselastizität: Ist ein Maß dafür, welche relative Änderung sich bei der Angebots- bzw. Nachfragemenge ergibt, wenn eine relative Preisänderung eintritt. Für die Theater bedeutet dies zu ermitteln, bis zu welcher Preishöhe Teile des Publikums noch bereit sind, Eintrittskarten zu erwerben, und ab welchem Punkt der Preiserhöhung es mehr Einnahmen durch Publikumsverluste verliert als es durch die Preiserhöhungen selbst zugewinnt.

Privates Theater: Der Begriff definiert die Theater in privater Trägerschaft.

Produktion: Dritter Kernprozess am Theater, er umfasst die komplette Einstudierungs- und Inszenierungstätigkeit und die parallel dazu in den Werkstätten stattfindende Herstellung der Dekorationen und Kostüme. Er schließt mit der Technischen Einrichtung der Dekorationen auf der Bühne, der Komplettprobe und schließlich der Generalprobe ab. *Die Produktion* ist der komplexeste Prozess des Theaterbetriebes, sie ist der Kern innerhalb der vier Kernprozesse und selbst wiederum in verschiedene Produktionsabläufe unterteilt. Von Produktion im engeren Sinne sprechen wir dann, wenn wir den Entwicklungsprozess einer Inszenierung, den eigentlichen Probenprozess, geleitet durch den Regisseur, über einen Zeitraum von sechs bis zehn Wochen betrachten.

Produktionskosten: Eine der wichtigsten Kennzahlen sind die Produktionskosten. Sie werden an den Theatern in der Regel nicht als Vollkosten, sondern nur als Teilkosten ermittelt, d. h. man vernachlässigt die Kosten für das fest angestellte Personal wie auch die Opportunitätskosten für die Nutzung der Räume und Anlagen und stellt ausschließlich die variablen Kosten zusammen: Material für Bühnenbild, Kostüme, Maske und Requisiten, Honorare für Regisseur und Team – soweit diese nicht fest am Haus angestellt sind – sowie für Gastdarsteller, Statisten, zusätzliche Musiker und Tänzer, Auftragshonorare für Komponisten und/oder Autoren bzw. Verlagstantieme für die gespielten Stücke sowie Materialkosten für die Partituren. Hier unterscheiden wir zwischen Kosten bis zur Premiere und Kosten für die einzelnen Vorstellungen.

Diesen Kosten werden in der *Deckungsbeitragsrechnung* die Einnahmen gegenüber gestellt, die ab der Premiere fließen. In diesem Rahmen wird auch berechnet, ob und wann die jeweilige Produktion den Punkt erreicht, an dem eine Teilkostendeckung (break even) erzielt wird.

Produktionsleiter oder **Produzenten:** Neue Querschnittsaufgabe am Theater in der die Verantwortung für die Konzeption, Planung, Produktion und Präsentation einer neu zu entwickelnden Inszenierung zusammenfließen. In kleinen Teams mit Mitarbeitern der Technik, der Planung, des Marketing und der Verwaltung betreuen und verantworten sie eine Produktion in allen Belangen. Dadurch werden nicht nur die stark hierarchische Produktionsstruktur des Theaters durch neue Querschnittsaufgaben aufgebrochen, sondern auch langwierige Verwaltungs- und Kommunikationsabläufe am Theater vereinfacht und beschleunigt.

Projektmittel: Sondermittel, die für einzelne Projekte eines öffentlichen Theaters oder einer Gruppe/Produktion der Freien Szene ausgereicht werden. Die Projektmittel können bei Stiftungen oder Kulturministerien beantragt und müssen meist durch einen Eigenanteil kofinanziert werden. Die Abrechnung und Berichterstattung über die Mittelverwendung erfolgt meist in komplizierten Verfahren.

Rahmenbedingungen: Die Arbeit der Theater wird wesentlich durch ihre Rahmenbedingungen geprägt. Als Rahmenbedingungen bezeichnen wir die wichtigsten Umfeldbedingungen, wie zum Beispiel den Standort, die demografische Situation, die finanzielle Ausstattung der Träger und die politische Legitimation des Theaters. So haben sich diese in den letzten Jahren maßgeblich verändert, ohne dass die Theater hierauf adäquat reagiert haben.

Rechnungswesen: Ermöglicht die Zusammenstellung des Zahlenmaterials der Buchhaltungen und die Aufstellung entsprechender Hochrechnungen und Mittelverwendungsberichte. Es dient der Kontrolle und Dokumentation der Wirtschaftlichkeit und Rentabilität und als Grundlage für die weiteren Wirtschaftsplanungen. Wir unterscheiden dabei zwischen internem und externem Rechnungswesen, also, ob die Empfänger der Informationen interne oder externe Adressaten sind.

Rechtsform: Die *Rechtsform* eines Theaters wird durch den Gesellschaftsvertrag oder die Satzung bestimmt, sie definiert die wesentlichen gesetzlichen Rahmenbedingungen und regelt das Verhältnis zwischen Eigentümern (Gesellschaftern), also dem Land und/oder der Kommune, und dem Theater. Mit der Rechtsform werden Aufsichts-, Leitungs-, Haftungs- und Betriebspflichten wie auch die Verantwortung der Theaterleitung festgelegt. Die wichtigsten Rechtsformen sind Regie- und Eigenbetrieb, GmbH, Stiftung, eingetragener Verein und Zweckverband.

Reformmodelle: Sind Modelle, die die Reform des Theaters als Institution oder die Reform des gesamten Theatersystems eines Bundeslandes beinhalten. Das Modell der Doppelten Transformation geht von inneren und äußeren Reformen des Theaters aus, die von Reformen des Theatersystems des Bundeslandes begleitet werden, die u. a. neue Finanzierungsformen und neue Strukturen beinhalten.

Repertoire: Das *Repertoire* ist die – immer weiter wachsende – Summe aller spielbaren und gespielten Stücke in den Sparten Drama (Schauspiel), Musiktheater (Oper, Operette), Musical, Konzert, Ballett, Tanz und schließlich der in den letzten Jahren immer mehr in den Mittelpunkt gerückten Performance, die Elemente der verschiedenen Gattungen in sich vereint und verschmilzt. Das Repertoire ist dabei mit dem Ursprung des Theaters im antiken Drama und im Musiktheater der Renaissance immer weiter angewachsen. So hat jede Epoche im Schauspiel, in der Oper, im Konzert, Ballett und Tanz ihre herausragenden Autoren, Komponisten, Choreographen und Werke, die das Repertoire der vorangegangenen Epochen ergänzen, erweitern und damit weiterentwickeln. Für die Theater heißt dies, auf einen immer größeren Fundus an Stücken, Opern und Konzerten zurückgreifen zu können und daraus Spielpläne zu gestalten. Dennoch konzentriert sich das Kernrepertoire auf deutschen Bühnen auf etwa 50 Dramen und Opern.

Repertoirebetrieb: Bezeichnet eine Spielbetriebsform, in der das Theater aus einer Vielzahl von Stücken nahezu täglich eine neue Auswahl bietet. Im Gegensatz zum Stagione-Betrieb (italienische Opernhäuser), in dem ein neu inszeniertes Stück eine genau vorherbestimmte Periode (Stagione) spielt, oder zum En-Suite-Prinzip (Privattheater, Musical), in dem Stücke so lange gespielt werden, bis das Stück nicht mehr genug Zuschauer findet, ist das Repertoireprinzip ein im deutschen Theatersystem verwurzeltes Spielprinzip mit abwechselnder Spiel- und Stückfolge. Es ist allerdings mit hohem Personalaufwand und deutlich höheren Kosten als die anderen Spielprinzipien verbunden.

Rückstellungen: Die *Rückstellungen* sind eine der wesentlichen Positionen, die die kaufmännische von der kameralistischen Buchführung unterscheiden. Rückstellungen umfassen alle verbindlichen Zahlungsvorgänge, die in den kommenden Jahren zu erwarten sind. Dazu gehören Rückstellungen für die Urlaubsanteile, die von den Mitarbeitern bis zum Stichtag noch nicht genommen worden sind, sowie Jubiläumszuwendungen für die Betriebszugehörigkeit. Viele Theater haben Altersteilzeitverträge mit ihren Mitarbeitern abgeschlossen, um einigen Mitarbeitern ein früheres Ausscheiden aus den Verträgen zu ermöglichen. Die für die Freistellungsphase vom Theater noch zu zahlenden Beträge sind ebenfalls in den Rückstellungen erfasst.

Schauspiel (Sprechtheater): Ist die aus dem Antiken Drama hervorgegangene, noch heute gepflegte Sprechform des Theaters. Im Mittelpunkt stehen die Schauspieler, die, vom Regisseur in Szene gesetzt, ein klassisches oder zeitgenössisches Stück spielen. Verschiedene Formen und Methoden der Schauspielkunst und -lehre haben sich in den letzten Jahrhunderten abgelöst. Heute wird der Schauspieler immer mehr zu einem Performer, der über die Verwandlung in eine Rolle hinaus musikalische und tänzerische Qualitäten in das Spiel einbringt. Ein Zweig des aktuellen experimentellen Theaters verzichtet auf Schauspieler als Darsteller.

Sparten (auch **Gattungen**): Sind die künstlerischen Grundgattungen des Theaters: Schauspiel, Oper (Musiktheater), Ballett und Tanz, Konzert und Puppentheater. Durch die zunehmende Interdisziplinarität zwischen den Sparten und den Einfluss anderer Künste auf das Theater entstanden die Performance und neue, gattungsübergreifende Formate.

Spielplan: Der Spielplan bestimmt die Folge und Ansetzung der einzelnen Inszenierungen eines Theaters. Er ist in Wochen-, Monats- und Spielzeitplan unterteilt und nicht nur ein wichtiges Instrument für die interne Disposition und Kommunikation und den darauf basierenden Entscheidungen, sondern das wichtigste Instrument der Außendarstellung eines Theaters. Der Spielplan ist das konzeptionelle und ästhetische Gerüst eines Theaters. Er beinhaltet alle Neuinszenierungen und Wiederaufnahmen einer Spielzeit, die dazugehörigen Besetzungen und logistischen Parameter (Probenzeiten und -orte, Premieren- und Aufführungsdaten der einzelnen Stücke).

Spielprinzipien: Definieren den Umfang des Repertoires und die Abfolge der Inszenierungen. Wir unterscheiden zwischen Repertoire-, (Semi-)Stagione- und En-Suite-Prinzip.

Staatstheater: Theater mit einer Mehrheitsbeteiligung des Bundeslandes mit zumeist regionalen Aufgaben, die über die reine Bespielung einer Stadt hinausgehen. Das deutsche Theatersystem verfügt derzeit über mehr als 20 Staatstheater.

Stadttheater: Ursprünglich die Bezeichnung für das Theater einer Stadt, umfasst der aktuelle Stadttheatergedanke die enge Verbindung und Verknüpfung des Theaters mit seinen Zuschauern, insbesondere aber den Einwohnern der Stadt. Hierzu werden immer wieder neue Formate entwickelt, die die Beteiligung der Bürger, zum Beispiel in Bürgerbühnen, fördert.

Standort: Der *Standort* ist eine der wesentlichen Rahmenbedingungen für die Arbeit und die Perspektiven eines Theaters. Er definiert alle kulturellen, wirtschaftlichen, sozialen, logistischen und wissenschaftlichen Gegebenheiten der Region, in die das Theater eingebettet ist und wird dadurch zu einem wichtigen Ausgangspunkt für die Entwicklung des künstlerischen Programms und der strategischen Ausrichtung eines Theaters. Dabei spielt es eine große Rolle, ob sich das Theater in einem bevölkerungsreichen, dicht besiedelten, wirtschaftsstarken oder einem von sinkenden Bevölkerungszahlen und hoher Arbeitslosigkeit geprägten Raum befindet. In einigen Regionen ist das städtische Theater einer der größten Arbeitgeber und damit ein wichtiger kultureller, sozialer und wirtschaftlicher Faktor.

Struktur: Der *Strukturbegriff* bezieht sich auf die interne Organisationsstruktur des Theaterbetriebes. Darin sind alle Sparten, Abteilungen und Funktions- und Leitungsstellen mit Führungsaufgaben in ihren Verantwortungsbereichen abgebildet. Das Organigramm ist dabei die grafische Darstellung der Aufbauorganisation einer Institution und ermöglicht einen ersten wesentlichen Blick auf die Strukturen.

Subvention: Ist die finanzielle Zuwendung der Gesellschafter zum Betrieb des Theaters. Die durchschnittliche Höhe der Subventionen der Theater liegt derzeit bei ca. 82%.

Tarif- und Preisentwicklung: Die an die Inflation gekoppelte Entwicklung der Tarife für Löhne und Gehälter sowie der Preise für Materialien, Betriebsstoffe und Dienstleistungen, die einen wesentlichen Einfluss auf die Gesamtbudgets der Theater haben.

Technische Direktion: Leitung der Technischen Abteilungen eines Theaters, zu denen Bühnentechnik, Beleuchtung, Video, Ton und Requisite gehören. In vielen Theatern ist die Technische Direktion zudem auch für die Werkstattleitung zuständig.

Theater: Ursprünglich verbirgt sich dahinter der Zuschauerteil des antiken Theaters, der dann später auf den gesamten Theaterbau übertragen wird. So bezeichnen wir das, was wir als Theaterhaus oder -gebäude sehen, als Theater. Theater bezeichnet heute in erster Linie den Theaterbetrieb und das gesamte Theaterwesen, und es definiert das Theater im Sinne künstlerischer Praxis, also der künstlerischen Konzeption, der Inszenierung und der Darstellung der Figuren durch die Künstler. Eigentlich kann man keinen dieser Begriffe getrennt voneinander betrachten, erst im Zusammenspiel entsteht der Begriff Theater: eine komplexe, zumeist – nicht immer – lokalisierbare künstlerische Institution, die Aspekte des Betriebes und des künstlerischen Schaffens miteinander verbindet.

Theater- oder Produktionshäuser: Sind Produktionsstätten, in denen sowohl Ensembles öffentlicher Theater wie auch freier Gruppen proben und ihre Arbeiten zur Aufführung bringen können. Wir unterscheiden dabei zwischen zwei Möglichkeiten: dass öffentliche Theater freien Gruppen Proben- und Aufführungsmöglichkeiten in ihren Häusern einräumen oder dass beide freistehende Produktionshäuser beziehen und dort auch gemeinsame Arbeiten entwickeln. Produktionshäuser bedürfen einer technischen Ausrüstung zur Sicherung der Spielfähigkeit und einer kleinen technischen und administrativen Mannschaft zur Betreuung der Produktionen und der Aufführungen. Hierfür können die vielen, in den letzten Jahren geschlossenen Theater in Deutschland revitalisiert werden.

Theaterleitung: Zumeist bestehend aus Intendant und Geschäftsführer oder Kaufmännischem Direktor/Verwaltungsdirektor oder einem Direktorium, die das gesamte operative Geschäft verantworten.

Transformation, doppelte: Reformprozess des Theatersystems vor dem Hintergrund der Rahmenbedingungen, der sinkenden politischen Legitimation, der tendenziellen Kürzungen der Zuwendungen und der Strukturprobleme. Sie unterteilt sich in eine Phase 1 mit innerbetrieblichen und Reformen der Außenbeziehungen des Theaters und eine Phase 2 mit der Reform der Theatersystems eines Bundeslandes.

Turn: Drehung, Wendung, Veränderung, Wandlung, hier im Sinne der Strukturellen Wandlung (Structural Turn) des Theaters in seiner äußeren Form (Rechtsform) und inneren Organisationsstruktur sowie der Systemischen Wandlung (Systemic Turn) des gesamten Theatersystems eines Bundeslandes.

Überproduktion: Tendenz der öffentlichen Theaterbetriebe, trotz sinkender bzw. stagnierender Zuschüsse an der Zahl der geplanten Neuproduktionen festzuhalten bzw. diese sogar noch weiter zu steigern, mit dem Ergebnis einer Überlastung des Personals und der Ressourcen des Theaters und einer tendenziellen Unübersichtlichkeit des Programms.

Umwegrentabilität: Positive Nebeneffekte eines Kulturbetriebes, die durch die Schaffung bzw. Sicherung von Arbeitsplätzen, die Beauftragung lokaler Dienstleistungs- und Produktionsfirmen und die Ankurbelung des Tourismus entstehen.

Verwaltungsdirektion: Direktion aller administrativen, planerischen und kaufmännischen Aufgaben an einem Theater. Der Geschäftsführung zugeordnet.

Wirtschaftlichkeit: Verhältnis zwischen erreichtem Erfolg und Mitteleinsatz (siehe auch Effizienz).

Ziele: Sind Projektionen in die Zukunft einer Kulturinstitution, anhand derer zukünftige Entwicklungen abgebildet und mittels spezifischer Kriterien und Indikatoren bestimmt und gemessen werden können. Ziele im Theater können künstlerischer, wirtschaftlicher und struktureller Natur sein. Künstlerische Ziele, die eine bestimmte Programmatik und Ästhetik umfassen, sind aufgrund ihrer subjektiven Ausrichtung meist schwer bestimm- und messbar. Hierfür müssen oftmals Hilfsindikatoren genutzt werden (Publikums- und Medienresonanz). Wirtschaftliche und strukturelle Ziele eines Theaters sind klarer zu definieren und eindeutiger zu messen, sie finden ihren Niederschlag zum Beispiel in Wirtschaftsplänen oder Strukturprogrammen.

Zukunftsfähigkeit: Leitmotiv und wichtigste langfristige und strategische Aufgabe zur Sicherung des Theaters, sie soll die Voraussetzungen für den künstlerischen und betrieblichen Erfolg schaffen und hat die Entwicklung der Theater zu langfristig stabilen und nachhaltigen Betrieben und Systemen durch Modernisierung und Reformen zum Inhalt.

Zukunftsmanagement: Ist die Planung und Umsetzung von Maßnahmen zur Sicherung der Zukunft von Theatern und Orchestern und zur Erhaltung ihrer *Zukunftsfähigkeit*.

Zuwendungen: Sind Subventionen der Gesellschafter für den Theaterbetrieb.

Verzeichnis der Tabellen und Übersichten

Tabelle 1: Kennzahlen der deutschen Theaterlandschaft
Tabelle 2: Differenzierungsmerkmale des deutschen Theatersystems
Tabelle 3: Öffentliche Theater und ihre Angebote (nach Gattungen)
Tabelle 4: Rechtsformen öffentlicher Theater
Tabelle 5: Die Merkmale der vier wichtigsten Rechtsformen auf einen Blick
Tabelle 6: Merkmale des öffentlichen deutschen Theatersystems
Tabelle 7: Ebenen kulturpolitischer Lobbyarbeit
Tabelle 8: Rahmenbedingungen
Tabelle 9: Länderfinanzausgleich 2010 – Geber- und Nehmerländer
Tabelle 10: Freizeitaktivitäten und Mediennutzung in Deutschland (2009)
Tabelle 11: Die jüngsten Theater- und Orchesterkrisen
Tabelle 12: Masterplan Krisenmanagement I
Tabelle 13: Masterplan Krisenmanagement II
Tabelle 14: Kernprozesse am Theater
Tabelle 15: Aufgabenvielfalt des Theaters
Tabelle 16: Die Kernziele des modernen Theaterbetriebes
Tabelle 17: Besucherbindung
Tabelle 18: Betriebswirtschaftliche Merkmale des Kulturbetriebes
Tabelle 19: Finanzwirtschaftliche Bereiche im Theater
Tabelle 20: Externes und Internes Rechnungswesen am Theater
Tabelle 21: Kameralistik und Doppik im Vergleich
Tabelle 22: Analyse einer Deckungsbeitragsrechnung (im Schauspiel)
Tabelle 23: Wichtigste Kennzahlen für das Controlling von Theatern
Tabelle 24: Externe und Interne Prüfungen am Theater
Tabelle 25: Positionen der Gewinn- und Verlustrechnung
Tabelle 26: Bilanzaufbau am Beispiel eines mittleren Stadttheaters

Tabellenverzeichnis

Tabelle 27: Kennzahlen im Überblick
Tabelle 28: Modernes Personalmanagement am Theater
Tabelle 29: Aufgaben der Personalabteilung am Theater
Tabelle 30: Management-Theorien im Überblick
Tabelle 31: Management-Prozess im Theater
Tabelle 32: Die wichtigsten Managementinstrumente im Vergleich
Tabelle 33: Strategische Planung von der Mission zum Jahresbudget
Tabelle 34: Balanced Scorecard für ein Theater
Tabelle 35: Leitungs- und Funktionsebenen
Tabelle 36: Kommunikation im Rahmen einer Inszenierung
Tabelle 37: Ausschnitt eines Personalentwicklungsplanes am Theater
Tabelle 38: Grobgliederung eines Wirtschaftsplanes (Beispiel)
Tabelle 39: Grobgliederung einer Hochrechnung (Beispiel)
Tabelle 40: Phasen der Finanzplanung
Tabelle 41: Vertriebsplanung
Tabelle 42: Indikatorenmodell zur schnellen Lageeinschätzung
Tabelle 43: Theatersysteme in Deutschland, Belgien und Niederlanden im Vergleich
Tabelle 44: Das Direktorium
Tabelle 45: Modell einer Matrixorganisation
Tabelle 46: Die Exzellenzmatrix des deutschen Theatersystems

Übersicht 1: Das Theater als Marktteilnehmer
Übersicht 2: Organigramm eines Mehrspartentheaters
Übersicht 3: Das Modell der doppelten Transformation

Literaturverzeichnis

ABELS, Norbert (2008): Theater. Die wichtigsten Schauspiele von der Antike bis heute. Hildesheim.
ABELS, Norbert (2009): Ohrentheater – Szenen einer Operngeschichte. Frankfurt/M.
ALLMANN, Uwe (1997): Innovatives Theatermanagement. Eine Fallstudie. Wiesbaden.
BABBAGE, Charles (1999): Die Ökonomie der Maschine. Berlin.
BADELT, Christoph (Hrsg.) (1998): Handbuch der Nonprofit-Organisationen. Strukturen und Management. Stuttgart.
BAECKER, Dirk (2003): Organisation und Management. Frankfurt/M.
BARNARD, Chester (1969): Organisation und Management. Stuttgart.
BARTSCH, Mathias u.a. (2011): Demografie. Tod auf Raten, in: Der Spiegel 17/2011.
BAUMOL, William J./BOWEN, William G. (1966): Performing Arts: The Economic Dilemma. New York.
BECK, Ulrich (1986): Risikogesellschaft. Auf dem Weg in eine andere Moderne. Frankfurt/M.
BECK, Ulrich (1993): Die Erfindung des Politischen. Zu einer Theorie reflexiver Modernisierung. Frankfurt/M.
VON BECKER, Peter (2011): Augen weit geschlossen – Theater um Europa, Theater in Europa – Gedanken zur aktuellen Krise, in: Lettre No. 94, 2/2011, S. 80ff.
BENDIXEN, Peter (2010): Einführung in das Kultur- und Kunstmanagement. 4. Aufl. Wiesbaden.
BENDIXEN, Peter/WEIKL, Bernd (2011): Einführung in die Kunst- und Kulturökonomie. 3. Aufl. Wiesbaden.
BLEICHER, Knut (2004): Das Konzept Integriertes Management. Visionen – Missionen – Programme. Frankfurt/M.
BOENISCH, Vera (2011): Beethoven würde bitter lachen, in: Süddeutsche Zeitung, 16.6.2011.
BRANDENBURGER MERKUR: Diskussion um Finanzierung der Kulturstiftung, 27.6.2011.
BRAUNECK, Manfred/SCHNEILIN, Gérard (Hrsg.) (1992): Theaterlexikon. Begriffe und Epochen, Bühnen und Ensembles. Reinbek bei Hamburg.
BRAUNECK, Manfred (1995): Theater im 20. Jahrhundert. Programmschriften, Stilperioden, Reformmodelle. Reinbek bei Hamburg.
BRIEGLEB, Till (2011): In Rostock wird das Volkstheater seit 20 Jahren kaputtgespart, in: Süddeutsche Zeitung, 28.6.2011.
BUNDESMINISTERIUM DER FINANZEN (2010): Der Finanzausgleich unter den Ländern. Berlin.
BUTZER-STROTHMANN, Kristin/GÜNTER, Bernd/DEGEN, Horst (2001): Leitfaden für Besucherbefragungen durch Theater und Orchester. Baden-Baden.
CHAMPY, James/HAMMER, Michael (1992): Reengineering the Corporation. A Manifesto for Business Revolution. New York.
CHANDLER, Alfred (1977): The Visible Hand: The Managerial Revolution in American Business. New York.
VON COSSEL, Friederike (2010): Mintzberg im Theater, in: TRÖNDLE, Martin u.a. (Hrsg.): Theorien für den Kultursektor. Jahrbuch für Kulturmanagement 2010. Bielefeld.

COWEN, Tyler (2005): How the United States Funds the Arts. Washington.
DETHIER, Brigitte/LENGERS, Birgit/TSCHOLL, Miriam (2011): Über Paradigmenwechsel im Kinder- und Jugendtheater, in: Heart of the City, Theater der Zeit, Arbeitsbuch 2011, S. 152-157.
DEUTSCHER BÜHNENVEREIN: Statistiken 1995/96 bis 2009/10. Köln.
DEUTSCHER BÜHNENVEREIN (2001): Leitfragen zur Besucherbefragung durch Theater und Orchester. Köln.
DEUTSCHER BÜHNENVEREIN (2005): Theater und Orchester in Deutschland. Köln.
DEUTSCHER BÜHNENVEREIN (2007): Berufe am Theater. Köln.
DEUTSCHER BÜHNENVEREIN (2010): Politik überschätzt Theater- und Orchesterfusionen. Pressemitteilung vom 10.12.2010. Köln.
DEUTSCHER BÜHNENVEREIN (2011a): Pressemitteilung zur Jahresstatistik der Theater 2009/10. Köln.
DEUTSCHER BÜHNENVEREIN (2011b): Wie geht es weiter mit dem Stadttheater. Köln.
DEUTSCHER BUNDESTAG (2007): Schlussbericht der Enquete-Kommission „Kultur in Deutschland" (Drucksache 16/7000), 11.12.2007. Berlin.
DONOHUE, Keith (2000): National Endowment of the Arts, 1965-2000. A Brief Chronology of Federal Support for the Arts. Washington.
VON DÜFFEL, John (2003): Kleine Theatergeschichte, in: Theater muss sein. Fragen. Antworten. Anstöße. Deutscher Bühnenverein. Köln.
DREYSSE, Miriam/MALZACHER, Florian (Hrsg.) (2007): Experten des Alltags. Das Theater von Rimini Protokoll. Berlin.
DRUCKER, Peter F. (2002): Was ist Management? Das Beste aus 50 Jahren. München.
DRUCKER, Peter F. (2009a): Die fünf entscheidenden Fragen des Managements. Weinheim.
DRUCKER, Peter F. (2009b): Management. Frankfurt/M.
DÜMCKE, Cornelia (1994): Zur aktuellen Theaterentwicklung aus ökonomischer Sicht, in: POPP, Sebastian/WAGNER, Bernd (Hrsg.): Das Theater und sein Preis. Beiträge zur Theaterreform. Frankfurt/M.
VON ECKARDSTEIN, Dudo/KASPER, Helmut/MAYRHOFER, Wolfgang (1999): Management: Theorie – Führung – Veränderung. Stuttgart.
ESCH, Christian (2011): Theater unter Beschuss, in: Kulturpolitische Mitteilungen, Nr. 132, 1/2011, Bonn.
EVANGELISCHE AKADEMIE (2004): Die Zukunft des deutschen Theaters, 48. Loccumer Kulturpolitisches Kolloquium. Loccum.
FAYOL, Henri (1929): Allgemeine und industrielle Verwaltung. München.
FIEDLER, Fred E. (1967): A Theory of Leadership Effectiveness. New York.
FREIE THEATER THÜRINGEN, Positionspapier, Mai 2011, unter: www.thueringer-theaterportal.de.
FÖHL, Patrick S. (2011): Kooperationen und Fusionen von öffentlichen Theatern. Wiesbaden.
FONDS DARSTELLENDE KÜNSTE (2010): Report Darstellende Künste, Kulturpolitische Gesellschaft. Bonn/Essen.
FRAUNHOFER IAO (Hrsg.) (1999): Management-Konzepte und betriebswirtschaftliche Instrumente im öffentlichen Theater. Stuttgart.
GENOSSENSCHAFT DEUTSCHER BÜHNENANGEHÖRIGER (Hrsg.) (2011): Deutsches Bühnenjahrbuch für die Spielzeit 2011/12. Hamburg.
GOEBBELS, Heiner (2011): Forschung oder Handwerk? – Neun Thesen zur Zukunft der Ausbildung für die darstellenden Künste, in: Heart of the City, Theater der Zeit, Arbeitsbuch 2011, S. 70-75.
HABERMAS, Jürgen (1995): Die Neue Unübersichtlichkeit. Kleine Politische Schriften. Frankfurt/M.
HAMEL, Gary/PRAHALAD, C.K. (1997): Competing for the Future. Boston.

HARMS, Kirsten (2011): Der schwierigste Opernjob in Deutschland, im Interview mit Opernwelt, 9/19, 2011, S. 58.
VON HARTZ, Matthias (2011a): Das deutsche Stadttheater ist noch zu retten.
VON HARTZ, Matthias (2011b): Kunst oder Kerngeschäft? Warum sich das System Stadttheater von innen heraus erneuern muss – und dafür dringend Impulse von außen braucht, in: Heart of the City, Theater der Zeit, Arbeitsbuch 2011, S. 30.
HAUSMANN, Andrea (2005): Theater-Marketing. Grundlagen, Methoden und Praxisbeispiele. Stuttgart.
HAUSMANN, Andrea/GÜNTER, Bernd (2008): Kulturmarketing. Wiesbaden.
HAUSMANN, Andrea (2011): Kunst- und Kulturmanagement. Kompaktwissen für Studium und Praxis. Wiesbaden.
HEINRICHS, Werner/KLEIN, Armin (2001): Kulturmanagement von A-Z. München.
HEINZE, Thomas (2004): Neue Ansätze im Kulturmanagement. Wiesbaden.
HELBING, Michael (2011): Viel Theater und wenig Geld, in: Thüringer Allgemeine, 25.8.2011.
HENSEL, Georg (1999): Spielplan: Schauspielführer von der Antike bis zur Gegenwart. München.
HERZBERG, Frederick/MAUSNER, Bernard/SNYDERMAN, Barbara (1959): The Motivation to Work. New York.
HERZINGER, Richard (1993): Der neue Kulturnationalismus, in: Die Zeit, 20.8.1993.
HIRSCH, Wolfgang (2010): Altenburg-Gera offenbar gerettet, in: Thüringische Landeszeitung, 9.11.2010.
HÖHNE, Steffen (2010): Einführung in das Kulturmanagement. Bielefeld.
HOLM, Valdemar/KUSEJ, Martin/SIMONS, Johann (2011): Interview, in: Theater Heute, Jahrbuch 2011.
HORKHEIMER, Max/ADORNO, Theodor W. (1969): Dialektik der Aufklärung. Philosophische Fragmente. Frankfurt/M.
INSTITUT FÜR KULTURPOLITIK der Kulturpolitischen Gesellschaft (Hrsg.) (2004): Jahrbuch für Kulturpolitik – Thema: Theaterdebatte, Klartext. Essen.
INSTITUT FÜR KULTURPOLITIK der Kulturpolitischen Gesellschaft (Hrsg.) (2010): Jahrbuch für Kulturpolitik – Thema: Infrastruktur, Klartext. Essen.
IRMER, Thomas/SCHMIDT, Matthias (2003): Die Bühnenrepublik. Theater in der DDR. Berlin.
JÜRGENS, Ekkehard (2004): Managementtechniken im Kulturbetrieb, in: KLEIN, Armin (Hrsg.): Kompendium Kulturmanagement. München, S. 15-33.
KAPLAN, Robert S./NORTON, David P. (1992): The Balanced Scorecard - Measures that Drive Performance, in: Harvard Business Review. Januar-Februar 1992, S. 71-79.
KAPLAN, Robert S./NORTON, David P. (1997): Balanced Scorecard. Strategien erfolgreich umsetzen. Stuttgart.
KASCH, Georg (2011): Willkommen in der Dschungelliga, Report Mecklenburg-Vorpommern, in: THEATER HEUTE 11/2011.
KIESER, Alfred/WALGENBACH, Peter (2003): Organisation. 4. Aufl. Stuttgart.
KLEIN, Armin (Hrsg.) (2004): Kompendium Kulturmanagement. Handbuch für Studium und Praxis. München.
KLEIN, Armin (2007): Der exzellente Kulturbetrieb. Wiesbaden.
KLEIN, Armin (2009): Kulturpolitik. Eine Einführung. 3. Aufl. Wiesbaden.
KLEMPNOW, Bernd (2011): Das Land löst ein gutes Orchester auf, ohne Not, in: Sächsische Zeitung, 29.6.2011.
KLOIBER, Rudolf/KONOLD, Wulf/MASCHKA, Robert (1995): Handbuch der Oper. München.
KNAPPE, Robert (2010): Die Eignung von New Public Management zur Steuerung öffentlicher Kulturbetriebe. Wiesbaden.

KOBERG, Roland/STEGEMANN, Bernd/THOMSEN, Henrike (Hrsg.) (2005): OST/WEST – Ein deutscher Stoff. Berlin.
KREBS, Susanne (1996): Öffentliche Theater in Deutschland. Eine empirisch-ökonomische Analyse. Berlin.
KÜHL, Christiane (2011): Wir Glückspilze, in: Theater Heute, 10/2011, S. 32.
KULTURSTIFTUNG DES BUNDES (2011): Schreiben an die Theater vom 23.8.2011. Halle.
KUYL, Ivo (2011): Vom Nationaltheater zur städtischen Plattform – Die Koninklijke Vlaamse Schouwburg in Brüssel zeigt, wie ein Theater sich seine Stadt erobern kann, in: Heart of the City, Theater der Zeit, Arbeitsbuch 2011, S. 116-122.
KURZ, Hanns (1999): Praxishandbuch Theaterrecht. München.
LAWRENCE, Paul R./LORSCH, Jay W. (1967): Organization and Environment. Managing Differentiation and Integration. New York.
LENNARTZ, Knut (2005): Die Wurzeln der deutschen Theaterlandschaft, in: Theater und Orchester in Deutschland. Köln.
LESSING, Gotthold Ephraim (1767-69): Hamburgische Dramaturgie. Leipzig.
LEWINSKI-REUTER, Verena/LÜDDEMANN, Stefan (2008): Kulturmanagement der Zukunft. Wiesbaden.
LICKERT, Philip (2011): Aufschwung auf dem Höhepunkt, in: Frankfurter Allgemeine Zeitung, 28.04.2011.
LUHMANN, Niklas (1984): Soziale Systeme. Grundriß einer allgemeinen Theorie. Frankfurt/M.
MALIK, Fredmund (2006): Strategie des Managements komplexer Systeme. Ein Beitrag zur Management-Kybernetik evolutionärer Systeme. 9. Aufl. Bern/Stuttgart/Wien.
MANAGERMAGAZIN (2009): Die wichtigsten Managementinstrumente. Frankfurt.
MAYO, Elton (1949): Probleme industrieller Arbeitsbedingungen. Frankfurt/M.
MCGREGOR, Douglas (1960): The Human Side of Enterprise. New York.
MERTENS, Gerald (2010): Orchestermanagement. Wiesbaden.
MINTZBERG, Henry (1980): Structure in 5's: A Synthesis of the Research of Organization Design, in: Management Science 26/3, S. 322-341.
MINTZBERG, Henry (1991): Die Mintzberg-Struktur. Organisationen effektiver gestalten. Landsberg.
NIX, Christoph/HEGEMANN, Jan/HEMKE, Rolf C. (2008): Normalvertrag Bühne. Handkommentar. Baden-Baden.
NOWICKI, Matthias (2000): Theatermanagement. Ein dienstleistungsbasierter Ansatz. Hamburg.
OLDAG, Mathias (2011): Pressemitteilung der Theater und Philharmonie Thüringen, Gera, 12.4.2011.
OPERNWELT (2010): Marode Theatergebäude, Heft 9/2010, S. 86.
OPERNWELT (2011): Philadelphia Orchestra, Heft 9/2011, S. 82.
PARSONS, Talcott (1937): The Structure of Social Action. New York.
PORTER, Michael E. (1983): Cases in Competitive Strategy. New York.
RADDATZ, Frank (2010): Die Visionen des Johan Simons. Der Regisseur und designierte Intendant im Gespräch über europäisches Stadttheater, in: Theater der Zeit, Heft 1/2010, S. 12.
RAHN, Horst-Joachim/OLFERT, Klaus (2008): Unternehmensführung. 7. Aufl. Ludwigshafen.
RAU, Johannes (2003): Kultur als Staatsziel, Rede zur Eröffnung des Kongresses „Bündnis für Theater", Berlin.
RÖPER, Henning (2001): Handbuch Theatermanagement. Betriebsführung, Finanzen, Legitimation und Alternativmodelle. Wien/Weimar.
RÜHLE, Günther (2007): Theater in Deutschland 1887–1945. Frankfurt/M.
SÄCHSISCHE ZEITUNG (2011): Stadt Leipzig klagt gegen Kulturraumfinanzierung, 24.6.2011.

SCHMIDT, Thomas (2011a): An der Schnittstelle zwischen Kunst und Management, in: Kulturpolitische Mitteilungen, Nr. 132, I/2011, S. 76-77.
SCHMIDT, Thomas (2011b): Theaterfinanzierung und Reformen: Das Modell der Theater- und Orchester-Exzellenz und die Doppelte Transformation, in: Kulturpolitische Mitteilungen, Nr. 133, II/2011, S. 52-54.
SCHMIDT, Thomas (2011c): Theater im Wandel: Vom Krisenmanagement zur Zukunftsfähigkeit, in: Jahrbuch Kulturmanagement 2011.
SCHNECK, Ottmar (1996): Management-Techniken. Einführung in die Instrumente der Planung, Strategiebildung und Organisation. 2. Aufl. Frankfurt/M., New York.
SCHNEIDER, Wolfgang (2004): Umsturz? Umbruch? Umgestaltung! – Überlegungen zur Neustrukturierung der deutschen Theaterlandschaft, in: Institut für Kulturpolitik der Kulturpolitischen Gesellschaft (Hrsg.): Jahrbuch für Kulturpolitik – Thema: Theaterdebatte, Klartext. Essen.
SCHNEIDEWIND, Petra (2000): Entwicklung eines Theater-Management-Informationssystems. Frankfurt/M.
SCHNEIDEWIND, Petra (2006): Betriebswirtschaft für das Kulturmanagement. Ein Handbuch. Bielefeld.
SCHULZE, Gerhard (1999): Die Zukunft des Erlebnismarktes. Ausblicke und kritische Anmerkungen, in: NICKEL, Oliver (Hrsg.): Eventmarketing. Grundlagen und Erfolgsbeispiele. München, S. 303-314.
SCHLEWITT, Carena (2011): Das Theater schwärmt aus. Ein Plädoyer für ein nomadisches Gegenwartstheater, in: Theater der Zeit, Heft 7/8, 2011.
SCHWARZMANN, Winfried (2000): Entwurf eines Controllingkonzeptes für deutsche Musiktheater und Kulturorchester in öffentlicher Verantwortung. Aachen.
SCHWERINER VOLKSZEITUNG (2011): Parchims Theater endgültig gerettet. 3.1.2011.
SIMON, Walter (2002): Moderne Managementkonzepte von A-Z. Strategiemodelle, Führungsinstrumente, Managementtools. Offenbach.
SMITH, Adam (1776): An Inquiry into the Nature and Causes of the Wealth of Nations. London.
SPAHN, Claus (2011): Streichkonzert auf amerikanisch, in: Die Zeit, 28.4.2011.
STEGEMANN, Bernd (2011): You cannot see, what you cannot see. Sechs Beobachtungen zum Stadttheater, in: Heart of the City, Theater der Zeit, Arbeitsbuch 2011, S. 102-109.
STIFTUNG STADTMUSEUM BERLIN (Hrsg.) (2003): Theater in Berlin nach 1945 – Teil 4: Nach der Wende. Berlin.
TAYLOR, Frederick W. (1977): Die Grundsätze wissenschaftlicher Betriebsführung. Weinheim/Basel.
THEATER DER ZEIT (2011): Kurzmeldungen, Heft 9/2011.
THEATER DER ZEIT (2011): Heart of the City, Recherchen zum Stadttheater der Zukunft, Arbeitsbuch 2011.
THEATER HEUTE (2011): Die Zukunft des Theaters, Heft 7/2011.
THEATER HEUTE (2011): Party, Pakora und Papadam, Eindrücke vom Theaterfestival Impulse 2011, Heft 8/9, August/September 2011, S. 33f.
THEATER HEUTE (2011), Interview mit Valdemar Holm, Martin Kusej und Johan Simons. Jahrbuch 2011.
THROSBY, David (2001): Economics and Culture. Cambridge/New York.
THROSBY, David (2010): The Economics of Cultural Policy. Cambridge.
TIEDTKE, Marion/SCHULTE, Philipp (Hrsg.) (2011): Die Kunst der Bühne: Positionen des zeitgenössischen Theaters, Recherchen 81. Berlin.
TOWSE, Ruth (2010): A Textbook of Cultural Economics. Cambridge/New York.

VANACKERE, Annemie (2011): Mehr Kunst für Henk und Ingrid, im Interview mit Theater Heute, 10/2011, S. 36.
WEBER, Jürgen (1995): Einführung in das Controlling. 6. Aufl. Stuttgart.
WEBER, Max (1988): Politik als Beruf, in: WEBER, Max: Gesammelte Politische Schriften. Hrsg. v. Johannes Winckelmann. 5. Aufl. Tübingen, S. 505-560.
WEICK, Karl E. (1985): Der Prozeß des Organisierens. Frankfurt/M.
WEILL, Kurt (1937): The Future of Opera in America, in: Modern Music, vol. 14, no. 4, (Mai-Juni 1937), S. 183-188.
WILLASCHEK, Wolfgang (2008): 50 Klassiker: Oper. Die wichtigsten musikalischen Bühnenwerke. Hildesheim.
WILLE, Franz (2011): So wie jetzt und mehr?, in: Theater heute, Jahrbuch 2011, S. 54.
WÖHE, Günther (2008): Einführung in die Allgemeine Betriebswirtschaftslehre. 23. Aufl. München.
ZEMBYLAS, Tasos (2011): Kulturbetriebslehre. Grundlagen einer Inter-Disziplin. Wiesbaden.

Theater- und Festivalprogramme

DEUTSCHES NATIONALTHEATER UND STAATSKAPELLE WEIMAR (2010): Spielzeitheft 2010/11, Weimar.
PROGRAMM DER DONAUESCHINGER TAGE FÜR NEUE MUSIK (2011), Donaueschingen.
STAATSTHEATER STUTTGART (2010): Spielzeitheft 2001/2011, Stuttgart.
WAGNER FESTSPIELE BAYREUTH (2011): Programm 2011, Bayreuth.
FESTSPIELHAUS BADEN-BADEN (2011): Programm 2011, Baden-Baden.
BERLINER FESTSPIELE (2010, 2011): diverse Programme sowie wikipedia.org/wiki/Berliner-Festspiele.
RUHRTRIENNALE (2010, 2011): Programme 2010 und 2011, Duisburg.

Danksagung

Ich danke meinen Studenten in Frankfurt und Weimar für die Anregung, dieses Buch zu schreiben. Ich danke Frau Professor Andrea Hausmann, der Herausgeberin, für das Vertrauen und die kompetente und freundliche Unterstützung sowie Frau Cori Mackrodt für die sorgfältige lektorische Betreuung. Ich danke Jakob A. Nudelmann, Thomas Pynchon und vor allem Caden Cotard für die zahlreichen reflektierenden Gespräche während des Sommers 2011 auf Long Island. Ich danke Professor Heiner Goebbels, dem Präsidenten der Hessischen Theaterakademie, Thomas Rietschel, dem Präsidenten der Hochschule für Musik und Darstellende Kunst in Frankfurt am Main, sowie meiner Dekanin Professor Marion Tiedtke für ihre Unterstützung und Ermunterung und meinen Kollegen im Fachbereich und Masterstudiengang für ihre Anregungen. Ich danke meinen Kolleginnen und Kollegen am Deutschen Nationaltheater, vom Neuen Schauspiel, anderer Theater und freier Gruppen, insbesondere Dominik von Gunten, Hermann Beil, Norbert Abels sowie meinen Freunden und meiner Familie. Ich danke den Theatermachern für ihre Kraft, mit der sie diese alte Institution unsterblich machen, und den Theatermanagern für die Energie, mit der sie die Theater trotz widrigster Bedingungen immer wieder zu Höhenflügen bringen. Und ich danke Dr. Laura Frahm, die dieses Projekt vom ersten bis zum letzten Tag unterstützte.

Umfassender Überblick zu den Speziellen Soziologien

> Profunde Einführung in grundlegende Themenbereiche

Georg Kneer /
Markus Schroer (Hrsg.)
**Handbuch
Spezielle Soziologien**

2010. 734 S. Geb. EUR 49,95
ISBN 978-3-531-15313-1

Das „Handbuch Spezielle Soziologien" gibt einen umfassenden Überblick über die weit verzweigte Landschaft soziologischer Teilgebiete und Praxisfelder. Im Gegensatz zu vergleichbaren Buchprojekten versammelt der Band in über vierzig Einzelbeiträgen neben den einschlägigen Gegenstands- und Forschungsfeldern der Soziologie wie etwa der Familien-, Kultur- und Religionssoziologie auch oftmals vernachlässigte Bereiche wie etwa die Architektursoziologie, die Musiksoziologie und die Soziologie des Sterbens und des Todes.

Damit wird sowohl dem interessierten Laien, den Studierenden von Bachelor- und Masterstudiengängen als auch den professionellen Lehrern und Forschern der Soziologie ein Gesamtbild des Faches vermittelt. Die jeweiligen Artikel führen grundlegend in die einzelnen Teilbereiche der Soziologie ein und informieren über Genese, Entwicklung und den gegenwärtigen Stand des Forschungsfeldes.

Das „Handbuch Spezielle Soziologien" bietet durch die konzeptionelle Ausrichtung, die Breite der dargestellten Teilbereichssoziologien sowie die Qualität und Lesbarkeit der Einzelbeiträge bekannter Autorinnen und Autoren eine profunde Einführung in die grundlegenden Themenbereiche der Soziologie.

Erhältlich im Buchhandel oder beim Verlag.
Änderungen vorbehalten. Stand: Juli 2011.

Einfach bestellen:
SpringerDE-service@springer.com
tel +49(0)6221/345-4301
springer-vs.de

Der Klassiker zur Transsexualität in Neuauflage

> Zur Geschlechtsveränderung von Transsexuellen

Gesa Lindemann
Das paradoxe Geschlecht
Transsexualität im Spannungsfeld von Körper, Leib und Gefühl
2. Aufl. 2011. 308 S. Br.
EUR 29,95
ISBN 978-3-531-17442-6

Der Inhalt:
Die leiblich-affektive Konstruktion des Geschlechts - Die Derealisierung des Ausgangsgeschlechts - „Ich"-bezogene Realisierungseffekte und die Realisierung des neuen Geschlechts - Eine Analyse der Ausbreitung des neuen Geschlechts am Beispiel sprachlicher Phänomene: Der Name - sie - er - Differenzen der transsexuellen Geschlechter - Das paradoxe Geschlecht

Was bestimmt das Geschlecht? Die Gene? Das Gehirn? Die soziale Interaktion? Ist Geschlecht natürlich oder gibt es eine zweigeschlechtliche soziale Ordnung, die beständig in sozialen Interaktionen reproduziert werden muss?

Auf solche Fragen kann ein Blick auf die soziale Realität der Geschlechtsveränderung von Transsexuellen eine Antwort geben. Sie ist etwas komplizierter als die Liebhaber und Liebhaberinnen einfacher Tatsachen es gern hätten. Transsexuelle werden morgen schon gestern das Geschlecht gewesen sein, das sie heute noch nicht sind.

Die paradoxe Struktur der transsexuellen Geschlechtsveränderung lässt sich nur verstehen, wenn man nicht von Subjekten ausgeht, die ihr Geschlecht einfach wechseln können. Vielmehr gilt es, die Dimension der subjektiven leiblichen Erfahrung einzubeziehen und zu verstehen, wie diese mit einer objektivierten zweigeschlechtlichen Ordnung verschränkt ist.

Erhältlich im Buchhandel oder beim Verlag.
Änderungen vorbehalten. Stand: Juli 2011.

Einfach bestellen:
SpringerDE-service@springer.com
tel +49(0)6221/345-4301
springer-vs.de

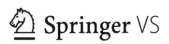

Zur Frage der Menschenrechte in Geschichte und Gegenwart

> Die Durchsetzung der Menschenrechtsidee

Der Inhalt:
Die Anfänge der Menschenrechte - Der Gang der Menschenrechte durch die Geschichte - Die Position der Menschenrechte in der Gegenwartsphilosophie - Die globale Eignung der Menschenrechtsidee

Von ihrem keimhaften Aufkommen bei athenischen Außenseitern über die französische Revolution bis zu den gegenwärtigen Versuchen, sie im Wege von Bombardements einzuführen, ist die Durchsetzung der Menschenrechtsidee ein heikler, gefährdeter Vorgang. Ist sie wirklich universal?

Sibylle Tönnies
Die Menschenrechtsidee
Ein abendländisches Exportgut
2011. 226 S. Br. EUR 29,95
ISBN 978-3-531-16434-2

Erhältlich im Buchhandel oder beim Verlag.
Änderungen vorbehalten. Stand: Juli 2011.

Einfach bestellen:
SpringerDE-service@springer.com
tel +49(0)6221/345-4301
springer-vs.de

Printed by Publishers' Graphics LLC